中国地方电力发展报告

2016

中国能源研究会城乡电力（农电）发展中心　编

浙江人民出版社
ZHEJIANG PEOPLE'S PUBLISHING HOUSE

国家能源局主管
中国电力传媒集团
CHINA ELECTRIC POWER MEDIA GROUP

图书在版编目（CIP）数据

中国地方电力发展报告. 2016 / 中国能源研究会城乡电力（农电）发展中心编. —杭州：浙江人民出版社，2017.4

ISBN 978-7-213-07978-8

Ⅰ. ①中… Ⅱ. ①中… Ⅲ. ①电力工业－工业企业－企业发展－研究报告－中国－2016 Ⅳ. ①F426.61

中国版本图书馆 CIP 数据核字（2017）第 075531 号

中国地方电力发展报告 2016
中国能源研究会城乡电力（农电）发展中心 编

出版发行： 浙江人民出版社 中国电力传媒集团

经 销： 中电联合（北京）图书有限公司
销售部电话：（010）52238170 52238190

印 刷： 北京博图彩色印刷有限公司

责任编辑： 李兆春 冯素文 宗 合

责任印制： 郭福宾

网 址： http://www.cpnn.com.cn/tsyxzx/

版 次： 2017 年 4 月第 1 版·2017 年 4 月第 1 次印刷

规 格： 787mm×1092mm 16 开本·13.75 印张·220 千字

书 号： ISBN 978-7-213-07978-8

定 价： **298.00 元**

编辑委员会

前　言

在新中国电力工业的发展历程中，地方电力在很长时期内都是发展的重要推动力量，尤其在经济发展较薄弱地区和广大农村，地方电力的不断发展，弥补了中央电力建设能力的不足，促进了地方经济建设，使广大农村能够较快分享电气化发展成果。地方电力不但是农村电力发展的主要源头，是推进农村电气化事业的重要力量，而且在现阶段仍是我国电力工业的有机组成部分。

随着历次电力体制改革的实施，地方电力企业的发展几经起伏，经营区域和规模由小到大、由弱到强。目前形成了以内蒙古、陕西、山西、四川和广西等少数几家地方电力企业为主力，其余若干家地（市）、县区域型地方电力企业为补充的基本格局。与大电网经营企业相比，地方电力明显处于收缩状态。

地方电力的变迁，是社会发展、行业改革大环境下的选择，而无论规模大小，地方电力在服务地方经济发展、弥补大电网经营企业服务能力不足、解决偏远地区社会用电、激发各方办电积极性等方面，都发挥了不可替代的作用，其发展成就有目共睹，历史作用不容忽视。

实际上，随着新能源的蓬勃发展，分布式能源、微电网的发展逐步加速，正在成为现代电网发展新的重要特征和趋势，地方电力将呈现新的发展态势。

以配售电侧改革为主要内容的新一轮电力体制改革深入推进，将使社会投资活力得到进一步释放，在配售电领域再现"多家办电"态势，不同于大电网经营方式的各种新型发展模式将不断涌现，配电网建设力量得到加强，地方电力企业将面临新的机遇，未来的地方电力事业也会迎来新阶段。

为更好地服务地方电力企业，系统研究地电企业的价值、作用、贡献，分析地电发展环境、趋势，中国能源研究会城乡电力（农电）发展中心组织专家，以几家主要地方电力企业为典型案例，研究并编制了《中国地方电力发展报告 2016》（以下简称《报告 2016》），力求客观反映地方电力现状。鉴于《报告 2016》为首次编制，特别增加了"地方电力发展历史沿革"这部分内容。

我们真诚希望，《报告 2016》能真实并较全面地反映我国地方电力企业的经营发展状况，为关心地方电力事业发展的各界人士提供有益的参考。

我国电力发展正在进入一个具有很多突破的新阶段，在这个历史进程中，传统的地方电力也必须面对转型的挑战，呈现出新的发展形态，融入发展的新潮流。我们希望，通过本报告的持续出版，能够记录下这段令人充满期待的变革历程。

编委会

2016 年 12 月

目　　录

主报告

中国地方电力发展报告

在我国电力事业发展进程中，地方电力（以下简称"地电"）是一个有着较丰富内涵的重要概念。从一般意义上讲，相对于中央政府所举办电力事业，我国电力事业的发展还包括地方电力、外资电力和民营电力等多种形式，其中由地方政府举办的电力事业，包括电网、发电和其他相关事业，都可以称为地电。狭义上，地电即除中央电网以外的其他电网企业。本报告所涉及的地电应是狭义范围的，是指除中央电网（即国家电网和南方电网）及其所属企业之外的、拥有一定规模配电网资产且为终端用户配售电能并承担电力普遍服务义务的电网企业。需要说明的是，地电与农电是密切相关但又有本质区别的两个不同概念。地电是按产权和管理关系对电网的一种分类，农电则是按电能和供电企业服务对象进行界定。

新中国成立以来，地电从无到有、从小到大，随着经济社会发展和行业体制变革，经历了较为曲折的发展历程。电力工业发展初期，地电发展主要依靠地方"各自为战"的"分割发展、分散管理"，有效地解决了部分地方，特别是广大农村地区的用电问题，地电企业的供电区域、用电群体、企业规模也实现快速增长，奠定了当地配电网，特别是农村配电网的发展基础。改革开放以后，地方办电的重要作用更加凸显，中央将地方办电提升至国家电力发展的战略高度予以充分重视和鼓励，地电进入统筹发展阶段，企业数量逐步增加，企业规模逐步扩大。1998年"两改一同价"的农电改革实行以后，一部分地方电力企业通过"上划、代管、股份制"三种模式陆续并入中央电网企业统一管理，部分没有上划的省级地方电力企业，国务院批准其作为农网改造承贷主体和农电管理运营管理主体，实行农网建设改造"一省两贷"政策，内蒙古、陕西、山西、四川、广西、吉林等几省区因此保留了省级大型地方电力集团企业，以及为数不多并分散在部分其他省市的地（市、区、县）级小型地电企业。

从全国情况看，经过这么多年的发展，地方电力企业总体规模萎缩，但保留下来的地方电力企业在当地政府的支持下，发挥自身优势，实现了规模化、多元化发展，电网建设持续加快，供电量不断增加，安全生产水平逐步提高，管理能力稳步提高，供电服务水平和服务质量也不断提升，有力地保障了农村地区电力普遍服务供给，对促进农村社会发展作出重要贡献，成为服务当地经济发展的重要的能源保障力量，并且在一定程度上推动了电力发展改革。但是，地电发展也遇到一些问题，既有自身的问题，也有行业体制政策方面的问题。随着新一轮电改的不断深化和清洁能源、分布式能源等的快速发展，电力行业发展将呈现新业态，配电领域将成为电力改革发展的重点领域，国家也已出台一系列政策，鼓励社会资本投资配电网建设运营，地电事业将迎来历史性发展的新阶段。

目前，具备一定配电网经营规模的陕西、山西、四川、内蒙古和广西等地电企业具有很强的代表性，能够集中反映当前地电发展进程中的重要成果以及突出问题。因此，本报告在尽可能全面反映地电发展状况的基础上，主要以陕西地方电力（集团）有限公司、山西地方电力有限公司、四川省水电投资经营集团有限公司、内蒙古电力（集团）有限责任公司、广西水利电业集团有限公司为典型案例进行分析。

一、发展环境

（一）经济环境

当前，我国经济发展进入新常态，经济方式加快转变，经济结构纵深调整，新的经济增长动力悄然形成。

1. 当前经济面临较大下行压力

经过改革开放 30 多年的高速增长，当前具有较大的下行压力。其中，2000—2010 年，伴随着以重化工业为链条的工业化进程，我国国内生产总值（以下简称 GDP）以年均 10.6% 的增速持续高速增长。即便是 2008 年国际金融危机之后，在投资的强力拉动下，仍保持了较高的增速。2011 年以来，以投资和重化工业为主的经济增长方式开始逐步转变，经济增速放缓的同时，增长驱动力、经济结构等正在发生重大变化。"十二五"期间，GDP 年均增长 7.8%，这是改革开放以来最低的一个"五年计划"时期。从年度变化看，近年来经济增速呈逐步下行态势，2014 年下滑至 7.3%，2015 年进一步降至 6.9%，创 25 年新低。相对于过去高速增长时期，当前经济下行压力较大，仍处在增速"换档期"。

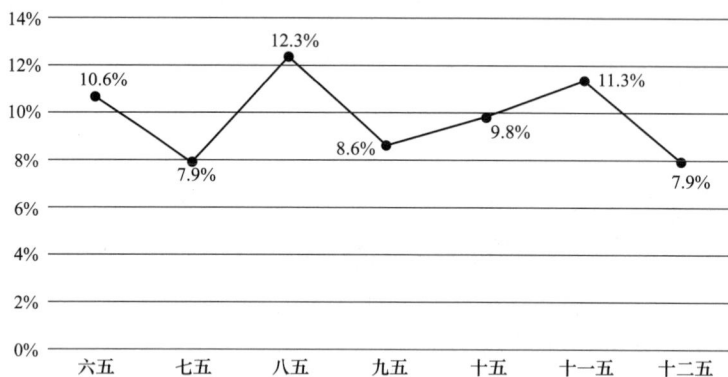

图 0-1　改革开放以来各"五年计划"时期的 GDP 年均增长率

数据来源：国家统计局网站。

2. 经济增长动力正在悄然变化

经济增长的动力正在悄然变化，投资增速放缓，消费拉动作用增强。2001—2015 年，我国固定资产投资年均增长 21.4%，投资是驱动我国经济高增长最重要的一驾马车，特别是遇到全球性危机或周期性波动时，投资拉动作用愈加凸显。2000 年以来，投资对 GDP 增长的平均贡献率在 50% 以上，2009 年为应对国际金融危机，投资对 GDP 增长的贡献率更是达到 86.5%。

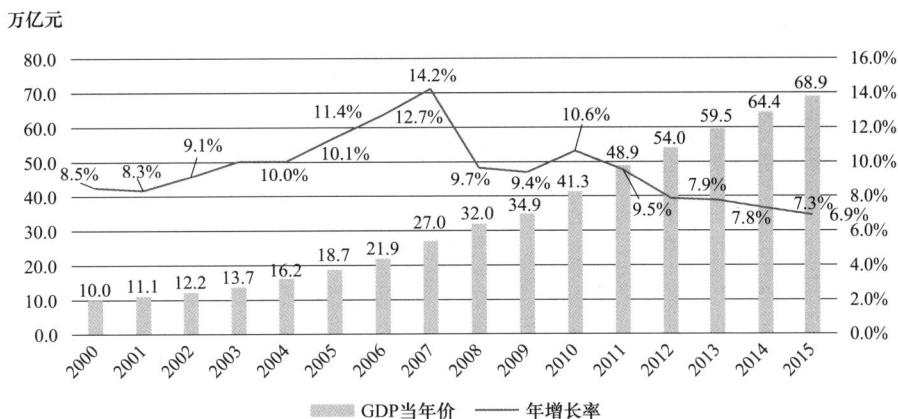

图 0-2 2000—2015 年我国 GDP 及年增长率

数据来源：国家统计局网站。

最近两年的情况有所改变，固定资产投资增速已从过去的 20% 以上下降到 15% 左右，2015 年又降到了 11.8%，投资拉动作用有所减弱。在外需方面，2008 年金融危机后，货物和服务净出口多数年份为负增长，外需缩减已成为经济下行的重要因素。与此相对，近年来内需（国内最终消费）保持了 10% 以上的增速，对拉动经济增长的作用日显突出，2014 年内需对 GDP 增长的贡献率超过投资，并且在 2015 年达到 60% 以上。

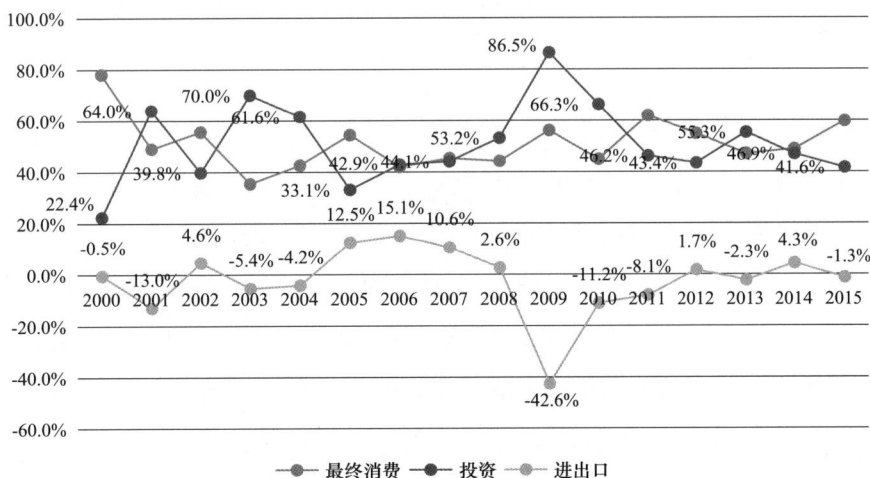

图 0-3 2001—2015 年"三驾马车"对我国经济增长的贡献率

数据来源：国家统计局网站。

3. 产业结构轻型化趋势显现

长期以来，我国经济在产业结构上以重化工业为牵引，第二产业是经济增长的火车头。进入"十二五"后，这一状况得到明显改善，随着服务业特别是现代服务业以高于工业的速度快速增长，第三产业占 GDP 的比例逐步提高，2013 年首次超过第二产业（44%）达到 46.7%，2015 年又提高到 50.2%，较第二产业高 9.3 个百分点。与此相比，近年来工业增速由过去的 10%以上甚至 20%以上下滑到 10%以下，对经济增长拉动作用有所下降。值得一提的是，近年来高科技产业得到较快发展，其增速明显高于传统规模以上工业，2015 年达到 10.2%，高于 GDP 和工业整体增速。

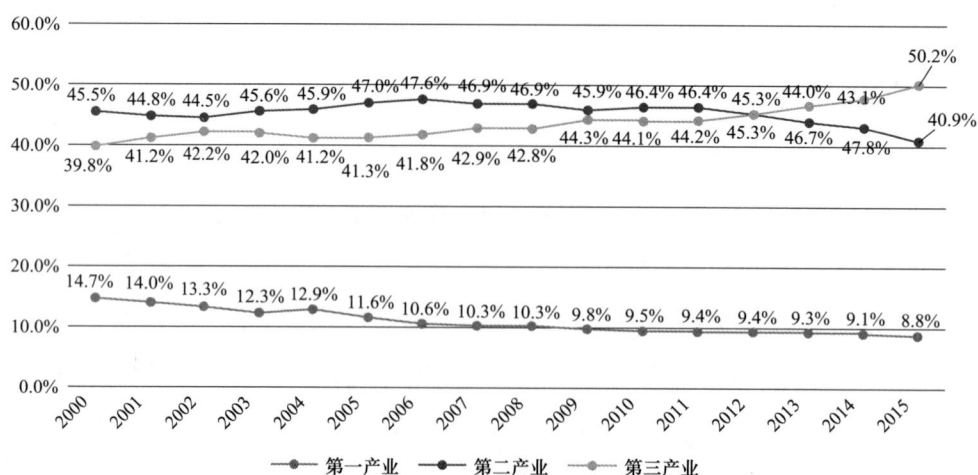

图 0-4　2000—2015 年第一、第二、第三产业占 GDP 的比例

数据来源：国家统计局网站。

4. 地方经济发展增速趋缓

地电企业主要服务于地方经济发展，因此地方经济增速对地电的发展质量、速度、规模都具有一定影响。陕西、四川、山西、内蒙古和广西是全国地电企业发展规模较大的区域。2000 年以来，上述五省、自治区的 GDP 总量基本呈逐年增长态势，其中四川省 GDP 总量一直高于其他四省、自治区。从增速看，2011 年以来，受全国经济发展影响，各省经济发展降速，GDP 增速逐年降低。2015 年，五省、自治经济发展排名见表 0-1。其中，四川 2015 年 GDP 总量 30103.1 亿元，在全国 31 个省、市、自治区中排名第六位，GDP 增速 7.9%，低于 2014 年的 8.5%，高于全国经济增速 6.9%的平均水平；山西 2015 年 GDP 总量 12802.6 亿元，在全国 31 个省、市、自治区中排名第 24 位，2015 年 GDP 增速 3.1%，低于 2014 年的 4.9%，低于全国平均水平 3.8 个百分点；陕西 2015 年 GDP 总量 18171.9 亿元，在全国 31 个省、市、自治区中排名第 15 位，2015 年 GDP 增

速 8.0%，低于 2014 年的 9.7%，高于全国平均水平；内蒙古 2015 年 GDP 总量 18032.79 亿元，在全国 31 个省、市、自治区中排名第 16 位，GDP 增速 7.7%，低于 2014 年的 7.8%，高于全国经济增速 6.9%的平均水平；广西 2015 年 GDP 总量度 16803.1 亿元，在全国 31 个省、市、自治区国排名第 17 位，2015 年 GDP 实际增速 8.1%，低于 2014 年的 8.5%，高于全国经济增速 6.9% 的平均水平。

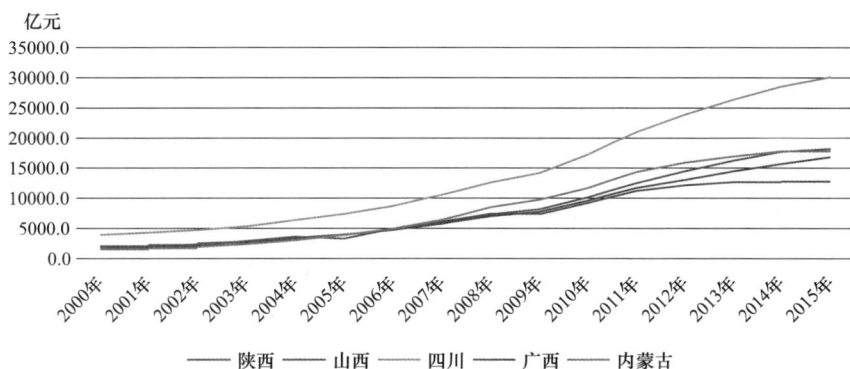

图 0-5　2000—2015 年五家较大规模地电企业所在省份 GDP 当年价比较

数据来源：2000—2014 年数据分别来自《陕西省统计年鉴 2015》《山西省统计年鉴 2015》《四川省统计年鉴 2015》《内蒙古自治区统计年鉴 2015》《广西壮族自治区统计年鉴 2016》；2015 年数据分别来自《2015 年陕西省国民经济和社会发展统计公报》《2015 年山西省国民经济和社会发展统计公报》《2015 年四川省国民经济和社会发展统计公报》《2015 年内蒙古自治区国民经济和社会发展统计公报》。

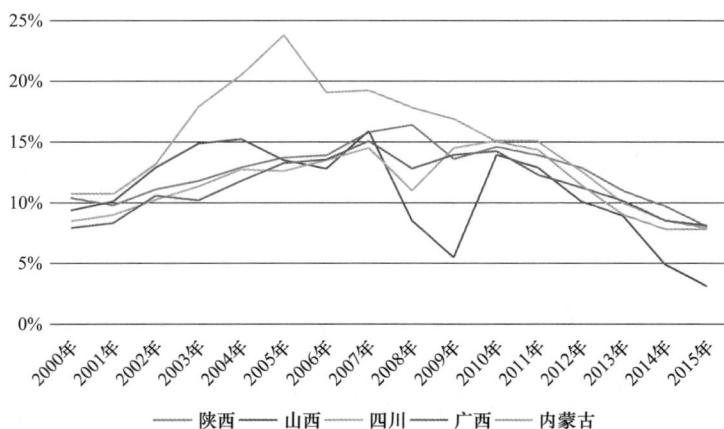

图 0-6　2000—2015 年五家较大规模地电企业所在省份 GDP 实际增速比较

数据来源：2000—2014 年数据分别来自《陕西省统计年鉴 2015》《山西省统计年鉴 2015》《四川省统计年鉴 2015》《内蒙古自治区统计年鉴 2015》《广西壮族自治区统计年鉴 2016》；2015 年数据分别来自《2015 年陕西省国民经济和社会发展统计公报》《2015 年山西省国民经济和社会发展统计公报》《2015 年四川省国民经济和社会发展统计公报》《2015 年内蒙古自治区国民经济和社会发展统计公报》。

7

表 0-1　　　　　　　2015 年五省、自治区 GDP 全国排名

排名	省份	2015 年增长率	2015 年 GDP 总量（亿元）
6	四川	7.90%	30103.10
15	陕西	8.00%	18171.86
16	内蒙古	7.70%	18032.79
17	广西	8.10%	16803.12
24	山西	3.10%	12802.58

（二）政策环境

1. 供给侧结构性改革进入实质推进阶段

2015 年是我国全面深化改革的关键之年，相对于过去经济高速增长，我国经济增速自 2010 年以来波动下行，供给和需求不平衡、不协调的矛盾和问题日益凸显，"稳增长、调结构"是当前经济发展的主要任务。国家采取积极的财政政策和稳健的货币政策，在适度扩大总需求的同时，加快推进供给侧结构性改革，通过"三去一降一补"，矫正供需结构错配和要素配置扭曲，减少无效和低端供给，扩大有效和中高端供给，促进要素流动和优化配置，实现更高水平的供需平衡。电力行业作为国民经济发展的基础产业，也要按照要求深入推进供给侧结构性改革，完善电力市场建设，通过改革提升电力行业运行效率。

2. 混合所有制改革不断深化

混合所有制指的是财产权分属不同性质所有者的一种经济形态，从 1993 年十四届三中全会提出"混合所有的经济"概念至今，我国对其认识经历了一个不断深化的过程。十八届三中全会《决定》，将其提到了基本经济制度的高度，提出"国有资本、集体资本、非公有资本等交叉持股、相互融合的混合所有制是基本经济制度的重要实现形式，有利于国有资本放大功能、保值增值、提高竞争力，有利于各种资本取长补短、相互促进、共同发展"。为落实十八大和十八届三中、四中全会精神，2015 年 8 月中共中央、国务院印发《关于深化国有企业改革的指导意见》，2015 年 9 月国务院印发《关于国有企业发展混合所有制经济的意见》（国发〔2015〕54 号），从而形成了发展混合所有制经济的顶层设计方案。核心要点是：其一，立足巩固和完善基本经济制度，既要促进国有企业转换经营机制，放大国有资本功能，提高国有资本

配置和运行效率，又鼓励发展非公有资本控股的混合所有制企业，支持非公有制经济健康持续发展；其二，强化融合，通过组合各种所有制资本优势，取长补短、相互促进、共同发展；其三，宏观上要不断增强国有经济活力、控制力、影响力，微观上要实行同股同权，健全协调顺畅、有效制衡的公司法人治理结构，切实维护各类股东合法权益。《意见》还提出，"对江河主干渠道、石油天然气主干管网、电网等，根据不同行业领域特点实行网运分开、主辅分离，除对自然垄断环节的管网实行国有独资或绝对控股外，放开竞争性业务，允许非国有资本平等进入"。这为电力行业引入社会资本，企业间开展全方位合作、试行产权多元化提供了政策支持。

3. 公私合作模式（PPP）在基础设施领域逐步推进

政府和社会资本合作（PPP）模式即公私合营模式，是指政府为增强公共产品和服务供给能力、提高供给效率，通过特许经营、购买服务、股权合作等方式，与社会资本建立的利益共享、风险分担及长期合作关系。党的十八届三中全会提出要通过改革让社会资本进入公共服务基础设施建设和运营，PPP成为在基础设施领域有效引入社会资本的重要模式。2014年4月，国务院常务会议决定在铁路、港口等交通基础设施，新一代信息基础设施，重大水电、风电、光伏发电等清洁能源工程等方面，首批推出80个符合规划布局要求、有利转型升级的示范项目，面向社会公开招标，鼓励和吸引社会资本以合资、独资、特许经营等方式参与建设营运。2014年12月，国家发展改革委《关于开展政府和社会资本合作的指导意见》（发改投资〔2014〕2724号）和财政部《政府和社会资本合作模式操作指南（试行）》（财金〔2014〕113号文）先后出台，为基础设施领域推行PPP模式提供了原则性指导。2016年财政部建立了全国PPP综合信息平台，入库项目涉及能源、交通运输等多个行业，紧接着中国政府和社会资本合作融资支持基金在北京正式成立。在国家的大力支持下，PPP项目落地进程不断加快。电力是重要的能源基础设施，PPP为社会资本进入增量配电网投资运营提供了可行途径。

4. 能源互联网成为推动能源革命的重要手段

当前，在全球新一轮科技革命中，互联网与能源产业深度融合，正在推动能源行业的变革。能源互联网是一种将互联网与能源生产、传输、存储、消费以及能源市场深度融合的能源产业发展新形态，代表世界未来能源发展方向，是推动能源革命的重要手段。2015年7月，国务院印发《关于积极推进"互联网+"行动的指导意见》,明确了"智慧能源"等 11 个重点行动领域的"互联网+"行动意见,推动互联网由消费领域向生产领域拓展,加速提升产业发展水平,增强行业创新能力,构筑经济社会发展新优势和新动能。《意见》提出建设分布式能源网络和以太阳能、风能等可再生能源为主体的多能源协调互补的能源互联网;实现分布式电源的及时有效接入,逐步建成开放共享的能源网络;探索能源消费新模式;开展绿色电力交易服务区域试点,推进以智能电网为配送平台,以电子商务为交易平台,融合储能设施、物联网、智能用电设施等硬件以及碳交易、互联网金融等衍生服务于一体的绿色能源网络发展,实现绿色电力点到点交易及实时配送和补贴结算;加强能源生产和消费协调匹配,推进电动汽车、港口岸电等电能替代技术的应用,推广电力需求侧管理,提高能源利用效率;基于分布式能源网络,发展用户端智能化用能、能源共享经济和能源自由交易,促进能源消费生态体系建设;鼓励依托智能电网发展家庭能效管理等新型业务。能源互联网的发展为电网未来发展指明了方向。

5. 新一轮电力体制改革正在稳步推进

2015 年 3 月,中共中央印发了《关于进一步深化电力体制改革的若干意见》,开启了新一轮的电力体制改革。至年底,相继出台了《意见》的 6 个配套文件,分别从电价、电力市场建设、电力交易机制、发用电计划、售电侧改革、电网公平接入和自备电厂管理等方面,明确和细化改革措施。各省市积极行动,启动了电力改革试点工作,国家发展改革委先后批复在山西、云南、贵州进行电力体制改革综合试点工作。在深圳输配电改革试点工作的基础上,扩大到内蒙古西部、安徽、湖北、宁夏等省区。各地陆续成立了由央企、地方电力企业和民营企业投资的售电公司,电力市场建设明显加快。

(三)市场环境

2015 年,经济新常态特征逐步显现,在电力消费需求上反映为增速放缓,在电力供应能力持续增长的市场环境下,部分地区电力消费负增长。2015 年,全国全社会用电量 56933 亿千瓦时,比上年增长 0.97%,增速下降至 1974 年以来的最低水平。

1. 能源工业已步入平稳增长阶段

21 世纪头 10 年,我国经历了以重化工业为主导的快速工业化过程,经济增长对能源的依赖性较强,这也拉动了能源工业快速发展。2001—2010 年,一次能源生产量、消费量年均增长 8.2%和 8.4%。"十二五"以来，随着经济增速下降以及"去重化业"的经济结构调整，能源需求增势明显减弱，2011年、2012 年、2013 年、2014 年的一次能源消费分别增长 7.3、3.9%、3.7%和 2.1%，2015 年能源消费仅增长 1.0%，增速进一步下滑。

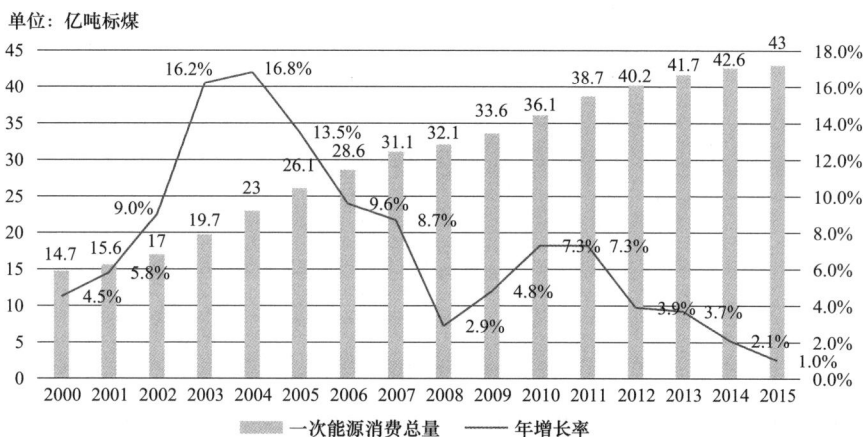

单位：亿吨标煤

图 0-7　2000—2015 年一次能源消费及增长率

资料来源：国家统计局网站。

能源消费与经济增速、产业结构、整体能效等密切相关。未来，我国经济进入中高速发展阶段，经济总量增长对能源需求的拉动作用会明显减弱。同时，在产业结构调整以及技术进步、节能政策等因素共同作用下，整体能效将进一步提高，能源消费弹性系数还会有所下降。实际上，进入"十二五"后，能源消费弹性总体上呈现持续下降态势，经济增长对能源消费的依赖度大幅降低，其中一次能源消费弹性系数由 2011 年的 0.77 下降到 2015 年的0.13；电力消费弹性由 2011 年的 1.27 下降到 2015 年的 0.07。2015 年全年能源消费只有 1.0%左右的缓慢增长，在未来相当长时期内基本会保持这一态势。

2．全社会用电量增速降低趋于稳定

"十五""十一五"期间，用电量年均增长分别为 13.1%和 11.0%，2011年仍达 12.1%。2012 年后，用电量增速大幅度下降，2012—2015 年分别增长5.9%、8.9%、4.0%和 1.0%。其中，2015 年，全社会用电量 56933 亿千瓦时，仅比上年增长 1.0%，增速比上年降低 3 个百分点。其中，第一、三产业和城乡居民生活用电量增速均高于上年，而第二产业用电量增速大幅回落，自 21

世纪以来首度出现负增长，是社会用电低速增长的主要原因。

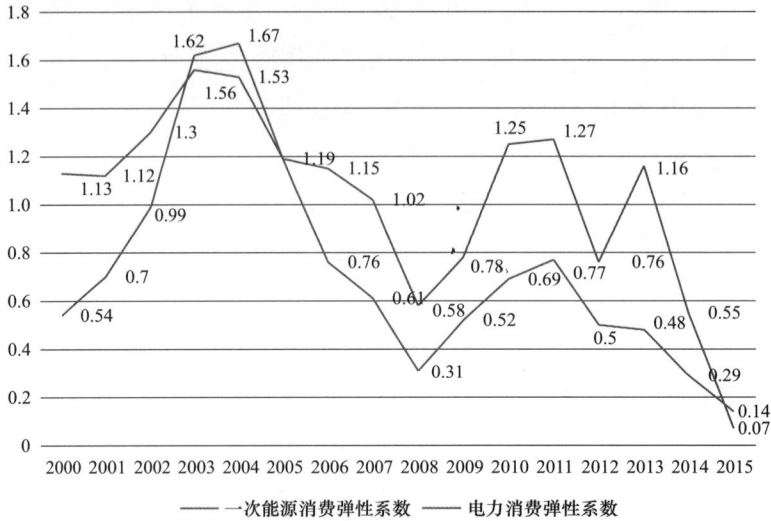

图 0-8　2000—2015 年我国一次能源生产和消费弹性系数

资料来源：国家统计局网站。

图 0-9　2000—2015 年我国用电量及增长率

数据来源：2000—2014 年数据来自国家统计局，2015 年数据来自中电联网站《电力统计基本数据一览表》（2015）。

从 2008—2015 年的电力消费构成看，第二产业一直在电力消费中占绝对比例，约占到 75% 左右。2011 年以来，第一、第二产业所占比例有所降低，第三产业和城乡居民生活用电所占比例有所上升。2015 年，第一产业、第二产业、第三产业和城乡居民生活用电占全社会用电量的比例分别为 1.8%、

72.8%、12.6%和 12.8%。

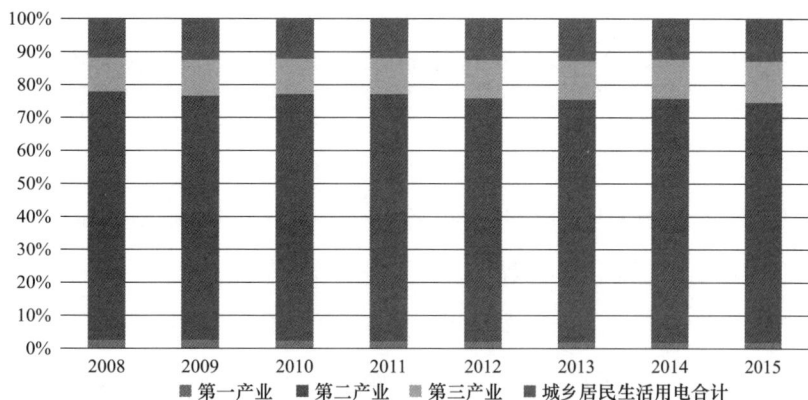

图 0-10 2008 年-2015 电力消费构成

数据来源：中电联网站《电力统计基本数据一览表》（2008 年—2015 年）。

2008 年以来，主要地电企业所在区域全社会用电量增速减缓，趋于稳定。其中，陕西省全社会用电量从 2008 年的 708 亿千瓦时增长到 2015 年的 1222 亿千瓦时，年均增长 8.1%；山西省全社会用电量从 2008 年的 1314.3 亿千瓦时增长到 2015 年的 1737 亿千瓦时，年均增长 4.1%；四川省全社会用电量从 2008 年的 1210.1 亿千瓦时增长到 2015 年的 1992 亿千瓦时，年均增长 7.4%；内蒙古自治区全社会用电量从 2008 年的 1220.6 亿千瓦时增长到 2015 年的 2543 亿千瓦时，年均增长 8.1%；广西全社会用电量从 2008 年的 753.4 亿千瓦时增长到 2015 年的 1334 亿千瓦时，年均增长 8.5%。

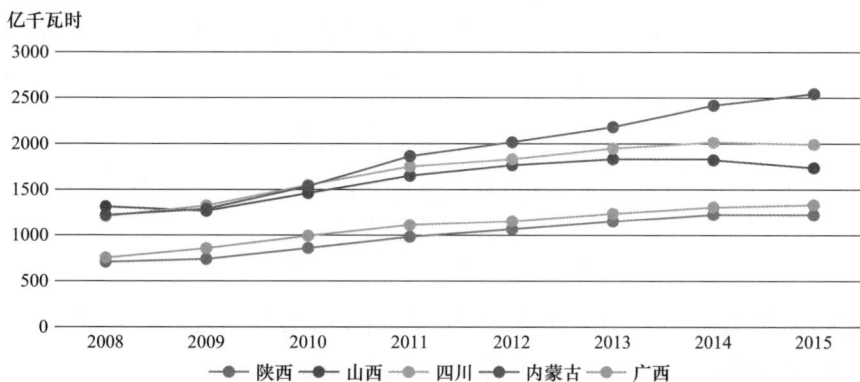

图 0-11 2008—2015 年主要地方电力企业所在区域年全社会用电量

数据来源：2008—2014 年数据来自中国统计摘要（2016），2015 年数据来自国家统计局网站。

二、总体概况

（一）企业分布

最早的地电企业起源于小水电资源丰富的地区，由小水电自供区延伸发展为覆盖一定区域的配电网络。2015 年的地电企业分布，仍体现了其历史特性，主要集中在广西、四川、山西、陕西、湖南、吉林、云南等地。目前，规模较大且拥有区域性配电网的地电企业主要有陕西地电、山西地电、四川水电、内蒙古电力、广西水电等。其中，比较特殊的是，内蒙古电力公司同时拥有输配电网络经营权，是输配电一体化性质的省属国有电力企业，在地电企业中是唯一一家。除此之外，全国还有一些较小规模的地电企业，分布在湖南、吉林、云南等区域。

表 0-2　　　　　　　　全国主要地方电力企业分布

序号	企 业 名 称
1	陕西省地方电力（集团）有限公司
2	山西地方电力有限公司
3	四川水电投资经营集团公司
4	内蒙古电力集团有限责任公司
5	广西桂东电力股份有限公司
6	广西壮族自治区百色电力有限责任公司
7	重庆三峡水利电力（集团）股份有限公司
8	重庆乌江电力有限公司
9	湖南金垣电力集团股份有限公司
10	吉林省地方水电有限公司
11	广西水利电业集团有限公司
12	深圳招商供电有限公司
13	湖南郴电国际发展股份有限公司
14	云南保山电力股份有限公司

陕西省地方电力（集团）有限公司负责除铜川市外全省 9 市 66 个县（区）及西咸新区部分地区的生产生活供电任务，供电营业区占全省国土面积的 76%，供电人口占全省的 56%，用电客户超过 522 万，是陕西电力市场的重要主体和骨干企业。

1997 年 12 月，山西省地方电力公司（2002 年整体改制为山西国际电力集团有限公司）统一收归管理 12 个县级供电企业后，为了实施有效的专业化管理，于 2003 年 1 月控股设立山西国际电力集团配电管理有限公司，授权对配电资产行使专业管理、监督考核、协调服务的职能。2007 年，山西国际电力集团公司根据新的发展战略，对所属配电资产进行了整合重组，并于 2008 年 8 月控股成立山西地方电力股份有限公司（以下简称"地电股份"），担负起配电产业的生产运营管理职责，主要负责所属电网规划、设计、建设、经营；电力调度、生产和计量管理；电力销售服务、技术咨询服务等。集团公司实施完成配电资产重组后，于 2011 年 6 月 17 日正式更名为山西地方电力有限公司，对朔城、离石、柳林、交口、石楼、方山、中阳、临县、兴县、乡宁、蒲县、安泽 12 个县电业局实行统一管理。形成大电网经营企业管理运营 97 家县供电企业、山西地方电力有限公司管理运营 12 家县供电企业的格局。

四川水电供区主要分布在宜宾片区、川东片区、凉山州片区、川西北片区，共涉及 29 县供电公司，供区面积 63104.55 平方千米，占四川土地面积的 13.01%，供电人口约 1420 万人，占四川总人口的 16.7%，成为了四川省电力供应不可或缺的力量，尤其在大电网难以覆盖的区域，地方电力企业的可靠电力显得尤为珍贵。供区内共有包括美姑县、昭觉县在内的 10 个国家扶贫开发重点县，其中有 5 个还属于国家集中联片特殊困难地区。另有平武县、青川县、屏山县为专门的集中联片特殊困难地区。以四川水电为代表，包括并网小水电、离网小水电以及微型小水电在内的地电企业，由地方政府主导成立，形成了跨县区域性地方电网，在地方政府的直接领导和统筹安排下，通过运用行政手段和经济手段，为四川省的老、少、边、贫县镇和农村地区提供可靠的电力服务，而成为当地推进经济社会发展的主要依托和不可缺少的重要基础产业和支柱产业。

内蒙古电力为自治区所属国有独资特大型电网企业，供电区域涵盖蒙西地区 8 个盟市，供电面积 72 万平方公里，服务人口 1380 多万人，管理蒙西地区 38 个趸售旗县电力公司。

广西水利电业集团有限公司成立于 1998 年，是原国家计划委员会同意批复的农村电网建设与改造"一省两贷"的两个承贷主体之一，全面负责广西 43 个县（市、区）的"两改一同价"工作，承担广西 40 个县（市、区）的供电任务。集团公司供电营业区面积占广西全省面积的 49%，供电用户 450

多万户、1800 多万人。

表 0-3　　　　　　　　主要地电企业供电服务区域及服务人口

省份	辖区县市	供区面积（平方千米）	占全省（自治区）面积	供区人口（万人）	占全省人口
陕西	66	142500.00	76.00%	2000	56.00%
山西	12	19941.00	12.70%	281	8.00%
四川	29	63104.55	13.01%	1420	16.70%
内蒙古	38	720000.00	60.86%	1380	55.87%
广西	43	115983.00	49.00%	1800	37.86%

湖南、吉林、云南等地的地方电力企业，规模相对较小，在体制上也较复杂。值得一提的是，贵州兴义地方电力公司原是南方电网公司代管企业，在配售电改革进程中，作为地方电力体制改革试点，解除了与大电网经营企业代管关系，重回地电企业序列，在售电侧改革进程中，兴义现象仍会出现，地电企业将逐步摆脱发展困境，重新成为行业的重要组成部分，在地方经济的发展中发挥作用。

广西桂东电力股份有限公司（证卷代码"600310"）系经广西壮族自治区人民政府桂政函〔1998〕114 号文件批准，由广西正润发展集团有限公司（原"贺州市电业公司"，以下简称为"正润集团"）作为主要发起人，以合面狮水电厂和供电公司等经营性电源和电网资产投入，于 1998 年 12 月 4 日成立。目前桂东电力全资及控股子公司 13 家，参股公司 10 家。以发供电为主业，涉足发供电、证券、石油贸易等行业。截至 2015 年 12 月 31 日，公司总资产 92.46 亿元，净资产 26.78 亿元，营业收入 35.91 亿元，归属于上市公司股东的净利润 37591.35 万元，每股收益 0.4541 元。桂东电力成立时承接了母公司正润集团大部分的电源和全部经营性电网资产，形成了全国水利系统地电行业中厂网合一、网架覆盖面最宽最完整、以 110 千伏输电线路环网运行、拥有完整统一的发供电一体化体系、电网内发供电相互配套的地方电力企业。桂东电力上市以后，大力发展电源和电网建设，现有全资和控股水电总装机容量约 38 万千瓦（权益装机容量 34 万千瓦），220 千伏变电站 2 座，220 千伏线路 215.06 千米；110 千伏变电站 17 座，110 千伏线路 1337.9 千米，35 千伏线路 475.28 千米，变电容量 19471 兆伏安。供电营业范围包括桂东区域县市，并与广东郁南县、罗定市以及临近的湖南省江永县、江华县、永州市等进行互为网间电量交换，形成较完整的区域电网。"十三五"期间，桂东电力将积极以电力主业发展为战略重心，结合经济转型和电力体制改革的时代背景，围绕电力主业"做实、做新、做深"，加快公司电源、电网发展升级，积极布局智能电网、微电网、分布式能源发展及"互联网+"建设，努力把公司打造成为盈利能力扎实、商业模式创新、外延扩张可复制、竞争力不断增强的上市公司。

广西百色电力有限责任公司是集发、供、用为一体，汇产、供、销一条龙的国有中型企业，现有员工 883 人，其中科技人员 221 人。公司经营管理的百色电网拥有产权的输电线路 1967 千米（不含 10 千伏以下），所辖变电站 20 座，其中 110 千伏变电站 9 座，35 千伏变电站 11 座。百色电网与广西大网联网运行，电源充足、稳定、可靠。公司是一个网络完善、实力较强的地方电力企业，是百色市主要骨干企业之一。近年来，公司紧紧抓住国家实施西部大开发和构建中国—东盟自由贸易区及泛珠三角经济区建立的有利时机，充分利用百色的水电资源优势，大力开发水电资源。公司参股投资建设的福禄河五级、二级水电站已相继并网发电。相对控股投建的田林洞巴水电站（3×2.4 万千瓦）和东笋水电站（2×1.2 万千瓦）在 2006 年内可实现发电投产目标，参股投建的田阳银海火电厂（2×13.5 万千瓦）、百乐水电站（2×0.9 万千瓦）已开工建设，参股投建的百色火电厂（2×15 万千瓦）也正在加紧筹建之中。百色电网实现多头供电，电源稳定可靠。供电营业区域覆盖田阳、田东、平果、田林、凌云、乐业及右江区七个县（区）及 40 多家厂矿企业，共有七个供电营业所（汪甸、永乐、四塘、龙和、洋水、阳圩、龙景）。公司积极实施跨行业、跨所有制的发展战略，全力打造产业化、多元化、集团化的现代电力企业。

重庆三峡水利电力（集团）股份有限公司起源于 1929 年成立的万县市电业公司，至今已有 80 余年产业发展历史。公司于 1994 年经四川省经济体制改革委批准，由原万县市电力总公司、小江电厂等企业共同发起，以定向募集方式改制成立了股份有限公司。1997 年 8 月，公司在上海证券交易所上市（股票代码"600116"），为重庆市首家电力上市公司。公司注册地位于三峡库区腹地，素有"川东门户"之称的重庆市万州区，主要从事发电、供电、电力设计勘察安装等业务，并参股重庆公交站台广告公司、三峡银行等企业。

公司现拥有 7 个全资子公司，5 个控股子公司和 3 个参股公司，投产及在建的水电装机容量共 26 万千瓦，拥有鱼背山、双河、赶场、杨东河、长滩、瀼渡等水力发电站，并控股向家嘴水电站；拥有变电站 30 余座，并与湖北和重庆电网联网，已形成"十"字形 110 千伏骨架网络，可实现 110 千伏环网运行；公司年售电量近 16 亿千瓦时，是三峡库区重要的电力负荷支撑点。

重庆乌江电力有限公司是重庆乌江实业（集团）有限公司电力产业的主体企业，集发电、供电、用电于一体，于 2005 年 12 月 20 日在重庆市黔江区注册成立，注册资本 14 亿元。重庆乌江实业（集团）股份有限公司始建于 1993 年 1 月，是一家以电力供应以及矿产资源开发为主营业务的国有控股股份制企业，同时也是渝东南地区资产规模最大、辐射面最广、带动力最强的电矿产业领域的龙头企业。总部位于重庆市渝中区解放碑，旗下拥有重庆乌江电力有限公司、贵州武陵锰业有限公司、重庆乌江实业集团硅业有限公司、重庆乌江实业集团贸易有限公司等全资一级子公司和参股子公司。主要产业为电力生产经营、矿产品开采加工和以矿产品销售为主的贸易。公司总供电幅员面积约 1.2 万平方千米、供电总人口约 210 万人，供区主要分布在重庆市黔江区、酉阳县、秀山县和湖南省花垣县、永顺县、保靖县，以及贵州省松桃县等地。公司电网现有水力发电站 10 座，装机容量近 50 万千瓦，年发电能力近 20 亿千瓦时；拥有 220 千伏、110 千伏变电站 9 座，输变电容量近 200 万千伏安，年供电能力 60 亿千瓦时；通过 220 千伏、110 千伏输电线路与贵州、湖南、湖北、重庆等大电网连接，现有 220 千伏、110 千伏输电线路 25 条，线路长度上千千米；拥有近 60 万千瓦的电力市场。

吉林省地方水电有限公司成立于 1998 年 12 月 28 日，是由吉林省水务投资集团有限公司、吉林长明水电集团有限公司、抚松县电力集团有限公司、通化县水电集团公司、临江水电股份有限公司、长白县水电有限责任公司、靖宇县电力总公司七家企事业单位出资设立的公司制企业，注册资本 14265 万元，全部为实物出资。公司主营业务为水能资源开发、水力发电、城乡供电等业务，主要以小水电为电源点（包括枫林电站、抚松电站、东江电站、汪清古城电站、长白汇源电站、安图华龙电站等等），独立电网覆盖吉林为东部山区县域，包括安图、长白、抚松、靖宇、临江、通化。

湖南郴电国际发展股份有限公司（简称"郴电国际"）由原郴州、宜章、临武、汝城、永兴电力公司及联合国工发组织国际小水电中心，共六家单位于 2000 年 12 月发起设立，并于 2004 年 4 月 8 日在上海证券交易所挂牌上市，是联合国国际小水电中心设立的第一个世界范围内小水电示范基地"郴州基地"的承办方。公司主营电力供应、城市供水及工业气体生产，兼营中小水电综合开发、小水电国际交流及信息咨询。公司下辖郴州、宜章、临武、汝城、永兴 5 个分公司，拥有郴州市自来水公司、汇银投资公司、水电投资公司、郴电科技、上海裕旺投资公司、云南临沧郴电水电投资公司、邯郸郴电电力能源有限责任公司等八个子公司，以及江苏常州、河北唐山、江西新余、德能水电、德能湘江五个二级子公司。截至 2010 年上半年，公司资产总额近 45 亿元，公司共有员工 3205 人。公司供电市场为郴州四县及郴州市城区 70% 的供电区域。

云南保山电力股份有限公司于 1996 年 10 月 21 日在保山市工商行政管理局登记成立，公司经营范围包括发电、供电及相关物资的批发零售、代购代销等。公司是国有控股企业，小水电为主要电源点（发电装机容量 91 万千瓦，电站 23 座），独立地方电网覆盖永昌、腾冲、龙陵、施甸、昌宁，公司资产总额 66 亿元，拥有 110 千伏变电站 13 座，总容量 62 万千伏安；110 千伏线路 23 条，总长 664.94 千米；35 千伏变电站 50 座，总容量 31.67 万千伏安；35 千伏线路 92 条，总长 1291.071 千米；10 千伏线路 9670.64 千米；400/220 伏线路 15807.46 千米，配电变压器 6909 台。公司是保山市唯一的供电企业，供电范围覆盖保山市隆阳区、施甸县、昌宁县、龙陵县和腾冲县，负责 110 千伏及以下电网的建设和运营管理，220 千伏及以上电网由云南电网公司建设和运营管理，公司在供电区域上具有专营优势。从供电能力来看，近年来公司变电总容量和线路长度均有所增加。截至 2015 年 9 月末，公司拥有变电站 95 座，变电总容量 215.18 万千伏安，输电线路总长 3367.03 千米，公司供电能力不断提升。控股装机容量全部为子公司槟榔江水电装机容量。槟榔江水电开发电站流域属于大盈江右支流，以"二库四级"水电开发，总装机容量 60.3 万千瓦。其中，一级三岔河电站装机容量 7.2 万千瓦，正在建设当中；二级猴桥电站装机容量 4.8 万千瓦，于 2005 年投产；三级苏家河口电站装机容量 31.5 万千瓦，三台 10.5 万千瓦机组分别于 2011 年 1 月

12 日、5 月 10 日、6 月 30 日投产；四级松山河口电站装机容量 16.8 万千瓦，三台 5.6 万千瓦机组分别于 2011 年 1 月 13 日、4 月 20 日、6 月 11 日投产。"十三五"期间，保山将围绕"打造清洁能源基地，天然气利用示范区，区域性电价互联互通枢纽"的目标，强化能源基础设施建设，构建以电网、气网为主的功能完备、保障有力、安全高效能源网，努力培育拓展能源消费市场，大幅提升能源就地消化能力，加强能源国际合作，推动境内外电网建设，做大做强保山电网，推进能源互联互通，深化能源体制改革，完善能源发展机制，全面加快能源产业发展，以能源的跨越发展保障全市经济社会实现新跨越。

（二）资产规模

近几年，地电企业资产规模以供电资产为主实现快速扩张，覆盖产业范围较广。

截至 2015 年底，陕西地电资产总额 233 亿元，下属供电、发电、辅业、多经企业 159 个。35 千伏—110 千伏变电站变电容量达 502 座/11907 兆伏安，35 千伏—220 千伏线路 860 条/13106 千米；省、市、县级调度 75 个；网内并网电厂（站）570 座，总装机容量 692 万千瓦；电网最大负荷 777 万千瓦。其中 110 千伏变电站 138 座、主变压器 220 台、容量 7741 兆伏安；35 千伏变电站 364 座、主变压器 660 台、容量 4128.5 兆伏安。陕西地电所属输配电线路 873 条，长 13080 千米。其中：220 千伏线路 2 条，长 327 千米；110 千伏线路 294 条，长 5355 千米；35 千伏线路 564 条，长 7444 千米。接入公司电网的发电厂（站）570 座，总装机容量 6915 兆瓦。其中：火电厂（煤矸石、供热等综合利用，下同）29 座，装机 4107 兆瓦；水电站 460 座，装机 494 兆瓦；风电场 12 座，装机 553 兆瓦；光伏电站 11 座，装机 448 兆瓦；燃气及余热电站 58 座，装机 1313 兆瓦。

截至 2015 年底，山西地电公司总资产 62.04 亿元，比 1998 年接管时的 2.09 亿元增加 59.95 亿元，18 年间增长近 28 倍。所属 12 个供电分公司下设供电所及营业点共 135 个，共有低压配变 8127 台。共有 220 千伏变电站 6 座，主变压器 12 台，容量 1830 兆伏安；220 千伏线路 12 条，共计 357.82 千米；110 千伏变电站 46 座，主变压器 92 台，容量 3850 兆伏安；110 千伏线路 78 条，共计 1500.9 千米；35 千伏变电站 66 座，主变压器 124 台，总容量 820.2 兆伏安；35 千伏线路 132 条，共计 1651.5 千米；10 千伏线路共计 11 474.8 千米；共有 10 千伏配变 8127 台，容量 68.90 万千伏安，低压线路 1.5 万千米。所属电网形成以 220 千伏为主干网架、110 千伏及以下电压配出的供电格局，基本满足营业区内用电需求。

四川水电负责投资、经营、管理省级地方电力国有资产，是四川省地方电力系统农网、城网、缺电县、无电地区电力建设项目的总业主。四川水电以中小城市和农村为基地，以中小水电开发和农村电网建设为主体，以服务"三农"为重点，以促进地方经济发展为己任，对四川经济和社会发展在特定时期起到了不可替代的作用。到 2015 年底，四川水电总资产 445.51 亿元，拥有电站装机容量 42.09 万千瓦。110 千伏变电站 70 座，变电容量 3105.8 兆伏安，线路 2096.16 千米；35 千伏变电站 274 座，变电容量 2253.08 兆伏安，线路 5056.82 千米；10 千伏线路 4.81 万千米，配电容量 4765.99 兆伏安，线路 4.81 万千米。四川水电在四川省电力终端市场的份额由成立之初的 0.5% 增长到 6%（含参股企业），在四川省电力工业格局中占据了一席之地，已成为四川省电力工业不可或缺的组成部分，也是四川省最大的配电企业、地方电力的龙头企业和服务"三农"的重要力量。

2015 年底，内蒙古电力管理自治区中西部 8 个市（盟）的电网建设运营工作，公司完成固定资产投资 117.9 亿元，售电量 1370.30 亿千瓦时，营业收入 596.36 亿元，实现利税 20.61 亿元，总体实力位居自治区工业企业前列。截至 2015 年底，公司运行 110 千伏及以上变电站 554 座，主变压器 1018 台，变电容量 11803.5 万千伏安；110 千伏及以上输电线路 1192 条，长度 34910.5 千米。全网最大发电负荷 2753.1 万千瓦，最大供电负荷 1991 万千瓦；东送最大负荷 462 万千瓦。统调装机容量 5934.7 万千瓦，其中新能源装机容量 1921.2 万千瓦，居全国各省网公司前列。

广西水利电业集团作为广西第二大供电企业，2014 年供电量为 182.99 亿千瓦时，占广西全社会用电量的 14.00%。电力销售是公司的核心业务，电力销售业务收入和毛利均占公司主营业务收入和主营业务利润的 96% 以上，2014 年度完成营业收入 95.44 亿元，其中电力销售收入为 92.67 亿元，电力设备制造收入 0.46 亿元。截至 2014 年末，广西水电拥有高压输电线路 103852 千米，低压输电线路 127905 千米，变电站容量合计 896 万千伏安，配电变压器容量合计 861 万千瓦安，所属用户设备安装容量 1720 万千瓦。

（三）员工队伍

随着地方电力事业的发展，各企业对人才战略更加重视，通过招聘、培养等方式，加强员工队伍建设，使员工整体素质不断提升。

到 2015 年底，陕西地电在册员工 12000 余人中，本科以上学历 3250 人，占员工总数的 26.5%。获高级职称的员工有 759 人、获中级职称的员工有 1908 人；高级技师 25 人，技师 1000 人。全体员工中有科技新星 3 人、省首席技师 1 人、全国电力行业技术能手 1 人、省级技术状元 30 人、省级技术能手 60 人、设立院士工作站 2 个，聘请院士 2 人。特别是近五年来，通过公开招聘，引进专业对口硕、博士及大学生 800 余人，伴随对劳动用工的规范管理和到龄人员的有序退出，公司用工总量仅比 2010 年增长 2.2%。陕西地方电力公司的人才战略实施达到良好效果，"十二五"期间，公司员工首次获得全国电力行业技术能手、陕西省首席技师奖项，首次取得陕西省科技创新奖。公司首次有 3 名员工获评陕西省科技新星并获得省科技厅专项资金支持，陕西省技术状元、技术能手更是集中涌现。

到 2015 年底，山西国际电力拥有发电、配电企业 39 家，人员总数 7513 人，其中 30 岁以下 1279 人，30—40 岁 2232 人，41—50 岁 2881 人，50 岁以上 1121 人；学历结构方面，大专及以上人员 3835 人；职称结构方面，工程技术类人员 1677 人，经营管理类人员 266 人，政工类人员 125 人；工人技术等级结构方面，高级技师 40 人，技师 307 人。

到 2015 年底，四川水电有员工 8439 人，其中企业负责人 112 人，占 1.33%；中层管理人员 671 人，占 7.95%（正职 324 人，副职 347 人）；一般职工 7656 人，占 90.72%。同比 2014 年末在册职工减少 197 人，其中企业负责人减少 1 人；中层管理人员增加 8 人（正职 7 人，副职 1 人）；一般职工人数减少 204 人。年龄结构情况：35 岁以下职工 1479 人，占 17.53%；36—40 岁职工 1946 人，占 23.06%；41—45 岁职工 2139 人，占 25.35%；46—50 岁职工 1741 人，占 20.63%；51—55 岁职工 749 人，占 8.88 人%；55 岁以上职工 385 人，占 4.56%。公司有博士 1 人，占 0.01%；硕士 29 人，占 0.34%；本科毕业生 363 人，占 4.3%；专科毕业生 1844 人，占 21.85%；中专毕业生 1404 人，占 16.64%；高中及以下毕业生 4798 人，占 56.86%。公司共有专业技术人员 1809 人，具备专业技术职务任职资格的职工占总人数的 21.44%，其中具备高级专业技术职务任职资格的职工有 77 人，占专业技术人员的 4.26%；具备中级专业技术职务任职资格的职工有 432 人，占 23.88%；具备初级专业技术职务任职资格的职工有 1300 人，占 71.86%。公司共有工勤技能人员 2945 人，其中高级技师 13 人，占 0.44%；技师 428 人，占 14.53%；高级技工 805 人，占 27.33%；中级技工 1571 人，占 53.34%；初级技工 128 人，占 4.35%。

截至 2015 年底，内蒙古电力所属单位 28 家，员工总人数为 36465 人。

截至 2015 年 6 月末，广西水电在职员工 17279 人，其中生产人员 11138 人，技术人员 4261 人，行管人员 1880 人。

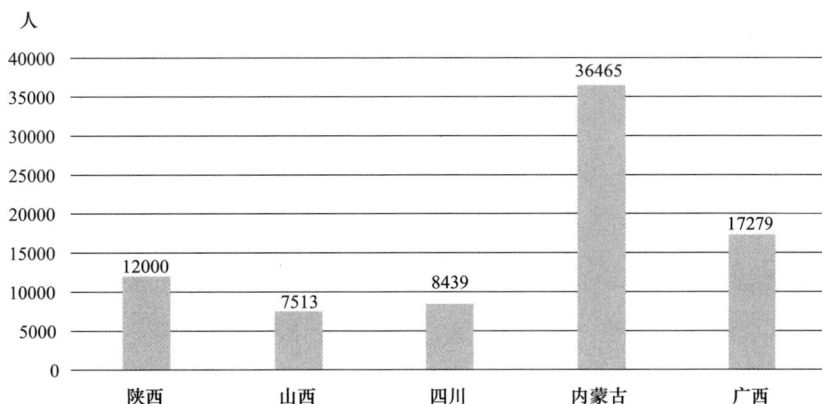

图 0-12　主要电力企业员工人数

（四）运营模式

目前，地电企业虽然数量较少，但因发展历史、所在区域经济环境及电力发展情况不同，也形成了多种不同的运营模式，主要包括：输配电一体化类型、发配电一体化类型、小型区域电网类型和综合能源服务类型等。近年来，几家主要地电企业在稳步发展供电业务的同时，充分发挥自身体制、机制优势，实施多元化发展战略，业务范围涉及供电、发电、新能源、节能服务等领域，逐步形成综合能源供应商业务模式，在能源领域率先实现服务转型，对地电企业未来发展具有较大意义。几家主要地电企业的另一个共同特点是，在拥有供电营业区的同时，同步发展发电业务，满足自身部分供电需求，这是地电企业有别于区域内大电网经营企业业务模式的一个重要特征，几家规模较小的地电企业，则各自形成不同的运营模式。

1. 输配电一体化类型

内蒙古电力公司是内蒙古自治区政府所属的国有独资特大型电网管理企业，拥有完整的输配电网络和管理体系。截至 2015 年底，公司运行 110 千伏及以上变电站 554 座，主变压器 1018 台，变电容量 11803.5 万千伏安；110 千伏及以上输电线路 1192 条，长度 34910.5 千米。全网最大发电负荷 2753.1 万千瓦，最大供电负荷 1991 万千瓦；东送最大负荷 462 万千瓦。统调装机容量 5934.7 万千瓦，其中新能源装机容量 1921.2 万千瓦，居全国各省网公司前列。

2. 发配电一体化类型

陕西、山西、四川、广西等地电企业，各自拥有发电产业，形成发配电一体化运营模式。其中，陕西、山西发电产业以火电为主，四川以水电为主，广西以小水电为主，并各自拥有一定区域的供电网络。

陕西地电目前的业务包括供电、发电、辅业、多经四个方向，并全部进行了公司化，清晰了战略发展思路，目标是到 2020 年，建成以配售电业务为核心、产业多元化发展的国内一流电能集团。到 2015 年底，陕西地方电力（集团）公司下属供电、发电、辅业、多经企业 92 个。

山西地电业务相对单一，主要负责 12 个县级电网的建设运营，但是其母公司山西国际电力集团有限公司则是同时占有发电和配电两端市场、控股上市公司和金融机构、集资产经营和资本运营于一体的特大型企业集团。集团公司全资、控股的企业有 53 家，参股 24 家，是山西省综合能源的投资商、运营商和服务商。发电产业涉及火电、水电、风电以及生物质能等，率先建设了山西省第一座风力发电厂、第一座大型并网光伏电站和第一座生物质能发电厂。配电产业负责山西 12 个县级电网的建设运营，供电区域为 2.3 万平方千米，占山西省 15% 的土地面积。燃气产业拥有横穿河东煤田 7 个煤层气区块，途经 37 个县区，总长度 1500 余千米的省级煤层气主管网，实施了 CNG、LNG、焦炉煤气甲烷化、燃气发电以及城市燃气等一批大型燃气综合开发利用项目。控股经营山西金融租赁有限公司，参股了晋商银行、山西证券、山西信托、中国光大银行，同时投资了水务、置业物流等领域，培育了一批新技术、新材料的拟上市公司。2015 年 7 月 16 日，将燃气产业板块国有股权无偿划转至山西省国新能源发展集团有限公司。

四川水电代表省政府统一行使地方电力省级国有资产所有者职能，并经授权投资、经营、管理由原四川水电产业集团有限责任公司自 1998 年以来投放四川省地方电力的农网资金（含国债资本金和专项贷款）所形成的全部地方电力省级国有资产。四川水电经国家发改委批准，替代原四川水电产业集团有限责任公司成为四川省农网建设、改造与完善工程的项目法人，同时作为四川省农网改造项目的承贷主体，全面承担和履行了四川省农网还贷资金的"统贷统还"的责任和义务。同其他地电企业一样，四川水电坚持多元化发展战略，主要包括投资、经营电源、电网，生产、销售电力设备及建筑材料，电力工程设计、施工、技术咨询及服务，房地产开发，项目投资等。截至2015年底，四川水电业务从以电力为主业到在金融、房地产、电力工程建设等业务板块均有拓展，实现了以电力业务为主，多元业务协同发展的战略目标。集团成为拥有36参控股子公司，涉足电力能源、金融、房地产、电网建设四大业务的省属大型集团企业。

广西水利电业有限公司成立于1998年10月。1998年，为了全面贯彻落实国务院"两改一同价"的重大决策，在自治区水利厅的正确领导下，广西水利系统50家企事业单位共同出资组建了省级电力企业——广西水利电业有限公司，成为广西农村电网建设与改造"一省两贷"的两个承贷主体之一，全面负责全区43各县（市、区）"两改一同价"的工作任务。广西水利电业集团于2006年9月28日正式挂牌成立，以广西水利电业集团有限公司为母公司，联合40家控股供电公司、26家控股发电公司、1家物业公司和贺州市八步水利电业有限公司（参股公司）、梧州市电业局、百色电力有限责任公司组建而成。

3. 小型区域电网类型

在地电企业中，小型区域电网（或称独立电网、网中网）类型企业占有一定比例，并各有不同经营体制，是地电的组成部分，随着电力体制改革的深化，小型区域电网数量将会增加。

山东魏桥创业集团有限公司（简称"山东魏桥"）将自建发电厂所发电量用独立的电网输送，并售电给其他企业和用户。"魏桥模式"产生以来就饱受争议，很多业内人士认为山东魏桥的孤网供电"不合法、不安全、不环保"。"魏桥模式"的形成主要有以下三大原因：地方政府的强力支持，集团企业自身的雄厚实力以及稳定的用电量，同时国家电网公司也根据当地实际情况采取了较灵活的合作方式。

"平果铝"位于广西百色市的平果县，因铝矿藏储量多、矿体大、品位高、埋藏浅、易开采，被称为"南国铝都"，百色铝矿产储量大约10亿吨，占全国的四分之一。在可以预见的周期里，铝工业依然将是这个地区的支柱产业，而广西铝业发展的最大制约因素就是电价高。经过测算，在百色，生产电解铝的盈亏点是 14500 元，现在市场价格是 13000 元左右，因此，如果电价下降 0.2 元，就能超过盈亏点，破解铝成本过高的难题。为此，2014 年 8 月，百色生态型铝产业区域电网一期工程（新山变电站项目）建设开工仪式在新山铝产业示范园区举行，现已具备投入运营的条件，几大企业联合发电，向区域电网供电，预期将工业用电的电价从 0.6 元/千瓦时降到 0.3 元/千瓦时左右，同时跟毗邻省份云南、贵州实现资源的强强互补，用广西的矿产资源与云南、贵州丰富的电力资源相结合，共走建设园区经济的发展道路。广西百色区域电网是继山东魏桥之后的又一个"网中网"。

此外，云南保山电力公司、广西桂东电力股份公司、重庆乌江电力公司等中小型地电企业，几乎都以小型区域电网形态存在和发展。

4. 综合能源服务类型

综合能源服务作为在区域能源互联网下实质性开展的业务内容，在 PPP 和新电改条件下，出现了新的产业发展契机。综合能源服务核心是分布式能源以及围绕它进行的区域能源供应，同时可以将公共热冷、电力、燃气甚至水务整合在一起的一种综合能源服务形式。电力服务是区域能源互联网下，综合能源服务的主要内容之一，同时，电力并网销售也对区域能源互联网的建设运行产生直接影响。综合能源服务业务模式尚处于探索发展阶段。其实，地电企业借助其自身优势，早已开展相关业务转型尝试工作，典型的如广西水利电业集团，已同时在其供电区域系统开展了水务服务。未来，地方电力在综合能源服务领域具有一定竞争力。

三、电力建设

全国地电企业基本同时拥有发电、配电业务，因所处区域不同，有的以火力发电为主，如陕西、山西、内蒙古；有的以水力发电为主，如四川、广西等。近几年，各企业开始重视新能源开发建设，在年度电力建设投资中，新能源开发投资均占有一定比重。基于对地电企业的传统定义，在分析其电力建设投资情况时，以电网建设为重点。

（一）投资规模

自 2005 年以来,中央连续多次在一号文件中提出对农村电网进行改造升级。2014 年，国家出台《国家新型城镇化规划（2014 年-2020 年）》，对城乡配电网供电能力和供电可靠性提出更高要求。经过多年的投资改造，农村电网结构大幅改善，电力供应能力明显提升，同网同价基本实现，彻底解决了无电人口用电问题。但受自然环境条件、历史遗留问题等各种因素制约，城乡电力服务差距较为明显，贫困地区以及偏远少数民族地区电网建设相对滞后。2015 年中央一号文件再次明确要求继续实施农村电网改造升级工程，国家能源局印发《配电网建设改造行动计划（2015—2020 年）》，提出 2015 年至 2020 年配网投资不低于 2 万亿元，相关政策促进了地电企业投资规模的提升。

陕西地电 2015 年电力建设总投资额 29.58 亿元，其中电网建设投资 23.28 亿元，占全年总投资额的 78.7%，是比重最高的一年；山西地电 2015 年电网建设投资总额 2.0368 亿元；四川水电 2015 年电网建设投资总额 56.783 亿元，全部用于 110 千伏及以下项目，重点是农网升级改造和无电地区电力建设工程；内蒙古电力 2015 年电网建设投资总额达 117.9 亿元，实施电网基础设施建设 79 项，100%达标投产，"十二五"期间连续第四年投资超过 100 亿元。

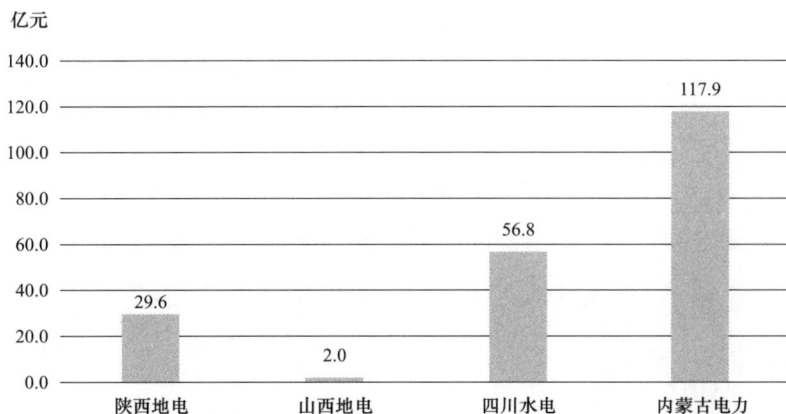

图 0-13　主要地电企业 2015 年电网建设投资额

其他地电企业 2015 年投资情况如下：

广西桂东电力股份有限公司 2015 年在电源项目建设方面，为满足贺州市铝电子产业用电需求，开工建设贺州市铝电子产业动力车间。该项目总投资 29.45 亿元，装机容量 2×35 万千瓦，项目投产后将成为桂东重要的电源点之一。此外，公司于 2015 年 7 月通过竞买方式获得装机容量为 6.9 万千瓦的京南水电厂，扩充了公司的装机容量。电网建设方面，公司进一步扩展、完善公司网架结构，110 千伏石梯变电站已投入运行，110 千伏江天线也即将开工建设，同时公司在加快电网的发展和升级，促进公司在智能电网、微电网、分布式能源方面发展做了大量工作。

广西百色电力有限责任公司 2015 年利用国债资金股权投资 1 亿元，实施一批城市配网工程。其中，龙景配网改造工程已在施工，总投资 3400 万元；桂明、六洲、龙旺变电站项目已完成招标，投资概算 1.1 亿元。

湖南郴电国际发展股份有限公司在 2015 年共争取到农网改造、城网改造、供水管网改造等各项国家投资 31.1345 亿元，相当于前 10 年的总和。其中，农网改造升级工程 2 亿元、农网改造升级工程 2015 年新增投资 25 亿元、城镇电网改造资金 3 亿元（专项建设资金 4500 万元）、东江引水工程第二批专项建设资金 6000 万元、城镇供水管网改造中央预算内资金 800 万元、市城区供水管网改造第四批专项建设资金 4000 万元、城镇污水处理设施及污水管网工程中央预算内基建资金 545 万元。

（二）投资机制

地电企业供电区域多集中在中西部地区，部分为边远、贫困区，以农村电网建设以及县城电网改造工程为主，得益于近年来国家持续开展的农村电网升级改造工程，电网投资可保持一定规模。同时，还有部分投资来源于企业自有资金、银行贷款等渠道。从长远看，地电企业的配电网有运营盈利能力弱、公益性强等特性，尚未建立农村电网长效投资机制。

从陕西地电电力建设资金来源情况看，陕西地电投资资金主要来源于中央预算内资本金和企业自筹资金，其中企业自筹资金占到绝大部分，在占比最低的 2015 年，企业自筹资金在投资总额中所占比例也达到 84.7%，2011年占比最高，达到 93.3%。2015 年中央预算内资本金 4.53 亿元，占 15.3%；企业自筹资金 25.05 亿元，占 84.7%。

山西地电在 2005 年至 2015 年的 11 年间，先后投资 58.05 亿元进行电网建设。其中，自有资金 9.15 亿元，占 15.76%；银行贷款 46.45 亿元，占 80%；财政拨款 2.46 亿元，占 4.24%。可以看出，在电网建设中，地电公司用自有资金，结合银行贷款进行了大规模的建设，财政拨款占到其中较小比例，仅占 4.24%。

2005—2015 年期间，四川水电电网建设和电源建设计划投资额为 179.52 亿元，其中实际完成投资额 164.96 亿元。四川水电的计划投资资金来源主要为自有资金（含贷款），总额为 141.18 亿元，占所有计划投资额的 78.64%；政策性投资（国补、资本金），总额为 38.34 亿元，占所有计划投资额的 21.36%。四川水电 2005 年至 2015 年期间电网建设投资额中，自筹资金、贷款、政策性投资的金额分别为 4.52 亿元、115.72 亿元、33.31 亿元。2015 年，四川水电电网建设资金中有政策性投资 11.61 亿元、自筹资金 0.34 亿元、贷款 44.84 亿元。

1998—2015 年 6 月底，国家累计下达广西水电农网建设与改造计划资金 152.61 亿元，其中国家资本金 26.52 亿元，企业自筹资金 5.76 亿元，银行贷款 120.33 亿元。

四、电力供应

（一）电力生产

从地电企业的电量来源看，主要包括购当地省网（大电网经营企业）趸售电量，企业自发电量，网内并网的电源发电量（特别是近年来发展较快的网内新能源发电量），以及来自周边省份的外购电量。其中，广西、四川的电力企业自发电量主要是水电，但是难以满足本地区的电力需求，绝大部分电量都是外购电量。从电源结构看，山西、陕西、内蒙古的火电占到绝对比例，四川、广西自发电量基本都是水电，这与地电企业所在地区的资源禀赋有关。

2015 年，陕西地方电力系统统调电量统计，上一级电网供电量占公司系统统调电量的 42%，网内并网电厂发电量占系统统调电量的 58%，所辖榆林电网以网内并网电厂为支撑，以陕西、内蒙古、山西、宁夏电网电源为补充；其他各市电网主要以陕西主网电源为支撑，网内并网的小电源为补充，其中陕南汉中、安康、商洛三市电网并网小水电较多。陕西地电拥有发电装机上网电量 108.41 亿千瓦时，占并网电厂发电量的 33.2%；发电设备平均年累计利用小时数为 5049 小时，发电设备利用率为 57.64%。从发电量结构看，火电占到发电量绝对比例，但是所占比例逐年降低，从 2011 年的 91.1% 下降到 2015 年的 70.1%；水电所占比例从 2010 年的 7.8% 降低到 2015 年的 4.4%；风电发电量所占比例从 2011 年的 1.1% 增加到 2015 年的 3.0%；燃气及余热发电量所占比例从 2012 年的 14.4% 增加到 2015 年的 21.6%；光伏发电量所占比例从 2014 年的 0.6% 增加到 2015 年的 0.9%。

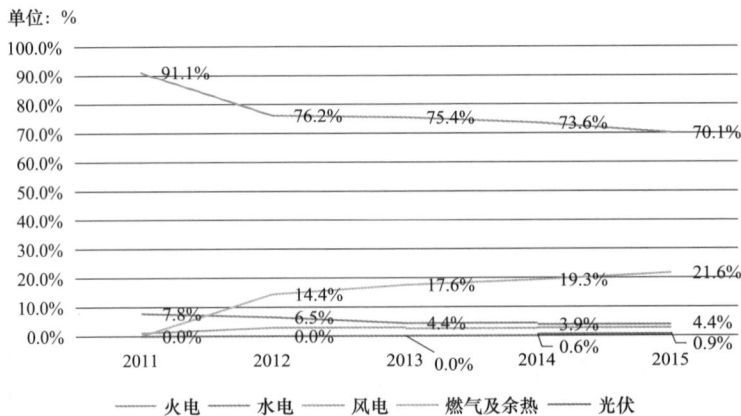

图 0-14　2011—2015 年陕西地电并网电厂发电量结构

截至 2015 年 12 月 31 日，山西省电力装机容量为 6966 万千瓦，其中，水电 244 万千瓦，火电 5940 万千瓦，风电 669 万千瓦，光伏发电 113 万千瓦，发电量 2457 万千瓦，利用小时数为 3744 小时。

四川水电的供电量包括四川水电自有电站所发电量和外购电量两部分。由于电源开发历经较长建设周期，投入较大，四川水电的自发电量增长较为缓慢，缺乏骨干电源，自有电源薄弱。至 2014 年 12 月底，四川水电自有水电站装机容量 45 万千瓦，而随着辖区内电力消费的逐步增加，只能通过外购电量的方式解决供电量不足的问题。截至 2015 年底，四川水电自发电量 169064 万千瓦时，外购电量达 488547 万千瓦时。随着四川水电外购电量的增长，外购电量与自发电量的比例差距逐步扩大，截至 2015 年底，四川水电外购电量已经占到总电量的 74%，外购电量成为四川水电供电量的主要组成部分。

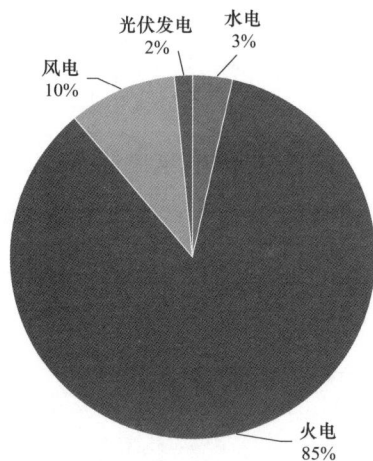

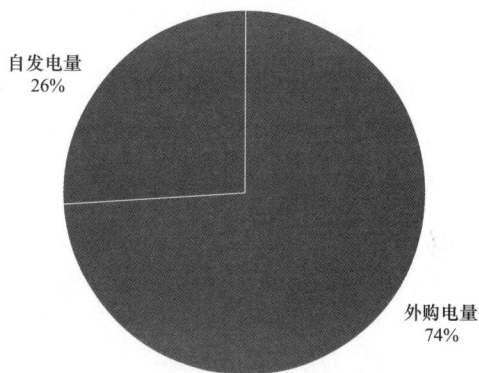

图 0-15　2015 年山西地电发电装机结构　　**图 0-16　2015 年四川水电电量来源**

2014 年，广西水电所属供电企业有 40 家，供电量总计 182.99 亿千瓦时，同比增长3.94%，占 2014 年广西全社会用电量 1307.50 亿千瓦的 14.00%。由于广西水电的自发电量无法满足供电需求，随着销售区域内用电需求的持续增长，外购电量规模较大，在供电总量中占比偏高的 2012—2014 年及 2015 年 1—6 月，外购电量分别为 143.31 亿千瓦时、153.17 亿千瓦时、158.02 亿千瓦时和 79.25 亿千瓦时，在供电总量中占比均在 85% 以上；同时期供电总量分别为 164.15 亿千瓦时、176.05 亿千瓦时、182.99 亿千瓦时和 86.26 亿千瓦时。

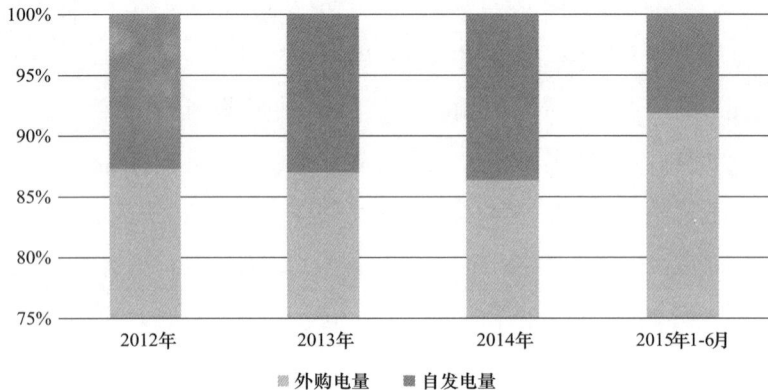

图 0-17 2015 年广西水电电量来源

2015 年，内蒙古电力售电量超额完成，达到 1365 亿千瓦时，大用户直接交易电量突破 560 亿千瓦时。2016 年 1—11 月份完成发电量 1877.89 亿千瓦时，供电量 1367.02 亿千瓦时。

（二）电力消费

地方电力企业供电区域以城乡为主，服务对象以县域为单位，大部分客户集中在农村地区、边远地区，电力消费水平低。从陕西地电、山西地电和四川水电的售电量增长情况看，2011—2015 年，除山西地电 2014 年比 2013 年略有降低外，陕西地电、四川水电的售电量基本保持增长态势。从电量结构分析，大宗工业客户用电仍是主体，占比较大，其次是一般工商业和居民照明。

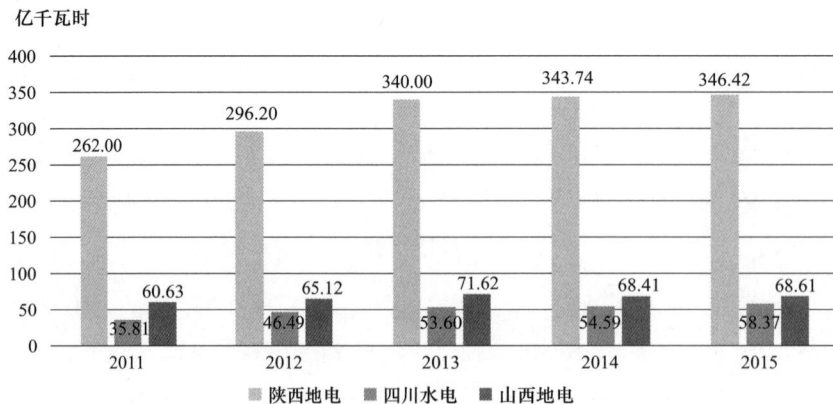

图 0-18 2011—2015 年主要地电企业售电量

2015 年，陕西地电完成售电量 346.4 亿千瓦时。从售电量的电量结构看，大宗工业电量 203.01 亿千瓦时，占总售电量比例的 58.60%；一般工商业电量 58.10 亿千瓦时，占总售电量比例的 16.77%；居民照明电量 65.39 亿千瓦时，占总售电量比例的 18.88%；农业生产电量 6.79 亿千瓦时，占总售电量比例的 1.96%；农业排灌电量完成 10.36 亿千瓦时，占总售电量比例的 2.99%；返供大网及其他电量 2.77 亿千瓦时，占总售电量比例的 0.80%。

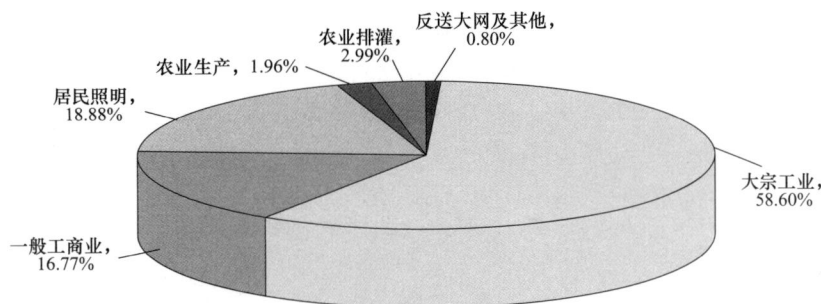

图 0-19 陕西地电 2015 年售电量结构

2015 年，山西地电完成售电量 68.61 亿千瓦时，其中第二产业占 64.84%、第三产业占 17.03%、第一产业占 2.13%、城乡居民生活占 16%。与 2005 年相比，十一年间，第一产业的用电量在总售电量中的比重从 1.61%增长到 2.13%，有了一定增长；第二产业的用电量 71.37%降为 64.84%，有了一定下降；第三产业的用电量从 18.24%降为 17.03%，有所下降；而同期城乡居民生活用电则从 8.01%增长到 16%，增长幅度相对较大。

2015 年，四川水电完成售电量 59.32 亿千瓦时，其中居民照明用电 23.07 亿千瓦时，占比 38.89%；一般工商业及其他用电 12.88 亿千瓦时，占比 21.71%；大工业用电 15.85 亿千瓦时，占比 26.73%；农业生产用电 0.23 亿千瓦时，占比 0.39%；农业排灌用电 0.21 亿千瓦时，占比 0.35%；售大电网趸售电量 2.56 亿千瓦时，占比 4.31%；其他

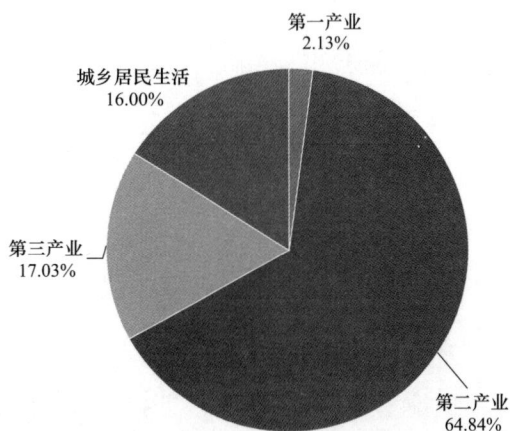

图 0-20 山西地电 2015 年售电量结构

用电 4.52 亿千瓦时，占比 7.62%。

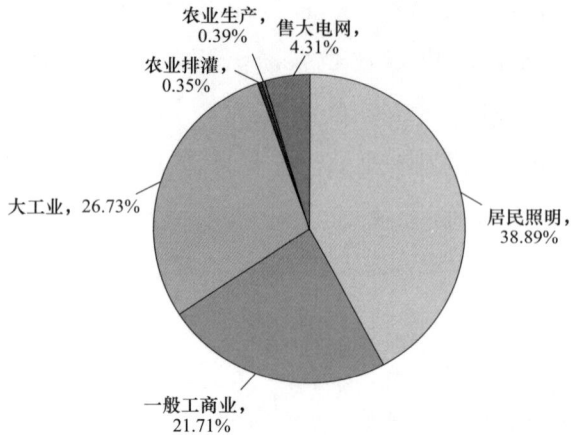

图 0-21　四川水电 2015 年售电量结构

（三）供电服务

2015 年，我国地方电网的供电量约为 3957 亿千瓦时，从 2011—2015 年主要电力企业供电量增长情况看，陕西地电供电量从 2011 年的 270 亿千瓦时增加到 2015 年的 346 亿千瓦时，年均增长率为 6.4%；四川水电供电量从 2011 年的 40.27 亿千瓦时增加到 2015 年的 65.76 亿千瓦时，年均增长率为 13%。

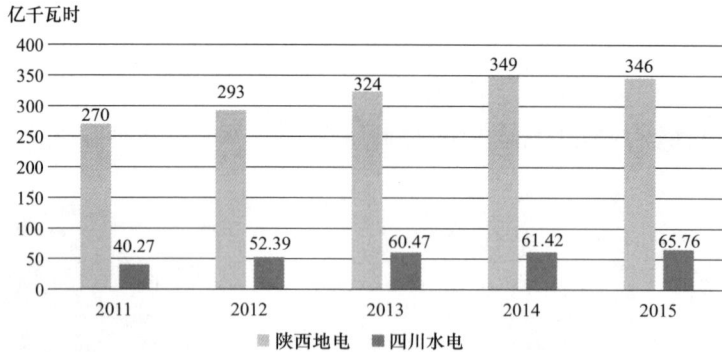

图 0-22　2011—2015 年主要电力企业供电量

从供电服务看，地电企业积极服务当地社会经济发展，以客户需求为导向，以服务创新为手段，以优质、便捷为目标，不断完善供电服务体系建设。在硬件建设方面，地电企业加强客户服务热线系统建设，完善客户服务中心的投诉、业务咨询、故障报修等功能；在制度建设方面，不断查找管理缺陷、制度缺陷，实现供电服务的不断提升；在服务手段方面，紧紧把握客户需求、社会发展趋势，不断丰富服务载体。同时，地电企业积极服务国家新能源发展战略，出台优质服务措施，以有助于供电区域内新能源发展。

2015 年，陕西地电以 96789 服务热线升级为契机，加强呼叫中心座席人员培训，有效提升业务水平和服务水平，集团公司的满意度指数逐步提高。2015 年公司荣获中国质量协会评选的"全国实施用户满意工程先进单位"称号，荣获"陕西顾客满意度测评行业优秀单位"等称号，下属基层企业榆林分公司在当地市政行风测评中，在公共服务行业和窗口单位序列中"优秀"等次。

山西地电定期开展行风评议活动、用电营业及优质服务竞赛活动，引入第三方对所属 12 个分公司的服务情况开展测评，并将优质服务工作情况纳入年终考核范畴，与企业绩效工资及职工奖金挂钩。同时，开展供电服务应知应会达标活动，明显提高了各供电企业履行规定的责任和义务的自觉性，并在现有 140 个营业厅提供办理用电报装服务，提供多种形式的缴费服务，方便用户缴纳电费。推行客户首问制，积极倡导敢于负责、高效务实的工作作风，开通了统一的 96598 客户服务热线，实行 24 小时值班制度，面向全社会受理客户咨询、故障报修和投诉举报业务。加强故障报修管理，严格按照规定时限处理故障，开展供电业务公示和安全用电宣传。为各营业厅配备电子屏、触摸屏，对供电法规、业务办理流程、电价和收费标准、检修停电信息等进行公示；利用节日上街开展安全用电宣传，通过散发传单、现场咨询的方式，向客户宣传安全用电和节约用电知识。服务地方经济发展、服务人民生活用电的能力得到有效提升。

四川水电以全面推行营销工作集约化、专业化、标准化、精益化和高度信息化为根本途径，实现管理水平全面提升、营销业绩全面提升、服务形象全面提升、专业能力全面提升。坚持以市场和服务导向，实施营销业务的统一整合，适应现代电力营销及智能用电发展的需要，建立完善的营销标准化体系，强化纵向到底、横向到边的全面贯彻落实意识。统筹营销资源，整体应用集成技术，在大营销体系框架下，构建营销与规划、基建、生产、调度、财务等部门业务的一体化协同运作机制，实现信息共享、分工协作、协调互动、一口对外。夯实服务基础，全面开展"无差错服务"工作。创新服务手段，建立新的服务运管模式，在现有的缴费方式基础上增加银行自助终端、银行卡关联、手机购电、网上缴费等，试行网上营业厅、电话自助业务办理等方便、快捷的电力服务。

内蒙古电力秉承"换位思考感悟客户需求，主动服务超越客户期待"的理念，以提供优质高效的服务为核心，创新服务机制，优化服务流程，拓宽服务渠道，用舒适、贴心和人性化的服务使客户满意。为使每一位客户都能享受到优质高效的电力服务，公司着力推动服务资源的优化整合和集中管理，以提升 95598 服务品质为主线，建立并健全停电信息联系报告制度，最大限度降低停电影响；建立服务预警通报制度，分析并落实客户投诉；全面整合95598 客服，提升 95598 电话服务功能和服务水平，致力于构建现代化、规模化、智能化、专业化的互动式服务热线平台。公司连续 13 年在全区窗口行业行风评议中名列前茅。2015 年，公司客户满意度达 99.06%，实现连续三年提升。百万客户投诉量为 187 次/百万客户，同比下降 16.5%。

五、经营管理

（一）经营情况

地电公司的发展壮大为地方经济社会的协调发展做出了突出贡献。近年来，地电公司稳步提升经营业绩，着力改进管理模式，实现降本增效，确保国有资产的保值增值。在经济"新常态"下为带动地方经济活力，实现地方经济社会的稳健发展贡献力量。

2013年以来，虽然我国经济发展进入平稳增长阶段，电量需求增速回落，但是地电公司始终坚持在不断开拓电力市场和加快电网建设步伐的同时，一手抓节支增收，降本增效，强化预算管理与风险防控，提升精细化管理水平；一手抓优化经营方式，合理开展多样化投资，延伸产业链，实现经营业绩的稳步增长。2015年，陕西、四川、山西、广西、内蒙古等地方电力公司资产总额达到1840多亿元，售电量2100多亿千瓦时，分别比"十一五"末期增长30%、40%以上，利税增长50%以上，电网资产规模实现了翻番。

地电区域内用电结构稳定，销售电量保持快速增长，债务风险小，盈利能力强。从长远来看，地方具有丰富的水力、风力、煤炭等自然资源，在国家鼓励农村水电、新能源发展、加快推进地方电网完善和无电地区电力建设、以及农网还贷基金和补贴的政策支持下，地电公司的发展具有良好的外部环境。近期，又恰遇新一轮电力体制改革的窗口，地电公司迎来难得的发展机遇，将进一步巩固地区输配电业务，使在区域上既具有明显的专营优势，又同时兼备进一步拓展的空间。

需要注意的是，随着服务区域电力市场扩大拓展、多元化投资的强化、产业链的延伸，企业的人才结构、战略谋划、组织调整、运营管理能力也需要不断调整和加强，否则将丧失发展机遇，并在竞争中陷于被动。

（二）管理业绩

作为地方经济发展的先行企业，地电公司积极贯彻党的十八大和十八届三中、四中、五中全会精神，坚持以依法治企为基础，密切关注并积极参与国家电力体制改革，着力推进现代化公司建设，重新构建业绩考核体系，不断提高管理水平，有效提升了公司综合管理效率，综合线损率控制在6%—12%以内，综合电压合格率稳定在98%—99%。一些企业获得"全国电力行业卓越绩效企业""全国电力行业质量奖"等奖项，充分反映了地电公司的企业管理水平和所处发展阶段。

为给公司可持续发展提供"软实力"保障，努力向成为现代化公司战略目标迈进，近几年来，地电企业积极引进先进管理理念，不断提升企业管理水平，开展同业对标管理，向行业先进水平看齐。如陕西地电开展与南方电网公司同业对标，制定创一流同业对标指导意见和管理办法，建立标杆指标数据库和典型经验库，对标工作获国资委表彰奖励。深入开展精细化管理，着力解决生产经营管理中存在的突出问题和薄弱环节，促进公司经济效益和管理水平明显提升；实施标准化管理，建立了以技术标准为核心、管理标准为支持、操作标准为保障的标准化体系，获得了质量、环境、职业健康安全管理体系证书；规范基建财务管理和资产管理，完成财务会计基础规范化创建，用电营业实现"一级化"核算。在内控体系建设上，突出"执行"二字，重在"狠""严"上下功夫，强化内控执行、按程序办事的规矩。企业范围内已经形成了严格依照内控流程操作、层层讲执行、事事讲程序的良好局面，为地电的稳定发展打下了制度性的基石。四川水电集团在完成资产整合的基础上，通过业务整合和管理整合对所属公司全面加强管控，基于风险管控制订和设计了一整套管控体系，通过制度建设上的努力形成了包括投资、财务、经营、安全等方面的一整套制度体系。四川水电集团对所属同一业务类型的公司，都采用统一制度和流程进行管理，集团总部成为一个制度、管理输出平台，后续完成产改重组后的地电企业，须严格依照四川水电集团统一的各项制度进行规范的生产经营。

伴随着电网不断扩大和延伸，以及现代企业制度的不断完善，地电公司的组织建设也不断完善充实。目前地电企业已完成现代企业制度的建设，集团公司逐步实现由行政型企业向服务型企业的转变。四川水电集团总部作为集团投资决策中心、资产财务中心、安全技术中心、监督考核中心、对外合作中心、利润中心，各子公司作为生产经营主体、投资实施主体、成本控制主体的格局基本形成。地电企业集发输配一体、生产科研一体、管理服务一体的格局基本建立，实现了集团点、面、体之间的协调平衡运转和有效控制。

地电企业十分重视企业文化建设，不断完善企业文化，将企业文化与现代企业管理理念相结合，建设符合地电自身特点的个性文化，有效发挥企业文化在提高企业管理水平和企业整体素质、增强企业经济效益、推动企业发展中的重要作用。

陕西地电的"光谱"文化，突显陕西地电为社会大众奉送光明的服务使命，具有温暖、奉献、关爱等特征和含义，可以用以表达陕西地电以人为本、关爱员工，为员工谋福利、谋发展，为大众和社会带去温暖、奉献爱心等内涵。

山西地电切实推进企业文化建设，以学习宣贯落实"晋能文化"为重点，深刻理解"尽你所能、尽我所能、晋能"的核心理念内涵，规范集团文化识别系统的应用推广，同时把握好配电企业文化特点，并结合实际纳入年度工作计划，求真务实，推动文化落地，展现企业独特的个性和风格。

内蒙古电力的"融•通"文化，融而通，通则久，融通方能致远，体现内蒙古电网对内融心共智、团结协作，对外输送光明、传递温暖的行业特征，是建设坚强、清洁、人文电网和"两型三化"现代公司核心业务在价值取向方面的要求。"融"强调内蒙古电力接纳水火风光电，构筑绿色能源配置平台，输送清洁能源，更融百年优秀文化精髓和时代精神于一体而锐意进取，建设清洁电网。"通"则强调内蒙古电网的操作理念和务实精神，推进公司两个转变，建设坚强、清洁、人文电网和"两型三化"现代公司，实现电网畅通、管理畅通和服务畅通。

地电企业加强制度建设，增强内在约束力，全面推广以挖掘和提升员工价值为标准的管理，探索如何对员工进行分类、定岗、考核管理，将定性与定量结合，建立一套科学、量化的工作绩效评价体系。通过检查各项管理、各项工作任务、各项责任要求、各项经营数据、各项成本管理过程等管理工作的执行情况，查遗补缺，规范和完善基础管理工作。

陕西地电制定公司《安全工作规定》，进一步规范安全管理和安全监督工作。修订《安全生产奖惩规定》《安全事故（事件）调查规程》，明确了事件类别，加强对安全事故事件的调查处理。制定公司《安全培训管理规定》，规范公司系统安全培训行为，培训的内容及培训的流程和要求，切实加强制度的约束力，打造规范、完善的制度体系。

山西地电先后制定下发了《配电企业"安全、效益、服务"三项目标考核办法》《行风评议实施方案》《供电营业服务规范》《供电营业职工文明服务行为行业规范》《电力营业厅管理标准》《业扩报装流程管理标准》《用电营业及优质服务竞赛评比办法》《供电服务规范实施细则》等，同时定期开展行风评议活动、用电营业及优质服务竞赛活动，并将优质服务工作情况与企业绩效工资及职工奖金挂钩，纳入年终考核范畴。与此同时，通过认真学习贯彻落实《供电服务监管办法（试行）》，各供电企业履行规定的责任和义务的自觉性明显提高，用法律法规约束规范供电服务行为的意识得到切实加强。

（三）管理创新

地电公司高度重视管理创新工作，把深化改革、完善机制、强化管理作为体制机制创新的重要途径，每年定期发布《管理创新指导意见》，建立健全管理创新体系，有效指导所属各单位全年度的管理创新工作。

山西地电大力实施"重大管理创新示范工程"，开展重大课题研究和重要项目培育，引领公司管理创新方向，开展重大项目阶段推进会、项目验收会，不断完善培训机制、项目评审机制、成果完善机制，全力提升公司管理创新成果质量。以建设一流配电网的目标为重点，开展重点领域管理创新，全面深化管理创新活动，创造出一大批具有全局性、高水平的精品化成果。管理创新提高了企业运营效率。加强信息化建设，实现项目全过程信息化管理。各单位信息管理系统都已建立，实现了省、市、县三级公司纵向贯通，各级业务部门横向联通，从规划到投运、从抄核收到客户服务的全过程信息化管理，强化了流程管控、动态考核和可视化监测，促进了管理专业化、标准化、集约化，提升了公司业务和核心资源的管控能力和管理效率，为公司现代化建设和客户服务提供了坚强的信息支撑。

内蒙古电力建立健全管理创新机制，搭建管理创新平台，加快实施创新驱动发展战略。深入推进标准化工作，完善业绩考核体系，加强管理信息化建设，不断提升企业综合管理水平，提升运营效率，努力构建独具内蒙古电力特色的卓越经营模式。2015 年，公司《基于 95+5 业绩考核管理模式创新体系构建研究》成果获全国电力行业企业管理创新成果一等奖；鄂尔多斯电业局作为公司标准化建设试点单位之一，被评为"全国电力企业标准化良好行为企业 AAAA 级企业"。

（四）科技创新

地电公司高度重视科技创新对企业发展的引领作用，大力实施"科技兴企"战略，加快推进公司创新体系建设，不断加大科技投入力度，依靠技术创新和科技进步，着力解决电网发展中的难点，电网科技水平和装备水平全面提高。近几年来，各地电公司投入的科技费用每年都有 50%以上的增长。

全员式、开放型科技创新体系基本形成。如陕西地电建立了国家能源局能源先进电网与装备可靠性及寿命评估技术重点实验室，成立了智能配电网关键设备技术创新战略联盟，发起"智能电网（配网）论坛"，成为国际大电网会议（CIGER）中国委员会正式成员。内蒙古电力于 2015 年底建成"国家级企业技术中心"1 个，自治区级重点实验室 1 个，公司级重点实验室 71 个，各级职工创新工作室 78 个。

智能配电网建设全面推进。陕西地电的智能配电网示范项目被国家能源局列入中央预算内投资战略新兴产业（能源）项目。各地方电力公司根据具体情况，先后实施了 110 千伏智能变电站、国家智能配电网示范区和用户集抄工程，完成智能电网关键设备研制成果综合应用推广方案，启动智能配电自动化方案验证工作，智能配电网建设进入全面推进阶段。

信息化增强价值创造能力。近年来，陕西地电健全信息化标准制度体系，完成信息化发展规划、通信系统规划，建成必要的信息化子系统；建成省、市、县、供电所（营业厅）四级全覆盖的管理信息网，管理信息网与公共互联网安全隔离；建成信息数据中心和数据灾备中心，形成"一地两中心"的信息化基础架构。

科技成果成绩显著，多个成果经鉴定达到国际国内先进水平。如陕西地方电力公司近年来就获得省级奖 3 项，其中"支撑智能电网建设集成控制、调度管理、系统仿真和设备验证的统一平台"研究项目科研成果获得 2013 年度省科技进步二等奖；省级科技奖、实用新型专利、发明专利、软件著作不断取得突破，累计申报专利、著作权 41 项，累计获得专利、著作权 30 项。内蒙古电力 2015 年共投入科研费用 4605 万元，实施科技计划项目 68 项，取得专利共计 26 项，取得软件著作权 7 项，累计拥有授权专利 273 项，有效解决电网发展中的难点，电网科技水平和装备水平显著提高，为自治区创新发展作出积极贡献。2015 年国家"863"项目"大规模风电与大容量抽水储能在电网中的联合优化运行技术"顺利通过国家科技部验收；国家认定企业技术中心和博士后科研工作站正式落户并运营。

目前，各地方电力公司基本都建立了自己的电力勘测设计院和电力科学研究机构。基层各单位也设立了电力设计机构和电力试验研究机构，逐步建立起了结构合理、分工明确、重点突出、运作协调的科技创新体系，为全面建设创新型企业奠定了基础。

六、社会责任

近年来，随着国家经济社会的发展，电力体制改革的推进和持续的农村电网升级改造，各地电企业建设取得了巨大成就，网架结构进一步优化，供电能力、供电质量、供电可靠性明显提高。

（一）电力安全

"十二五"期间，主要地电企业未发生影响较大的人身伤亡和电网设备安全事故，较好地履行了安全职责。

长效安全生产机制得以建立。企业完善了安全生产规章制度，修订了《安全工作规定》《安全生产奖惩规定》《安全事故调查规程》等规章制度，加强了对安全事故事件的调查处理，员工的安全培训步入了规范化、制度化、常态化。陕西地电按照"电网坚强智能、设备稳定可靠、全员安全高效"的安全远景目标，根据企业长期以来发展过程中逐步形成的价值观、危机意识、工作作风和管理特点提炼出"责任铭记心中、标准贯彻始终"的企业安全价值理念，树立"以人为本"的核心价值观，建立"安全意识、责任意识"的安全使命，以安全文化引领和推动安全支撑体系的建设，营造浓厚的安全生产氛围，提高企业安全管理的水平和层次，树立良好的企业形象。山西地电新招聘的大学生经过上岗前集中统一培训教育后，全部充实到基层一线岗位。同时定期开展基层员工轮训，重点提高一线员工现场抢修、装表接电、客户服务、安全用电指导等供电服务实用技能。内蒙古电力重视维护员工的各项合法权益，秉持"德才兼备、以德为先"的人才标准，为员工搭建良好平台，推进人才多元化发展，构建和谐的发展环境，实现公司与员工的共同成长。2015 年，公司人均培训时间为 7.97 天，开办新员工培训班共 30 个，培训总量达 217134 人天，举办专业技术培训班 99 期。

安全生产责任体系不断完善。各地方电力企业认真贯彻落实"党政同责、一岗双责、失职追责"的工作要求，建立了"一级包一级、一级保一级"和"设备主人"安全责任体系，员工的安全意识和安全责任得到明显加强。基层各单位普遍树立了安全生产的"责任观、预防观、基础观、基层观"。陕西地电力自 2006 年开始，连续 11 年在新年伊始抓安全，在全系统组织开展主题为"电网坚强智能、设备稳定可靠、全员安全高效"的安全生产月活动。通过开展"反习惯性违章、安全生产风险管控、安全生产标准化建设"等多种形式的活动，推进落实安全生产各项工作，为安全文化建设提供有力支撑，安全生产工作持续向好发展。2012年，山西地电柳林分公司被中华全国总工会、国家安全生产监督管理总局评为"全国安康杯竞赛优胜单位"。

安全生产进入标准化建设工作阶段，各地电企业编制安全作业指导书，加大现场标准化作业执行力度，切实夯实了安全基础。山西地电于2015年通过国家能源局"电力安全生产标准化二级企业"验收，成为山西省内首家也是当时唯一一家达标的国家级电网安全生产标准化二级企业。同时，隐患排查和缺陷隐患整治持续有效地开展。地电企业普遍开展安全生产大检查，全面排查并治理电力生产、建设施工、防洪度汛、消防、车辆交通及特种设备的安全隐患。加强电网安全运行监督管理，认真落实反事故措施。强化作业现场安全管控，监督安全措施落实到位。加强基建工程安全管理，规范外包工程项目安全协议，开展外包施工安全资质审核，限期整改安全质量检查中发现的问题。陕西地电深入持续开展安全生产标准化建设工作。对所管辖的分公司下达安全生产标准化年度目标，并将完成情况纳入集团公司绩效考核体系。建立安全生产标准化专家库，并每年组织专家对分公司进行全方位检查，持续巩固安全标准化建设工作，安全生产管理能力大幅提高，各项工作推动有力，成效显著。山西地电各供电企业全部编制了《安全生产突发事件应急处理预案》和《电力事故预防紧急救援预案》。在此基础上，不断加大安全生产检查力度，除组织安排年度例行的定期督查外，每年聘请省内专家对各供电企业班、组、站进行安全管理专项大检查。通过检查，对各单位的安全生产工作进行综合评价，并就管理上存在的问题和漏洞责令限期整改，从而有效保证了电网的安全稳定运行。

注重提升应急处置能力和水平。针对近几年来，厄尔尼诺现象活跃，自然灾害频发的现实，各地电企业积极组织迎峰度夏、迎峰度冬联合反事故演习。各地电企业还建立事故应急体系，包括快速反应应急指挥中心、应急抢险队伍、应急物资储备、信息基础建设、宣传和培训等。通过电力安全生产事故应急体系的建设，实现了应急统一指挥、应急组织协调、应急信息收集和汇总、应急协同处置能力明显增强。

（二）电力可靠性

转变电网发展方式，建设坚强电网，是电网企业为国民经济快速发展提供电力供应的重要保障。近几年来，各地电企业积极开展"电网建设提速"活动，继续加大电网投入，优化发展输电网，侧重发展配电网，推动各级电网协调发展，提高电网智能化水平，服务地方经济社会又好又快发展。从几家主要地电企业看，城市供电可靠率达到了 99.9%以上，农村供电可靠率稳定在 99.8%左右，城市平均停电时间控制在 4 小时/户以内，农村用户平均停电时间降低到 15 小时/户以下，综合电压合格率保持在 98.6%以上。

电网投资和项目投产、开工规模均创历史新高。2015 年，陕西地电、山西地电和四川水电新增电网投资 74.71 亿元，地方电网的电压等级和智能水平不断提升，形成了结构合理、安全稳定的 220 千伏和 110 千伏电网，辖区内的配网设施也得到了进一步加强和稳固。接纳外电能力和内部供电能力都大大提高。

山西地电始终把提高供电可靠性放到重要位置，从多方面采取措施，提高供电可靠性，建设本质可靠型电网。35 千伏、110 千伏、220 千伏变电站均实现了双电源、双主变压器，县级城网 10 千伏线路采取了手拉手供电结构、增加配电变压器布点、降低变电压负载率等措施，使设备的可靠率有了极大提高。加强电网运行检修管理，千方百计缩短停电时间，缩小停电范围，针对县城等用电负荷密集度较高的区域，利用晚上用电低谷时间停电检修。给各分公司配备应急发电车，保障大型活动、公共场所、突发事件的可靠用电。针对农村配电网点多、面广、结构单一的特点，提高运行检修水平。降低设备故障率，采取可靠性管理等措施，使供电可靠性逐年提高，较好地履行了社会责任。

四川水电一直致力于提升供电可靠性，尤其是在农村地区，按照安全可靠、技术适用、减少维护、节能环保原则，通过农网改造升级项目实施，有效解决了部分农网设备材料老化、技术标准低下问题，电网结构日趋合理，配电网络不断优化，大大提高了农网供用电的安全性和可靠性，农村供电能力和供电质量不断提升。截至 2015 年底，四川水电农村供电可靠率已经达到 94.02%。

内蒙古电力积极应用新技术、新手段改善供电质量，提升供电可靠性，为每一位客户带来更稳定、优质、可靠的电力供应。公司不断优化管理措施，规范停电管理流程，加强设备检修力度，全面开展带电作业、网格化抢修等，有效提升电能供应质量，减少停电时间。2015 年，公司城市供电可靠率 99.83%。

四川地电针对农村用电供需矛盾突出，通过无电地区电力建设工程的实施，解决了广大无电人口用电问题，完成了地方政府下达的"十二五"期间全面解决无电人口通电问题的任务，显著改善了山区群众的生产生活条件。2015 年底，农村供电可靠率已经达到 94%—97%，尽管与城市地区的"3 个 9（即 99.9%）标准"仍有一定差距，但多年来一直在稳步提升中。

（三）电力普遍服务

地电企业始终把提升客户服务满意度作为实现企业良性发展的重要保障。2015 年，陕西地电、山西地电、四川水电、内蒙古电力、广西水电供电范围涉及 188 个县，服务 1657 万户，各级地方电力公司秉承"客户第一，用心服务"的客户服务理念，积极履行公司的服务职能，通过优质服务向用电客户传递电力真情。客户投诉大幅降低，客户满意度明显提高。

随着农网改造升级工程持续开展，越来越多的农民群众享受到了实惠。辖区内基本实现了城乡居民生活用电同网同价。通过农网改造升级，农村到户电价大幅度下降，农民负担显著减轻。通过供电营业所的标准化建设，农村供用电管理得到进一步规范，提升了电力服务水平。很多地电公司还被当地授予行评先进单位荣誉称号。有些企业还在全省公共服务行业政风行风评议中获第一名或免评，陕西、山西等电力企业还被评为"全国电力行业用户满意企业"、"全国政风行风建设先进单位""全国顾客满意度测评最佳售后服务奖"等，第三方测评机构的调查显示，地方电力公司电力客户整体满意度达到 97% 以上。

地方电力企业发挥自身的优势，贯彻落实各级地方发展规划和"扶贫"战略，充分发挥国有企业在社会扶贫工作中的引领作用，依托人才、技术优势，推动扶贫项目建设，改善基础设施，促进电力扶贫持续健康发展。积极履行社会责任服务地方"三农"工作，通过同网同价、农网完善、无电地区电力建设和农网改造升级建设等措施，为农电改革和发展奠定了坚实基础。

（四）服务区域经济发展

支持和服务区域经济发展是地电企业的重要的社会责任和企业使命。近年来，地电企业为服务地方经济发展战略的实施，把建设坚强电网作为第一要务，主动融入地方社会经济发展的全局，以坚强电网为依托，以可靠电力为支撑，服务地方经济社会以使其实现可持续发展，电网的供电能力和安全可靠水平得到显著提升。

针对经济下行，企业经营困难的现实，地电企业积极组织电力专业人员进企业、访客户，开展节能用电、合理用电工作，帮助企业优化用电，指导企业调节生产班次，合理配置用电设施，减少电费支出。有条件的地区还积极开展大用户直接交易，主动让利优惠，扶持地方企业，使地方企业减轻成本负担。

立足本地优势，积极支持新能源发展。方电企业大部分供电区域地处偏远，有些地方是国家重要的新能源基地，地电企业积极利用国家和地方政府大规模开发"风电""光伏"等清洁能源以及建设清洁能源输出基地的有利时机，积极建设清洁电网，提升清洁能源入网消纳和配送能力，构建绿色能源配置平台，推动新能源技术应用。为服务新能源发展，地电企业主动修订并完善公司管理制度，制定服务新能源接入绿色通道的工作手册，从根本上建立健全相关工作制度和运作程序。同时将绿色环保理念融入企业管理，主动宣传节能环保知识，开展绿色公益活动，在点滴行动中践行绿色发展理念。截至 2015 年底，蒙西电网统调装机 5934.7 万千瓦，位居全国省级电网前列。其中，风电、生物质、太阳能等新能源装机增至 1921 万千瓦，新能源上网电量增至 302 亿千瓦时，增长近两倍，折算累计减少标煤消耗 3669.3 万吨，减少二氧化碳排放 9540.2 万吨。

七、形势研判

（一）形势研判

1. 未来我国经济将步入中高速增长期

从短期看，我国经济发展面临较大的下行压力。但是，随着供给侧结构性改革的不断深化，以及增长驱动力、经济结构的不断变化，经济长期向好的基本面没有改变。一是相对于过去高速增长时期，当前经济下行压力较大，仍处在增速"换档期"，"稳增长、调结构"仍是当前的主要任务，未来短期内下行的压力依旧较大，但结构调整中的重新筑底因素也在"拉锯"过程中得到培育而趋于坚强，经过一段此消彼长的"阵痛期"之后，我国经济将步入一个相当长的中高速增长时期。二是扩大内需是我国经济政策的一项重要目标，也是经济发展转变的重要标志，预计未来最终消费对经济增长的贡献率仍会逐步提高。三是"去重化工业"将是产业结构调整的基本趋势，第三产业特别是现代服务业和高技术产业等比例仍有很大的提升空间，是未来经济增长的主要动力。

2. 能源领域孕育革命性变革

长期以来，我国重点以"保障安全供应"为主线，着力推进能源生产基地、储配基地和运输通道建设，立足国内构筑了较为强大的能源供应能力和运行保障体系，基本适应了经济社会发展需要。当前，在能源需求增速放缓的大背景下，能源供应有较大的安全裕度，能源发展已站在新的阶段起点，积累形成了战略重心转移的基本条件。同时，国内国际形势变化，能源领域主要矛盾也在发生变化，面临许多新挑战：一是环境压力加大并成为"硬约束"。中美于 2014 年 11 月签署《中美气候变化联合声明》，我国承诺"计划 2030 年左右二氧化碳排放达到峰值且将努力早日达到峰值，并计划到 2030 年非化石能源占一次能源消费比重提高到 20%左右"。二是结构调整和提高转化效率已成为当前的主要矛盾。过去多年集中式快速建设发展，已构筑起保障能源安全供应的煤炭、电力等常规大能源基础，"有无"已不是主要矛盾，解决"好坏"问题成为下一步能源发展的战略重点。在供应环节，"好坏"的关键在于发展新能源和可再生能源，在于提高能源特别是煤炭的转化效率。未来对能源供给结构调整的方针是"集中固基础，分散求多元"，要在巩固常规能源的集中保障基础上，大力发展分布式可再生能源，以增量倾斜带动整体结构调整。三是以控制总量为主的节能方式潜力越来越小，必须要有新举措，要在能源消费上做文章，推广采用节能新技术来提高用能设备效率，充分利用价格等市场手段促进主动节能，抑制能源浪费和低效用能。四是能源深层次的体制矛盾和问题凸现，迄今为止能源市场体系还很不完善，资源配置仍以行政为主，市场资源配置作用和效率激励作用有限，要加大改革的推动力，加快能源统一大市场建设。"十三五"期间我国将进一步落实"四革命一加强"（即能源消费革命、供应革命、技术革命、体制革命和加强国际合作）的要求，推动战略重心由保障安全供应为主向保障安全供应与提高能源效率并举的转变，其中的要点有：第一，大力发展能源互联网，推进配电系统建设，发展智能电网；第二，改变过去以集中方式为主的可再生能源发展模式，大力发展分布式可再生能源；积极开发页岩气、煤层气；第三，以煤炭为重点，通过提高电气化水平、采用发电新技术等着力提高能源转化效率；第四，引入市场机制，创新节能方式，推动节能方式由被动节能为主向被动节能与主动节能并举转变；第五，加快推进政府能源管理职能转变，把能源要素交由市场配置，更好发挥市场的决定性作用。

3. 电力行业发展改革进入新阶段

电力不同于一般商品，电力改革既要充分借鉴国际普适经验，从电力技术经济特性和社会属性出发，研究制订改革方案；又要从国情特点出发，走有自己特色的改革道路。纵观国际电力体制改革历程，各国都实施了以市场为基本导向的电力改革，并根据各自的经济发展阶段、经济体制、能源资源禀赋、电力行业发展实际等因素，对产业链垄断环节和竞争环节进行产业重构，建立了适合各国国情和电力发展阶段的市场竞争模式。2015 年《中共中央国务院关于进一步深化电力体制改革的若干意见》（中发〔2015〕9 号）（以下简称"9 号文件"）的出台意味着电力行业开始进行新一轮体制改革。这次改革是在 2002 年电力体制改革实施以来取得成就的基础上，针对目前电力行业发展面临的亟须通过改革解决的问题，制定了新一轮电力改革方案。

方案在进一步完善政企分开、厂网分开、主辅分开的基础上，按照"管住中间、放开两头"的体制构架，明确了以下改革重点任务：一是理顺电价机制，单独核定输配电价，公益性发售电以外的发售电价由市场形成；二是推进电力交易体制改革，完善市场化交易机制；三是重新定位电网企业功能，规范电网企业盈利模式，建立相对独立的电力交易机构，形成公平规范的市场交易平台；四是推进发用电计划改革，更多发挥市场机制的作用；五是稳步推进售电侧改革，逐步向符合条件的市场主体放开增量配电投资业务；六是加强电力统筹规划和科学监管，提高电力安全可靠水平。通过改革，建立健全电力行业"有法可依、政企分开、主体规范、交易公平、价格合理、监管有效"的市场体制，有效发挥市场在电力资源配置中的决定作用，优化结构，降低成本，打破垄断，公平竞争，促进电力行业持续健康发展。

一是发电企业可以通过降低生产成本、提高生产效率的方式，增强竞争力，争取更多的发电量和收入利润；二是电网企业将改变传统赢利模式，通过重新定位电网功能和电网收益机制，使得电网企业管理目标更加清晰，更加注重提高效率；三是允许各类资本进入售电领域和新增配电领域，将给电网企业带来新的潜在盈利机会；四是通过竞争机制的建立激发电网企业降本增效，充分保障用户的权益；五是电力用户用电更加便利，工业和商业电力用户拥有自主选择权，增强了市场中的议价能力，带动供电服务质量的改善，用户权益可以得到更好保障。

（1）电力行业发展趋势。

一是电力需求仍将保持增长态势，但增幅降低。随着国民经济平稳较快增长、消费结构升级和最终能源电气化程度提高，电力需求仍将呈持续增长态势，但受经济增长速度放缓、产业结构调整、能源使用效率提高等因素影响，电力消费不会再有前十年那样高的增幅。二是清洁能源发电比例逐步上升，但短期内不会改变以煤电为主的基本格局。能源发展面临的资源环境约束日益严重，为应对碳减排的国际压力，必须合理调整能源结构，大力开发可再生能源和其他新能源，走多元化洁净能源发展道路。而我国多煤少油的资源禀赋，要求必须坚持"立足国内、煤为基础"的战略方针。同时，我国正处于快速增长期，能源开发利用首先要讲经济性，对于"清洁"的追求不能超出社会承受力。因此，从长期看，清洁能源发电比例逐步上升，但短期内不会改变以煤电为主的基本格局。三是分布式能源将是大电网集中供电的重要补充。与传统的集中式能源系统相比，分布式能源接近负荷，无须建设大电网进行远距离高压输电，可大大减少电网线路损耗，节省输配电建设投资和运行费用。从长远看，构造一个集中式供能与分布式供能相结合的合理能源系统，提高电网的质量和可靠性，将为我国能源产业的可持续发展打下坚实的基础。四是在能源互联网的推动下，智能配电网是未来电网发展重点。当前，以清洁能源开发利用为特征的新一轮能源革命正在推动第三次工业革命发展，智能电网集成了新能源技术、智能技术、信息技术等关键技术，而智能配电网是智能电网建设的重要环节，它不仅服务于大电网，而且服务于电力终端用户，有利于更好地吸纳清洁能源发电、高效率输电、引导用户节约用电。

（2）电力行业改革进展。

9 号文件提出要向社会资本放开增量配电投资业务，逐步放开售电侧市场，多途径培育市场主体，建立相对独立的电力交易机构，形成公平规范的市场交易平台。之后，相关改革配套文件陆续颁布，电力改革按照市场化改革方向不断深化。一是截至 2016 年底，全国已成立 5000 条家售电公司，央企、地方国有企业和民营资本均有进入。二是电力体制改革试点及综合试点不断推进，继云南、贵州成为全国首批电力体制改革综合试点省份后，山西、贵州、广西、北京等 18 个省份的电力体制改革综合试点方案和 3 个省份的电力体制改革试点方案也先后被批复。三是输配电价改革全面展开。目前，已经有 30 多个省级电网启动了输配电价改革试点，部分省区的首个周期输配电价已核准，2017 年将在西藏电网、华东、华中、东北、西北等区域电网开展输配电价改革试点，届时输配电价改革将扩展至全国。四是多家电力交易中心挂牌。继北京、广州量大国家级电力交易中心成立后，各省相继成立电力交易中心，截至 2016 年 9 月，全国共成立 33 个电力交易中心，包括北京、广州 2 个国家级电力交易中心和 31 个省级电力交易中心，积极开展跨省区电力交易和省内电力交易。五是向社会资本放开增量配电业务试点不断推进。继国家发改委、国家能源局提出以增量配电设施为基本单元确定 100 个左右可吸引社会资本投资的增量配电业务试点项目后，国家发展改革委、国家能源局印发了《售电公司准入与退出管理办法》和《有序放开配电网业务管理办法》，再次明确社会资本参与增量配电网业务、园区型区域电网成为当前增量配电业务试点的主要方向。

2015 年 9 月以来主要电力改革文件如下：

2015 年 3 月 15 日，《中共中央国务院关于进一步深化电力体制改革的若干意见》（中发〔2015〕9 号）（简称"9 号文件"）下发，标志着新一轮电力体制改革的开启。新电改按照"管住中间、放开两头"的体制架构，放开新增配售电市场，放开输配以外的经营性电价，放开公益性、调节性以外的发电计划；建立相对独立的交易机构；加强政府监管，强化电力统筹规划，强化和提升电力安全高效运行和可靠性供应水平。

2015 年 3 月 23 日，国家发改委同能源局联合下发《关于改善电力运行调节促进清洁能源多发满发的指导意见》（发改运行〔2015〕518 号），鼓励政府以市场手段来解决清洁能源发展中的"三弃"症结，从而让现有装机能够转化为相应的发电量。

2015 年 4 月 9 日，国家发改委联合财政部发布《关于完善电力应急机制做好电力需求侧管理城市综合试点工作的通知》（发改运行〔2015〕703 号），要求在北京市、苏州市、唐山市、佛山市电力需求侧管理城市综合试点和上海市需求相应试点建立长效机制，制定、完善尖峰电价或季节电价，实施需求侧管理，以化解多年来反复出现的高峰电力短缺问题，未来将进一步复制、推广。

2015 年 4 月 16 日，国家发改委发布《关于贯彻中发〔2015〕9 号文件精神，加快推进输配电价改革的通知》（发改价格〔2015〕742 号），将安徽、湖北、宁夏、云南省（区）列入先期输配电价改革试点范围，按"准许成本加合理收益"原则单独核定输配电价。国网区域首次开启输配电价改革。

2015 年 5 月 8 日，国家发改委发布《关于完善跨省跨区电能交易价格形成机制有关问题的通知》（发改价格〔2015〕962 号），明确了今后跨省跨区电量交易的"风险共担、利益共享"原则，采用市场化方法根据供需情况确定交易电价水平，为后续动态调整建立了规范，为长远的健康发展奠定了基础。

2015 年 11 月 30 日，国家发展改革委、国家能源局联合发布《关于印发电力体制改革配套文件的通知》（发改经体〔2015〕2752 号），一共六大配套文件，分别为：

1）《关于推进输配电价改革的实施意见》：政府按照"准许成本加合理收益"的原则，有序推进电价改革，理顺电价形成机制。核定电网企业准许总收入和各电压等级输配电价，明确政府性基金和交叉补贴，并向社会公布，接受社会监督。电网企业将按照政府核定的输配电价收取过网费，不再以上网电价和销售电价价差作为主要收入来源。

2）《关于推进电力市场建设的实施意见》：按照"管住中间、放开两头"的体制架构，构建有效竞争的电力市场结构和体系。引导市场主体开展多方直接交易，建立长期稳定的交易机制，建立辅助服务共享新机制，完善跨省跨区电力交易机制。

3）《关于电力交易机构组建和规范运行的实施意见》：建立相对独立的电力交易机构，形成公平规范的市场交易平台。将原来由电网企业承担的交易业务和其他业务分开，实现交易机构相对独立。电力交易机构按照政府批准的章程和规则为电力市场交易提供服务。相关政府部门依据职责对电力交易机构实施有效监管。

4）《关于有序放开发用电计划的实施意见》：建立优先购电制度保障无议价能力的用户用电，建立优先发电制度保障清洁能源发电、调节性电源发电优先上网。通过直接交易、电力市场等市场化交易方式，逐步放开其他的发用电计划。在保证电力供需平衡、保障社会秩序的前提下，实现电力电量平衡从以计划手段为主平稳过渡到以市场手段为主。

5）《关于推进售电侧改革的实施意见》：向社会资本开放售电业务，多途径培育售电侧市场竞争主体。售电主体设立将不搞审批制，只有准入门槛的限制。售电主体可以自主和发电企业进行交易，也可以通过电力交易中心集中交易。交易价格可以通过双方自主协商或通过集中撮合、市场竞价的方式确定。

6）《关于加强和规范燃煤自备电厂监督管理的指导意见》：新（扩）建燃煤自备电厂项目要统筹纳入国家依据总量控制制定的火电建设规划；对符合规定的自备电厂无歧视开放电网，做好系统接入服务；企业自备电厂自发自用电量应承担社会责任并足额缴纳依法合规设立的政府性基金以及政策性交叉补贴。推进自备电厂环保改造，提高能效水平，淘汰落后机组。

7）国家能源局《关于推进新能源微电网示范项目建设的指导意见》（国能综新能〔2015〕265号）：推动新能源微电网示范项目建设，探索建立容纳高比例波动性可再生能源电力的发输（配）储用一体化的局域电力系统，探索电力能源服务的新型商业运营模式和新业态，推动更加具有活力的电力市场化创新发展，形成完善的新能源微电网技术体系和管理体制。

8）国家发展改革委、国家能源局关于印发《售电公司准入与退出管理办法》和《有序放开配电网业务管理办法》的通知（发改经体〔2016〕2120号）。

（3）各地电力改革进展。

随着电力体制改革不断深化，各地积极贯彻中央电改相关文件精神，制订各自的电力体制改革相关文件并上报国家发改委、国家能源局。截止到

2016 年底，国家发改委、国家能源局共批复了海南、甘肃和上海 3 个省（直辖市）的电力体制改革试点方案；先后批复了云南、贵州、山西、广西、北京、河南、新疆、山东、湖北、四川、辽宁、陕西、安徽、宁夏、内蒙古、天津、青海、湖南共 18 省（自治区、直辖市）的电力体制改革综合试点方案；批复了重庆、广东、福建、黑龙江、河北、吉林、江西共 7 省（自治区、直辖市）以及新疆生产建设兵团的售电侧改革试点方案。从改革进展看，各地按照批复文件的要求推进电力体制改革，加快电力市场建设。其中，广东作为电力消费第一的大省，率先进行售电侧改革试点，实现售电公司参与的集中竞价交易，完善电力交易规则；继深圳 2015 年 1 月第一个开展输配电价改革试点后，输配电价改革试点范围不断扩大，目前在深圳、蒙西、宁夏、湖北、云南、贵州、安徽 7 个进行先行试点的地区，首个周期输配电价均已核准；除海南外，基本每个省份都成立了 1 个电力交易中心，其中广东省成立了 1 个国家级的广州电力交易中心和 1 个省级的广东电力交易中心；北京成立了国家级的北京电力交易中心，省级的首都电力交易中心和冀北电力交易中心；增量配电网业务放开方面，山西首先出台了《山西省放开增量配电业务试点方案》，界定了试点范围和相关详细规定，之后贵州等地也相继成立配售电公司，其中贵安新区组建了直管区的配售电公司，贵州电网公司、贵安新区、社会资本的股比为 4:3:3，这家公司是目前国内注册资本最多、供电区域面积最大的配售电公司，也是电力体制改革综合试点地区中第一家混合所有制售电企业。

以前的各种问题是由电网公司一个大的"水池子"解决，现在可以向发电厂和用电单位进行信息对称。企业了解到用户用电需求后及时发给发电厂，发电厂根据需求发电，可以降低成本。

4. 地电发展迎来新的机遇和挑战

由于地电经营的电网主要是配电网，随着分布式能源及智能电网发展以及电力体制改革的深化，地电发展面临新的机遇和挑战。

国家近年来加大配电网投资建设，先后印发《关于加快配电网建设改造的指导意见》和《配电网建设改造行动计划》，提出"十三五"期间，配电网建设累计投资不低于 1.7 万亿，明确加大财政资金支持力度支持配电网改造升级，鼓励社会资本参与配电网投资，鼓励各地因地制宜制订配电网建设改造税费支持政策，这不仅将为地电企业建设改造配电网提供了一定资金支持，拓宽了资金来源渠道,也为地电企业参与到配电网建设改造提供了市场机会。另外,增量配电网向社会资本放开,为地电企业投资、建设、运营大电网企业供电范围的配电网创造了条件,同时地电企业也能够通过吸引社会资本参与到自己的增量配电网的投资建设和运营,通过竞争促进配电网发展,提高配电网建设运营效率和服务水平。

电力改革发展为地电企业带来新机遇的同时,也对地电企业提出了新要求:一是随着用电需求的持续增长和城镇化水平的不断提高,对配电网的供电能力、安全性和可靠性提出越来越高要求。二是清洁能源发展要求电网尤其是配电网增强清洁能源电网接入能力。三是分布式能源及智能电网的发展将使得分布式电源、储能系统与微电网在配电系统中大规模存在,配电网将从传统的"无源网"变成"有源网",潮流由单向变为多向,对配电网技术水平及安全管理等都提出更高要求。四是随着电动汽车产业的发展,越来越多的电动汽车充换电设施将接入配电网,需要加强规划设计、接入管理和标准化建设等工作,提高配电网的适应能力。五是在能源互联网的推动下,能源消费模式将会因用户与配电系统间灵活互动机制的建立而改变,用户将迎来更科技、更高效、更便捷的智能配电系统,以确保用户更安全、更经济、更方便地使用电能。

5. 地电新时期的战略定位

新时期,随着电力体制改革的不断深化和电力市场体系建设的不断推进,电网企业的定位也发生了变化,因此地电作为配电企业也具有了新的战略定位。

新的电改方向和思路下,电网在整个电力市场中的定位发生了变化。一是电网盈利模式发生变化。过去,由于缺乏独立的输配电价,电网购售电通过购销差价盈利。输配电价改革要求核算独立的输配电价,电网企业通过收取过网费盈利。二是电网公司在电力市场交易中的定位发生变化。过去,电网公司作为唯一的购电主体和售电主体存在,随着输配电体制改革和售电侧改革的不断推进,售电侧已经有多家售电公司成立,但当前电力市场交易模式下,售电公司并非唯一的售电主体,电网公司在承担电力输送的同时也是售电主体,不同的是电网公司是输配售合一的售电主体。三是随着增量配电业务向社会资本逐步放开,将出现越来越多的配电商、配售合一的售电主体和纯粹的售电商。

地电企业具有了新的战略定位。首先，地方电力是大用户直购电交易中的"大用户"。大用户直购电交易是推进电力市场化改革，塑造电力市场交易主体的重要手段。目前，地方电力企业的上网电量主要由外购电量、并网电厂电量和趸售电量构成，未来，随着输配电价改革的推进，地方电网可以作为"大用户"直接从发电厂购买电力。其次，地方电力是输配电改革中的配电主体。输配电改革是深化电力体制改革的重要内容，鉴于输配电的不同功能定位，输配电应采取不同的盈利模式，输电收取"过网费"，配售合一情况下配电则作为购售电主体赚取购售电差价。未来，随着输配电体制改革的不断推进，配电企业的相对独立是构建多买多卖电力市场的基础。而地方电力企业本身就是配电企业，对于推进输配电体制改革具有重要作用。再次，地方电网对于分布式能源的发展至关重要。分布式能源是近年来兴起的利用小型设备向用户提供能源供应的能源利用方式，电量从配电端上网就近提供给用户。9号文件也明确准许了分布式能源接入各电压等级的配电网络和终端用电系统。而地方电力从功能看主要是配电网，具备接入分布式能源的条件，对分布式能源发展至关重要。最后，地方电力是电力市场建设中的市场交易主体。建立电力市场，让电力回归其商品属性，通过市场发现价格，发挥市场在资源配置中的决定性作用，形成一个竞争性的电力市场是电力体制改革的重要目标。9号文件明确了要推进售电侧改革，在售电侧开展有效竞争，培育独立的市场主体。网售分开是理想模式，从国外经验看，完全的输配一体化模式只适用于"独买独卖"的单边电力交易市场，从根本上抑制了市场配置资源作用的发挥。一个有效的双边电力交易市场中，单纯的售电公司不可能是购售电主体的全部，而是配售合一的售电公司和单纯的售电公司与之同时存在。未来，地方电力企业作为配电企业的特征决定了地方电力将是未来电力市场建设中重要的市场交易主体，对于推进电力市场体系建设，构建主体多元化、竞争有序的电力交易格局具有重要作用。

（二）存在问题

1. 对地电的地位和作用的认识存在问题

地电从无到有，从小到大，在落实电力普遍服务义务、促进电力行业发展改革以及支持地方经济发展中都起到积极作用。但是随着电力行业不断发展，地电的上述作用逐渐淡化，甚至业界出现了是否应将地电交给大电网进行统一管理的争议。之所以有这种争议存在，根本问题在于有些人对地电在新时期的定位和作用没有明确认识。地电在电力发展的不同阶段有着不同的定位和作用。过去，地电主要是为了解决大电网覆盖不到的地区的居民用电问题，是当时落实电力普遍服务义务不可缺少的一支重要力量。随着地电规模扩大，地电企业对于地方经济发展的促进作用也不断凸显，地方政府也更加积极地建设发展地方电网。1999年"两改一同价"对于地电是发展是一个转折点，随着改革推进，很多地方电网上划给中央电网企业，上划的本意并非"取而代之"而是"帮扶"，即中央电网给予地电一定支持的同时，有效发挥地方政府作用。但实行上划后的实际后果却是地电不断萎缩，地方政府逐步淡出电力，没有有效发挥地方政府对促进电力发展的应有作用。当前，随着电力普遍服务的不断落实，电力发展的主要问题已经不是解决用电的有无问题，而是适应能源互联网发展，进一步深化电力行业改革，提高电力行业效率。地电作为独立的配电企业，对于深化输配电体制改革，促进建立竞争性电力的作用更为突出。

2. 地电与大电网关系不顺

地电发展至今，除蒙西电网实行输配售一体化以外，其他地电企业基本都是配电企业。但是地方电网与大电网在联网、购售电等方面关系不顺，制约了地电的进一步发展。一是联网问题。大电网为购售电主体直接参与电力市场交易，缺乏向地方电网公平开放网络的积极性，地方电网与大电网互联还有一定障碍。二是体制问题。《电力法》中"一个供电营业区内只设立一个供电营业机构"的规定，不仅制约了地电供电业务的拓展，而且也制约了分布式能源的发展以及地电的发展，需要对《电力法》和《供电使用条例》进行修改以适应新时期地电发展的需要。三是购售电及结算方面。地方电网大多都是配电网，部分电量是向上一级大电网买来再卖给用户的，对大电网存在着一定依赖，在电量、电价及电费结算等方面话语权较弱。

3. 中央与地方事权划分没有明确法律界定

电力普遍服务是社会基本公共服务的重要组成部分，合理划分中央与地方财政事权和支出责任是政府有效提供电力普遍服务的前提和保障。从地电企业分布看，有些省份的电力供应都是中央事权，而有些地电企业所在省份省份的电力供应由中央和地方共同承担，这反映出电力供应的中央与地方事权划分没有明确法律界定。现行输配电体制下，除蒙西电网是输配一体化电网性质外，其他地方电网基本都是独立的配电网，而大电网同时具有输电网和配电网。也就是说，目前配电网既有中央事权又有地方事权，国家并没有出台相关的规定明确配电网的事权划分，因此会出现地方政府逐步从电网领域淡出的趋势，这种趋势不利于发挥地方政府对电网发展的促进作用，也不利于培育独立的购售电市场主体。另外，目前体制下，电力普遍服务主要依靠电网企业内部交叉补贴。随着电力改革逐步推进，如果不明确中央与地方事权界定，支出责任也难以划分，电力普遍服务长效补偿机制也难以建立。

4. 政府对地电发展的政策支持不到位

地电发展初期一直到 1998 年间,中央和地方都对地电发展提供了有力支持。但是，随着地电的上划，地方政府逐步淡出电力，从中央到地方对地电的重视程度有所减弱，政策支持不到位。一是国家出台电网发展的相关政策并未将地电考虑在内，针对电网企业出台的一些改革文件或通知中，基本没有将地电企业作为对象，因而未充分考虑地电发展的实际。二是大电网和地方电网在电价以及其他政策方面执行不同的规定，地方电网很难享受政策红利。三是地方电网作为配电网，供电范围大部分在农村及边远地区，范围广、密度低，效益差，地电的供电服务具有一定的公益性，在投资建设和运营方面都需要政府提供支持，但是目前承担了供电区域内的电力普遍服务义务，缺乏长效的电力普遍服务基础设施投资机制和财政补贴机制，地电企业承担了部分本应由政府承担的普遍服务义务。四是部分地方政府对于地电企业的人事任命、战略发展、企业生产经营等内部事项干涉过多，不利于地电企业发展。

5. 改革过程中的遗留问题有待解决

地方电力在发展过程中承担了部分农村电力普遍服务义务，按照国家"两改一同价"要求实施了农网改造工程，在服务"三农"方面发挥了不可或缺的作用。1999 年之后，随着"两改一同价"农电体制改革持续推进，大部分地电企业上划到大电网经营企业，成为其直管、代管或控股子公司。整体看，这种上划有利于发挥大电网经营企业的资金、管理等优势，推动地电特别是农电快速迈上新台阶。但是，改革发展中也暴露出一些问题，致使地方政府逐步淡出电力发展建设。一是农网改造形成的资产产权关系不清，中央电网企业、地方政府及地方电力企业，对农网改造资产的产权归属还有一定争议，极大地影响了各方对农网投资和经营的积极性。二是政府对农电的有关政策不落实。如按照国家发改委办公厅《关于无电地区电力建设有关问题的通知》（发改办能源〔2005〕1367 号），"无电地区电力建设投资由国家和地方共同筹资，运营维护费用由地方自行承担"。但在很多地方，政府承担的投资者资金和运营维护费尚未落实。三是农电工问题还未完全妥善解决。农电工问题是农电"两改一同价"的遗留问题，其核心不是冗员问题，而是身份转换所带来的改革成本补偿问题。目前农电工用工类别较复杂，同工不同酬现象普遍存在，不利用农电工队伍的稳定。

八、政策建议

新时期，地电企业应抓住能源互联网发展、国家加快推进配电网建设改造等发展机遇，认清形势，迎接挑战，适应国家深化电力体制改革要求，创新发展思路，转变发展模式，探索出一条改革发展的新路子。地电要在保障供电服务基础上，推进电网建设，提高供电可靠性和服务能力；引进先进管理理念，强化内部管理，提升企业管理水平；提高智能电网技术能力和信息化建设水平，大力发展智能配电网，有效满足分布式能源和可再生能源并网上网需要；继续推进电力需求侧管理，提高需求侧管理水平，有效引导电力客户消费，为客户提供多样化的增值服务，提高供电服务质量；将分布式能源和配电企业结合，实现多能供给，系统集成，打造综合能源服务企业；积极放开增量配电网，适时启动配售电体制改革，发挥示范效应，进一步发挥地电在推动电力发展改革中的重要作用。

地电要实现上述发展，需要从中央到地方统一认识，从战略层面重视地电发展，给予一定政策支持。

（一）从战略层面重视地方电网发展

不管从过去，当前还是未来来看，电力发展不可能只靠中央政府打天下，而应继续鼓励地方政府参与。因此，要强化各方对地方电力的作用认定。一是从中央到地方要从思想观念上重新认识地方电力，对于地方电力在电力深化改革中的新定位要达成共识。二是地方电力是电力行业的重要组成部分，但是由于地电发展比较分散，规模差异也比较大，目前还没有针对地电专门建立统计体系。要充分发挥行业协会作用，系统梳理各地地电发展情况，建立地方电力发展名录，建立地方电力发展统计体系，同时为地方电力发展提供智力支持，加强联系，相互学习，不断提升地方电力企业在管理能力、技术标准、企业文化、发展战略等方面的综合竞争力。三是在深化电力改革过程中，要充分认识到地方电力在电力市场体系中的功能定位，发挥地方电力配电主体的作用，深化输配电体制改革；推进售电侧改革过程中，将地方电网打造为电力市场购售电交易主体。四是在条件成熟的区域内试行"输配分开"体制。地电企业长期以来服务于各个地方的输配电领域，在农村及偏远地区的输配电中具有良好的实践基础，已经成为电力交易市场中的成熟主体，地方电力这种扎根实际的独特区位优势，使其成为了新一轮电力体制改革中继续深化输配电体制研究的资料库、试验田，尤其是内蒙古电力独立输配电网、四川水电农网建设等独立模式所在的、成绩突出的地方电力区域，其进行输配分开研究的条件更为成熟，在新一轮的电力体制改革中，应当发挥更大的作用。

（二）理顺大电网与地方电网之间的关系

大电网和地方电网之间的矛盾和问题也需要在深化电力改革中解决。一是建立大电网和地方电网之间的联网规则。地方电力在发展过程中确需和大电网联结或者通过与大电网联结向外输送电力时，在不违背电网互联相关规则的前提下，两者应通过大电网和地方电网之间的联网规则，实现大电网对地方电网的电网接入的无歧视开放。二是要明确地方电网和大电网之间在电量买卖、结算等方面的定价规则、清算办法。三是出台大电网与地方电网之间新能源与可再生能源消纳的相关管理办法，就电量倒送问题建立结算办法。

（三）明确界定中央与地方在地方电力发展中的事权

20 世纪七八十年代推行"集资办电""电力建设基金"的历史实践证明，中央和地方共同办电、管电，中央电力和地方电力共同发展的模式是正确并且经得起实践检验的，其有效地促进了我国电力工业的发展，奠定了当前我国电力行业的基本格局，应当继续推行实施，并且在新一轮电力体制改革中，对中央和地方管电事权进行合理划分，提升地方办电的积极性，更好地推动我国电力事业的发展。一是明确配电网的事权责任。地方电网基本都是配电网，事权在地方政府，大电网的配电网事权在中央政府。针对目前配电网事权没有明确说法的情况，要按照《国务院关于推进中央与地方财政事权和支出责任划分改革的指导意见》（国发〔2016〕49 号）要求，明确界定配电网事权，从而确定中央与地方的支出责任。二是强化地方政府在地电发展中的作用。电力作为公用事业，地电还承担了部分电力普遍服务义务，作为地方事权的承担者，应强化地方政府在地电发展中的作用应强化，给予地方电力企业必要的政策支持。

（四）加强政府对地电发展的政策支持

以内蒙古电力、山西地电、陕西地电、四川水电和广西水电为代表的地方电力企业均位于我国的中西部地区，相对于东部经济发达、用电集中的供电区域来说，中西部供电区域呈现出辖区经济发展水平不高，供电负荷较为分散，电力建设环境较为恶劣，农村电网建设任务较重和无电区供电保障压力大等诸多特点，这也直接导致了中西部地区的地方电力在努力追求企业经济效益的同时，需要更多地兼顾社会效益，承担起加快农村电气化、促进农村经济发展的重要社会责任。在这样的背景下，地电的发展，更加迫切地需要国家政策的支持，从政策上保护、支持和引导地方电力，促进地电事业的健康发展。一是国家在出台相关政策时，应充分考虑地电发展实际，将地电作为电网企业一部分进行统筹考虑，并使地方电网与大电网能够享受平等政策。二是对于地电承担的电力普遍服务，要在明确中央与地方事权和支出责任的基础上，建立电力普遍服务的长效投融资机制和运营补贴机制，并对地电落实普遍服务义务制定相应的财税金融优惠政策。三是加大对分布式发电上网的政策支持力度。由于地电主要是配电网，分布式能源接入、上网也在配电端。要在深化改革中尽快出台相关政策法规，鼓励、支持和扶持分布式能源并网并上网，促进分布式能源发展。四是地方政府应对减少对地电企业内部经营管理的干涉，给企业一定的自主权，把主要精力放在营造良好的市场环境上，把对地电企业的考核放在经营绩效考核、安全生产考核、党风廉政建设等方面。

（五）在深化改革中解决农网改造遗留问题

农村电力发展是我国电力普遍服务的重要组成部分。地方电力过去、现在以及将来都在农村电力发展中起到重要作用。农网改造遗留问题不只存在于地方电网，也存在于大电网，这些遗留问题也不可能单纯通过农电改革来解决，而要在深化电力改革中予以解决，要明晰农网改造所形成资产的产权关系；采取多种手段，因地制宜，为解决农电工问题创造条件；中央与地方要明晰在农电发展中的事权责任，按照各自事权责任落实政策。

分报告一

地方电力发展历史沿革

一、发展历程

（一）内涵界定

在我国电力事业发展进程中，地方电力（以下也简称"地电"）是重要组成部分，是一个有着较丰富内涵的重要概念。从一般意义上讲，相对于中央政府出资兴办的电力事业，我国电力事业的发展还应该包括地方电力、外资电力和民营电力等多种形式。其中由地方政府兴办的电力事业，都可以称为地方电力，包括电网、发电和其他关联产业。而在狭义上讲，即根据行业内长期约定俗成的习惯用法，地电即除中央电网以外的其他电网企业。

本报告所涉及的地电应是狭义范围的，是指除中央电网（即国家电网和南方电网）及其所属企业之外的、拥有一定规模配电网资产且为终端用户配售电能并承担电力普遍服务义务的电网企业。地方电网现主要可分为三类：第一类是独立省级电网。目前仅有内蒙古西部电网仍属于省级地方电网，作为其经营主体的内蒙古电力（集团）有限责任公司是内蒙古自治区政府独资的地方电力企业，经营管理体制与中央电网相似，均实行厂网分开和输配电一体化。第二类是由地方政府投资建设的电网，主要在大电网覆盖区域外从事配售电业务（有的兼营发电业务）的区域性电网企业，包括水利部曾经实行行业管理的小水电供电企业、地方政府拥有的自供自管和趸售供电企业，以及建设兵团农场、林场等其他经济组织拥有的供电企业。第三类是其他经济组织投资建设的电网。即地电不仅包括地方政府投资建设的电网，也包括各类社会资本投资建设的电网。

目前，具有较大规模的配电网的地电企业主要集中在内蒙古、陕西、山西、四川、广西等地。

从配电网发展历史上看，大多数县域电网是地电企业性质并长期从事所在区域的电力供应和服务业务，后来历经几次电力体制改革才逐步并入中央电网。2002 年电力体制改革之前，广东、广西、云南、贵州、海南、西藏、内蒙古等省区都是作为独立省级电网运营的地方电力，山东、河北、河南、湖北、湖南等地的县供电企业，大多也是地方政府主管。之后，以广东、广西、云南、贵州、海南五省区电网为基础组建南方电网公司，西藏电力公司由国家电网公司代管。随着农电体制改革的推进，大部分由地方政府投资建设、管理的县级供电企业上划为中央电网企业或实行股份制改造，地电企业的总体规模和经营区域大幅缩减。目前较能形成规模化经营的主要有内蒙古电力（集团）有限责任公司、陕西地方电力集团有限公司、山西地方电力公司、四川水电集团、广西水利电业集团有限公司等企业。随着新一轮电改不断深化和清洁能源、分布式能源等的快速发展，电力行业的发展将呈现新业态，配电领域将成为电力改革发展的重点领域，国家也已出台一系列政策，鼓励社会资本投资配电网建设运营，地电事业将迎来历史性发展的新阶段。

地电最初是地方自发办电网形成的，主要以县及县以下供电组织形式存在。20世纪80年代起，国家陆续将部分县级地方供电企业上划至电力部所属大区供电局直接管理，逐渐形成了直供直管县、趸售县、自供自管县三种不同的运行管理模式。其中，第一种模式为部管电力企业，约占全国农电县总数的四分之一，后两种模式为地方管理的地方电力企业，约占全国农电县总数的四分之三。从1994年开始，国家实行分级财税管理体制改革，中央财政和地方财政开始"分灶吃饭"，中央国有企业与地方国有企业的权属权益进一步明确。1997年，国家实施电力体制"政企分开"改革，撤销电力部，组建并成立国家电力公司。原电力部直管的电力企业移交国家电力公司统一管理，其余电力企业仍由地方管理。"国家电力"概念的正式产生，也相对应形成了特定的"地方电力"概念。

1998年，国家决定对全国农村电网开展"两改一同价"工程，通过改革农电管理体制，改造农村电网，实现同网同价目标，对长期以来由地方管理的趸售县、自供自管县，要求按照"上划、代管、股份制"三种模式陆续收归中央电力企业统一管理运营。部分没有上划的省级地方电力企业，国务院批准其作为农网改造承贷主体和农电管理运营管理主体，实行农网建设改造"一省两贷"政策，内蒙古、陕西、山西、四川、广西、吉林等几省区因此保留了省级大型地方电力集团企业，以及为数不多并分散在部分其他省市的地（市、区、县）级小型地电企业。

需要说明的是，本报告采用排他法对地电进行界定。地电与农电是密切相关但又有本质区别的两个不同概念，地电是按产权和管理关系对电网的一种分类，农电则是按电能和供电企业服务对象进行界定。以往习惯上将服务于三农、为农村生产、生活提供电力的供电电网企业定位为农电，把县级及以下供电电力企业称为农电企业，地电企业多数分布在县级以下，很多都是农电企业。但随着我国城镇化的不断深入发展，在现实中已经越来越难以将二者区分。目前中央电网所属的县供电企业仍是农电的主要组成部分，城乡电网一体化发展、均等化服务是农电未来的主要任务，农电事业发展仍任重道远。

目前，具备一定配电网经营规模的陕西、山西、四川、内蒙古和广西等地电企业具有很强的代表性，能够集中反映当前地电发展进程中的重要成果以及突出问题。因此，本报告在尽可能全面反映地电发展状况的基础上，主要以陕西地方电力（集团）有限公司、山西地方电力有限公司、四川省水电投资经营集团有限公司、内蒙古电力（集团）有限责任公司、广西水利电业集团有限公司为典型案例进行分析。

（二）历史沿革

地电是我国电力行业的重要组成部分，为电力事业发展作出了重要贡献，其发展主要可分为以下几个阶段：

1. 从无到有的分散发展阶段（1949—1978年）

地方电力是由农村小水电发展而来的。新中国成立之初，我国电力工业十分薄弱，大电网供电范围主要集中在城市以及市郊，农村几乎得不到电力供应。为了改善生活，促进生产，在小水电资源发达的地区，当地乡、村组织兴办小型水电站，主要解决照明问题；之后，业务逐步扩展到农业灌溉、农副产品加工和县社工业。

20世纪70年代，为促进电力工业发展，中央提出地、县、社、队四级办电，执行"谁建、谁管、归谁所有"（后改为"谁建、谁有、谁管、谁受益"）政策，资金筹集主要依靠社队集体经济和地方自筹，其次国家给以适当补助，并且制定了"以电养电"政策。为了调动地方办电的积极性，中央还要求大电网积极支持小电站联网，小电站并网后所有权不变，电网以保本不赚的原则确定小电站上网电价。

陕西地方电力即从这一时期起步。1956年，陕西少数地方城郊开始有了低压供电线路，发电主要用于照明、灌溉和加工，农村用电量只有2万千瓦时。20世纪六七十年代，陕西农业用电有了较大发展。截至1970年底，陕西共建成小水电站、小火电厂120多处，装机容量3.3万千瓦。6—10千伏供电线路9700多千米，农村用电量达到3.7亿千瓦时，基本形成了各地区的供电网络构架。这一时期，陕西电力实行政企合一、厂网合一的管理体制，由原西北电业管理局统一规划、统一调度、统一核算、统一行政管理。

山西地电是从山西省农电演变而来的，山西省政府曾先后设立省农电局、省地方电力局管理农电工作。1959年，山西省电力厅设"专（市）县电力管理处"负责专县农电（地方电力）管理。1962年，山西省农村电气化管理局成立，1年后改成山西省地方电业局，负责全省35千伏及以下农村电网建设管理和单机6000千瓦以下发电厂管理。1972年改称"山西省革命委员会电业局农电处"，1975年，省政府重新设立省农电局（二级局）负责全省农电管理。

四川的小水电资源丰富，早期的小水电建设居全国前列。1976年，四川省政府对中央与地方分别管理的小水电作出明确规定，即"凡隶属关系属地、县及以下各级举办的电站，以及相应的送变电工程，统一由省水利厅领导和管理；凡结合灌溉、防洪等水利工程或主要为灌溉服务兴办的电站，由水利部门投资建设并管理"。

1957年，内蒙古在包头电业局的基础上成立水利电力部内蒙古电业局。1958年，水利电力部内蒙古电业局下放至内蒙古自治区管理，正式更名为内蒙古电业局（后改称"内蒙古电力工业管理局"），成为内蒙古第一个管理地方电力的机构。1960年，内蒙古水利厅与内蒙古电业工力局合并成为内蒙古水利电力厅。1963年，撤销内蒙古水利电力厅，成立水利电力部内蒙古电业管理局，以水利电力部为主，由水利电力部与内蒙古自治区政府双重领导。

广西是小水电事业发展较快的地区之一，广西水利电力厅于1954年8月成立（时称水利厅，1958年6月改组为水利电力厅），在大力发展水利事业的同时，贯彻执行"全国农业发展纲要"精神，"凡是有水利资源的地方，在兴修水利建设的同时，都要建设小水电站，以逐步解决农村的用电问题"以及国家提出的小水电建设方针，"小型为主，服务生产为主，社办为主"，"土洋并举，发电与动力并举，大中小结合，小水电与国家电网相结合"，兴起水利办电，群众办电，各级地方政府办电的热潮，逐步走出了一条发展农村水电、地方电力的路子。

20世纪70年代前后是地电发展的萌芽期，大部分地区的农村电力事业由地方政府为主举办，地电规模迅速扩大。地电从无到有，从民众自发到形成规模，从建设地方小电网到与国家大电网联结，不仅供农村、县社工业用电，还向国家电网输送电力，减轻了大电网的供电压力，加快了农村电气化建设的步伐，改善了电力工业布局。1958—1977 年的 20 年间，农村用电量年均增长 34%，远高于全国平均水平。

2. 快速成长的统筹发展阶段（1978—1998 年）

在电力工业发展初期，地电发展主要依靠地方"各自为战"的"分割发展、分散管理"，有效地解决了部分地方，特别是广大农村地区的用电问题。改革开放以后，地方办电的重要作用更加凸显，中央将地方办电提升至国家电力发展的战略高度并予以充分重视和鼓励。1978 年，党的十一届三中全会后，国务院决定开发利用丰富的中小水电资源，建设具有中国特色的农村电气化。1982 年，邓小平同志充分肯定小水电自建、自管、自用，指出："中央、国务院给个政策，群众、国家都得利，这就是搞活，就是解放思想。"1983年 12 月，国务院批转的水利电力部《关于积极发展小水电，建设中国式农村电气化试点县的报告》提出"农村电气化是 8 亿农民的大事，应在那些水能资源较好的地方，提倡以地方和群众自力更生为主，积极发展小水电建设，实现电气化"。同时有关部门给以指导和帮助，并确定 100 个农村电气化试点县。1984 年 3 月，水利电力部召开农电管理工作会议，明确提出了"地方为主，县为实体"的发展方针，提出："农电要靠地方办，县电力局要成为有活力的、能自我发展的经济实体"。之后，国务院又先后提出要发展第二批 200个农村电气化试点县、第三批 300 个农村电气化试点县。这三批农村电气化试点县统称为"农村水电 123 扶贫工程"，由水利部门负责组织实施，都由地方政府为主发展。与此同时，大电网供电区也开始了电气化县的建设。1994年，国家计委、经贸委、电力工业部联合召开全国农村电气化工作会议，正式提出到 2000 年全国要建成 1000 个电气化县，其中，600 个在中小水电供电地区，400 个在大电网供电地区。其中 600 个电气化县由水利部门负责组织实施，400 个电气化县由电力部门负责组织实施。农村电气化县建设的实践改变了以往主要靠大电网延伸向农村供电的做法，大力推动了地电发展。这一时期，小水电单站容量从 50 年代的 50 千瓦、60 年代的 3000 千瓦、70年代的 1.2 万千瓦、80 年代的 2.5 万千瓦，上升到 90 年代的 5 万千瓦，地电已由小水电为主体发展为以中小水电为主体。

上述三批电气化县建设完成后，全国 652 个县实现了初级电气化，全国3 亿多人口主要靠小水电用上了电，从而初步解决了我国农村用电难的问题。

在此背景下，部分省区也开始探索辖区内地方电力发展的道路。

1987年9月，陕西省委、省政府为了加快省属电力事业发展，适应陕西省经济社会发展需要，根据原国家经委和原水利电力部的文件精神，确定从1987年1月起，将榆林、府谷等44县的农电企业划归陕西省管理。1989年1月，陕西省农电管理局成立，实行政企合一体制，它既是省农电管理职能部门，对44个县级农电企业实行省级直管，又是直属企业。

1980年，山西省电力局划归水电部，山西省政府同时委托水电部对原省农电局进行代管，改称为山西省电力局农电局。1989年，为确保国务院集资办电政策的实施，有效管理和运营"电力发展基金"（2分钱/千瓦时），促进集资办电和农电发展，山西省成立地方电力公司，与山西省电力局农电局按照"一套人马、两块牌子"的模式合署办公，主管地方电力投资和全省109个县的农网建设和生产运行，形成了中央与地方联合办电、管电的农电管理体制。为建设管理好农村电网，在用电乡镇建立了乡镇电力管理站，它既是农民集资办电的合作组织，也是农村集体电力资产的代表。之后相继建立了省、地、县、乡镇电管总站，对乡镇电管站的人、财、物实行统管，省级电管总站设在省农电局。1997年12月，山西省政府将山西省电力公司代管的朔城、离石、柳林、交口、石楼、方山、中阳县电业局和县政府直管的临县、兴县、乡宁、蒲县、安泽县电业局共12个趸售县电业局收归原山西省地方电力公司实行统一管理。1998年1月，山西省地方电力公司解除与山西省电力公司的代管关系，开始独立运营，并作为地方电力出资者代表，行使省农电局职能。

1982年，水利电力部和四川省政府联合制定了《关于积极发展四川省小水电的若干规定》，并转发全国参照执行，提出电力建设"必须坚持大中小并举和国家办电与地方办电相结合的方针"；地方电力"要贯彻'自建、自管、自用'的方针和'以电养电'的政策"，要坚持"主要面向农村和县镇，为农业、地方工业和城乡人民生活用电服务，促进农村电气化事业发展"的方向。同时对地方电力的规划发展以及与国家电网的并（联）网形式、运行方式、产权和管理权限、调度管理、电量交换、有无功平衡、电价和电费结算等问题作了明确的政策规定。之后，国务院陆续下发国发〔1983〕190号、国发〔1991〕17号、国办通〔1996〕2号文件，对全国各地的一系列促进中小水电、农村电气化发展的方针政策，进行总结、深化和完善。

广西地方电力事业坚持"大中小并举","多渠道、多层次、多模式办电"，"自建、自管、自用"，"小水电要有自己的供电区"，"提倡县与县之间联网，并与大电网联结，联结后与大电网是送电和受电关系"，以及"以电养电"等方针政策，地方发电装机容量和发电量快速增长，到 1993 年底，比 1978 年分别增长 2.07 倍和 3.15 倍。

3. 地电规模化发展阶段（1999 年至今）

1999 年之前，全国地方电力基本还是一县一公司的形式，以县为单元分散发展，独立经营，基本没有进行统一管理。1998 年底，国务院办公厅国办发〔1998〕134 号文件提出，要"理顺地方供电企业与省级电力公司的关系"。1999 年初，国务院批转国家经贸委《关于加快农村电力体制改革，加强农村电力管理意见》（国发〔1999〕2 号），强调要处理好中央电力企业与地方电力企业的利益关系；不同的利益主体要以资产为纽带搞好股份制改革；自供自管县要根据不同情况进行改革；自供自管县的承贷主体要根据不同情况进行确定。之后，在地方电力事业发达区域，各省级政府开始对所属市、县自主发展的供电公司进行整合，逐步建立了省级层面的地方电力集团公司。随着"两改一同价"农电体制改革的持续推进，部分地电企业上划到大电网经营企业，成为其直管、代管或控股子公司。客观评价，这种上划做法有利于发挥大电网经营企业的资金、管理等优势，推动地电特别是农电事业快速迈上新台阶。地方电力企业的上划经历了一个长期过程，上划初期主要采取直接管理、股份制和趸售代管模式，但由于趸售代管模式存在一些弊端，所以在改革过程中逐步将代管模式转变为直接管理或者股份制模式。

历经数次改革后，地方电力企业主要有陕西地方电力（集团）有限公司（以下简称"陕西地电"）、山西地方电力有限公司（以下简称"山西地电"）、四川省水电投资经营集团有限公司（以下简称"四川水电"），内蒙古电力（集团）有限责任公司（以下简称"内蒙古电力"）、广西水利电业集团有限公司（以下简称"广西水电"）5 家主要供电企业以及 10 余家市、县区域类地方供电企业。

2002 年，国务院下发《国务院关于印发电力体制改革方案的通知》（5号文），启动以"厂网分开、竞价上网、打破垄断、引入竞争"为主要内容的新一轮电力体制改革。2004 年 6 月，按照国家电力体制改革要求，陕西省农电管理局整体改制为陕西省地方电力（集团）公司，实现了政企分开。2008年12月，根据陕西省委、省政府《关于切实加快推进国有企业改革的若干意见》，按照现代企业制度要求，引进战略投资者陕西省投资集团（有限）公司，成立了陕西省地方电力（集团）有限公司。自此，集团逐步完成由行政型公司向服务型企业的转变。全力推进供电、发电、辅业、多经四个单元的公司化改造，集团电网建设持续加快，科技投入不断加大，管理能力稳步提升，经营效益稳定增长。

1989年1月30日，山西省成立山西省地方电力公司，作为地方电力出资人的代表，负责电力建设基金的投资运营，由山西省电力公司代管。2002年12月，山西省地方电力公司按照《公司法》整体改制为山西国际电力集团有限公司，作为山西省政府唯一全资设立的电力产业集团，它是省政府授权的省级电力资产出资者代表，是担负电力建设、运营职责的专业化公司。

2004年12月17日，为保障和促进四川农网建设与改造工作的顺利进行，加强农网资产管理，防范省级统贷统还金融风险，四川省组建四川省水电投资经营集团有限公司，负责投资、经营、管理省级地方电力国有资产。

1990年8月，国家能源部批准成立内蒙古自治区电力公司，区电业管理局的名称仍保留，履行自治区政府对电力企业的行业管理职能。1992年，内蒙古电力集团公司成立，后更名为内蒙古电力总公司。1998年8月，原电业管理局政府管理职能移交政府相关部门，更名为内蒙古电力（集团）有限责任公司。改组后的内蒙古电力公司成为集电网、电力施工、多经、科教为一体的大型企业集团。

1998年10月，广西汇能农村电气化有限责任公司等47家公司共同出资组建广西水利电业有限公司，成为广西农村电网建设与改造的"一省两贷"两个承贷主体之一。2002年末，为改革、理顺广西农村的电力管理体制，提高农网资产管理效率，广西壮族自治区政府授权广西水利电业有限公司经营农网建设与改造投资形成的固定资产，以广西水利电业有限公司在各县农网建设与改造投资所形成的资产额作为出资额，各县电力（供电）公司以农网建设与改造前的电力（供电）经营性净资产作为出资额，将县级公司改制成广西水利电业有限公司的控股或参股有限责任公司。2006年7月，公司进行资产重组并更名为广西水利电业集团有限公司。

表 1-1   地 电 发 展 历 程 梳 理

	1949—1978 年：从无到有的分散发展阶段	1978—1998 年：快速成长的统筹发展阶段	1999 年至今：地电规模化发展阶段
全国	20 世纪 70 年代，中央提出"谁建、谁有、谁管、谁受益"、"以电养电"等政策，要求大电网积极支持小电站联网，制止"大电网一到，小电站砍掉（或收走）"的倾向	1978 年，国务院决定开发利用丰富的中小水电资源，建设具有中国特色的农村电气化	各地逐步"理顺地方供电企业与省级电力公司的关系"。部分地电企业成为大电网经营企业的直管、代管或控股子公司。部分组建省级集团公司，地电进入规模化发展阶段
陕西	1956 年，陕西农村用电量只有 2 万千瓦时，截至 1970 年底，陕西共建成小水电站、小火电厂 120 多处，农村用电量达到 3.7 亿千瓦时	1987 年，陕西省农电管理局成立，作为陕西省农电管理职能部门，对 44 个县级农电企业实行省级直管	2004 年 6 月，陕西省农电管理局改制为陕西省地方电力（集团）公司，实现了政企分开
山西	1962 年，山西省农村电气化管理局成立，负责全省 35 千伏及以下农村电网建设管理和单机 6000 千瓦以下发电厂管理	1989 年，山西省地方电力公司成立，主管地方电力投资和全省 109 个县的农网建设和生产运行。1998 年 1 月 22 日，山西省地方电力公司解除与山西省电力公司的代管关系	2002 年 12 月，山西省地方电力公司整体改制为山西国际电力集团有限公司，是省政府授权的省级电力资产出资者代表 2011 年 6 月将其下属的电网资产（配电公司）更名为山西地方电力有限公司
四川	1976 年，省政府规定"凡隶属关系属地、县及以下各级举办的电站，以及相应的送变电工程，统一由省水利厅领导和管理；凡结合灌溉、防洪等水利工程或主要为灌溉服务兴办的电站，由水利部门投资建设并管理"	1982 年，水利电力部和四川省人民政府联合提出电力建设"必须坚持大中小并举和国家办电与地方办电相结合的方针"；地方电力"要贯彻'自建、自管、自用'的方针和'以电养电'的政策"	2004 年 12 月，四川省组建四川省水电投资经营集团有限公司，负责投资、经营、管理省级地方电力国有资产
内蒙古	1963 年，成立水利电力部内蒙古电业管理局，以水利电力部为主，由水利电力部与内蒙古自治区双重领导	1988 年，内蒙古电管局率先实行"投入产出"承包经营，投产并建设百万千瓦级火电厂和千伏输变电工程，初步缓解了内蒙古供电、用电紧张局面	1990 年 8 月，内蒙古电力公司成立。1992 年，内蒙古电力集团公司成立，后发展为内蒙古电力（集团）有限责任公司，成为集电网、电力施工、科教为一体的大型企业集团
广西	1958 年 6 月，广西水利电力厅提出"凡是有水利资源的地方，在兴修水利建设的同时，都要建设小水电站，以逐步解决农村的用电问题"	1978 年以后，广西地方电力事业在"大中小并举""多渠道、多层次、多模式办电""自建、自管、自用"等方针政策指引下快速发展	1998 年 10 月，广西水利电业有限公司成立，2006 年 7 月，公司进行资产重组并更名为广西水利电业集团有限公司

总体上看，这些地电企业没有完全实现厂网分开，部分电量外售，部分从大电网经营企业趸售购买，还有部分电量是所属发电厂并网电量。

（三）基本特征

从地方电网的历史沿革可以看出，地方电网主要有以下基本特征：一是从投资建设主体看，地方电网是由基层组织、群众自发办电发展形成，从无到有，从小到大，逐步通过成立省、地（市）级地方电力集团对地方电力进行统一管理；二是从电网功能结构看，地方电网主要是低压配电网，通过从上一级电网购电或者从自有电厂发电上网向终端用户供电；三是从整个电力发展历史看，地方电力最初是从解决大电网未覆盖供电区域用电问题逐步发展而来，从而成为大电网发展壮大的重要基础，现与大电网仍然有着不同的供电区域并互为补充，在我国电力发展中发挥着不可或缺的作用。

二、作用贡献

（一）有力保障了农村地区电力基本公共服务和电能供给

电力普遍服务是国家基本公共服务的重要组成部分，保障农村、贫困地区、边远地区的供电是基本公共服务均等化对电力行业的要求。地方电力利用各地资源优势，因地制宜兴建电厂、电网，及时有效地解决了大量无电村和很多边远地区的社会用电问题，有效保障了电力基本公共服务供给，扩大了电力基本服务覆盖面。据统计，截至 2014 年底，全国已建成装机在 5 万千瓦及以下的小水电站有 47000 多座，使 3 亿多农村人口告别了"无电生活"。

1998 年实施"两改一同价"工程以来，陕西地电大力实施国家一、二期农网改造工程、农网完善工程、无电地区电网建设工程和新一轮农网改造升级工程。截至 2015 年底，累计安排投资 268.35 亿元用于农网建设改造，农村电网不断完善和发展，实现了城乡各类用电同网同价和"户户通电"，建成了富平等 33 个省级新农村电气化县，农网改造面达到 100%，为服务"三农"发展提供了可靠的电力保障。

"十二五"期间，山西地电全部解决了供电范围内的无电村问题。无电村通电工程于 2012 年列入年农网改造升级工程项目，2013 年 6 月全部完工。共解决 68 个无电村通电问题，其中采用电网延伸方式解决通电的无电村有 45 个，解决无电户 527 户；采用新能源建设通电的无电村有 23 个，解决无电户 95 户。共解决无电户 622 户，无电人口 2105 人。

2005—2015 年间，四川水电累计完成改造户表 910507 户；解决无电户 88309 户，无电人口 348595 人。

内蒙古电力公司大力实施农网改造升级，确保了农村牧区生产生活环境改善、农牧产业和重点项目发展用电需求。2015 年，公司完成农网改造升级和农电技改工程投资 38 亿元，解决老、少、边、穷地区 13 万户 45 万人口的用好电问题，2015 年完成 34 个边防哨所新能源转网电。

（二）对促进农村社会发展作出积极贡献

从发展历程看，地电对促进农村社会发展作出了积极贡献，主要体现在以下几方面：一是地电发展源于解决大电网难以覆盖的农村、山区等偏远地区的农村电气化问题，初期都是以地方政府为主导，地方电力是推动农电发展的重要力量之一。二是 1998 年实施农网"两改一同价"以来，地方电力大力实施农村电网改造工程、农网完善工程和无电区电网建设工程，在扩大电力服务覆盖面、保障农网安全供电、服务"三农"等方面发挥了不可或缺的作用。三是地方电力响应国家扶贫号召，落实国家扶贫工作要求，加强农村基础设施建设，解决无电村通电问题，在帮助农村脱贫致富过程中发挥了重要作用。

陕西地电积极响应国家的扶贫号召，加强农村基础设施建设，解决无电村通电问题。1992 年，陕西地电在全国率先推出了"电力扶贫共富工程"，累计投资 10 亿元，解决了近 200 个乡镇、8533 个村、约 320 万人口的用电问题，提前一年实现全省行政村的村村通电奋斗目标，户通电率达到 97.4%。2007 年 4 月，陕西地电启动"和谐电力进农户"通电工程，解决剩余偏远无电地区通电问题，累计投入资金 6.87 亿元。

"十二五"期间，四川水电集团投资 76.36 亿元用于农网改造升级，投资 9.09 亿元用于无电地区电力建设，供电范围内的农村电网基本改造到位，农村居民生活用电得到较好保障，农业生产设施用电问题得到基本解决，基本建成安全可靠、节能环保、技术先进、管理规范的新型农村电网。

"十二五"期间，内蒙古电力把保障和改善民生作为出发点和落脚点，全力推进通电工程，加快农网改造升级，全面提升农牧区和边防哨所供电可靠性和电压合格率，提升农牧区供电服务质量和水平，解决了"十二五"无电地区最后 10485 户、36715 名农牧民通电、用电问题，提前两年实现了户户通电目标。

（三）服务地方经济社会发展

电力作为关系国民经济命脉的支柱行业，与地方经济社会发展息息相关。地电作为城镇低压配电网和农村电网的重要组成部分，对促进地方经济发展发挥了重要作用，主要体现在以下几方面：一是地电有效发挥了地方政府的办电积极性，通过地方自办电网普及农村用电、缓解城镇缺电，有力地促进了农村和县域经济发展。二是地电可以充分利用各地资源优势，宜火则火，宜水则水，对推动少数民族地区、边远地区、贫困地区经济和社会全面发展起到了很好的作用。三是地电更贴近地方实际，了解地方经济发展的优势，因地制宜地发展，有利于带动地方经济发展。

陕西地电在服务地方经济社会发展，尤其是农村经济发展中作出了突出贡献。一是满足了当地农民农业生产、农业灌溉、"家电下乡"、"一村一品"、现代农业（如大棚）、农副产品粗加工和新农村建设的用电需求，促进了农村经济发展和农村产业结构调整，电力发展为农民增收提供了有力支撑。二是积极服务国家"移民搬迁"等惠民政策的实施，大力开展配套电力基础设施建设，在为安置点做好电力供应的基础上，服务当地产业发展，大力支持农家乐、大棚菜基地等特色产业，为搬迁移民保障了基本用电需求。三是为县域经济发展和小城镇建设提供了电力保障，营业区内县城、开发区和重要乡镇均有 35 千伏和 110 千伏变电站布点，中压配电网全部优化分片分区供电，为营业区内工农业发展、实施城乡统筹、加快城乡一体化建设提供了电力保障。

1998 年，山西 12 个趸售县供电企业统一划归山西省地方电力公司管理后，山西地电通过加大电网投资建设力度、加强企业内部管理、开展减人增效改革等一系列措施，使所属供电营业区内的电网结构获得了根本性的改善，经营管理水平和服务质量持续提升，促进了地方经济和社会事业的快速发展。

表 1-2　　　　　　山西地电供电区域经济发展情况汇总

		吕梁市		朔州朔城区		乡宁		安泽		蒲县	
		1997 年	2015 年	1997 年	2015 年	1997 年	2015 年	1997 年	2015 年	1997 年	2015 年
地区生产总值（亿元）		95.9046	955.8013	13.6230	235.9000	8.3552	80.3725	2.3300	212.1300	5.4800	53.8500
规模以上工业增加值（亿元）		20.0452	516.0176	3.6577	77.5236	6.1280	37.7700	0.2000	20.7400	4.3050	38.5939
财政收入（亿元）		4.1087	90.6798	1.7450	16.2200	0.6692	20.3523	0.1503	8.0000	0.3900	12.9700
人均可支配收入（万元）	城区	0.2587	2.2903	0.3297	2.8460	0.3746	1.3328	0.2804	2.3836	0.3415	1.3900
	农村			0.2246	1.2216			0.1470	0.7811	0.1756	

2005—2015 年期间，四川水电新建或改造（含收购）电源项目机组共 107 台，单机容量 55 千瓦至 1.4 万千瓦不等，装机总容量约 31.4 万千瓦。其中新建和收购电源项目 12 个，装机容量为 18.9 万千瓦，增容改造项目 35 个，改造后装机容量为 12.4 万千瓦。四川水电充分利用当地丰富的水力资源，以水电开发为龙头，治水办电相结合，推动了当地经济发展。

"十二五"期间，内蒙古电力累计完成电网建设投资 549.6 亿元，蒙西电网变电容量突破 1 亿千伏安，基本形成"三横四纵"500 千伏主干网架，在持续向华北东送的基础上向北开辟蒙古国、向南开辟陕西榆林地区的送电通道。2015 年全年完成售电量 1370.3 亿千瓦时，其中东送华北 261.8 亿千瓦时，同比增长 0.5%。大用户交易电量完成 561.9 亿千瓦时，同比增长 54.9%，有力促进了地区工业经济的平稳发展。截至 2015 年底，蒙西电网统调装机 5934.7 万千瓦，位居全国省级电网前列，其中，风电、生物质、太阳能等新能源装机增至 1921 万千瓦，新能源上网电量增至 302 亿千瓦时，折算累计减少标煤消耗 3669.3 万吨，减少二氧化碳排放 9540.2 万吨，为自治区节能减排、建设清洁能源输出基地作出了突出贡献。

（四）推动电力发展改革

地电在电力发展改革中发挥了积极作用。一是 1985 年开始实行的集资办电政策，主要靠吸引外资和地方资金投资建电厂，但是电厂不能联网仍然解决不了用电问题，地方为主兴建的小电网为部分电厂和用户之间提供了输送通道，一定程度上缓解了厂网发展不平衡的问题。二是地方电力的发展有效调动了各方积极性，共同促进电网发展，改变电网只靠中央投资建设的局面。三是地电作为电力市场的大用户，对推进电力体制改革，促进电力市场建设能够发挥积极作用。四是地方电网的发展是促进小水电发展的重要基础，有利于优化电力结构、促进节能减排。

三、国际经验启示

地电发展的主导力量是地方政府，决定因素是行业政策，总结相关国际经验，有助于客观看待地电发展实际情况，并对地电未来发展趋势有正确认识。从国外电力改革历程看，各国都实施了以市场为基本导向的电力改革，并区分产业链垄断环节和竞争环节进行产业重构，建立了适合各国国情和电力发展阶段的市场竞争模式。其中，地方政府在电力改革中起到了十分重要的作用，尤其是澳大利亚、美国等联邦体制国家，电力工业基本都是靠各州政府发展起来的，电力改革也是在各州主导下实施。改革后，部分国家的配电网主要是地方政府事权，在电力市场中成为主要的购售电主体。农电作为电力发展改革的重要领域，不少国家也在改革中明确区分了中央政府和地方政府事权，建立市场经济下支撑农电持续发展的长效机制。

（一）开展零售竞争是提高电力批发市场效率的有效手段

按引入竞争的程度（或称保留垄断的程度），电力市场交易模式从低到高可依次分为单一买方模式、批发竞争模式和零售竞争模式。选择竞争程度越高的模式，需要改革的事项越多、要求的基础条件越高、改革的难度也越大。各国电力改革都在分析三种模式利弊的基础上，综合平衡目标需求与约束条件，选择适合自身的电力市场交易模式。在已进行电力市场化改革的国家中，多数国家直接选择了批发或零售竞争模式，采用单一买方模式的国家也将其作为过渡（目前已基本完成）。批发竞争能实现发电引入竞争的大部分目标，零售准入尽管有利于提高竞争效率，但是零售准入需要具备很多条件，包括建立庞大的零售结算系统、用户培训、对监管能力的要求等，应以较健全、完善的批发市场为基础。一般情况下，可先采用批发竞争模式，然后逐步放开零售市场和用户选择权，并激励用户使用选择权，最终实现配售分开。其中，市场化改革相对比较"激进"的英国在电力市场竞争模式的选择上采取了渐进方式，改革经历了从 POOL 到 NETA 再到 BETTA 的过程。日本售电侧的放开是从特定高压用户（接入电压为 20 千伏以上且容量超过 2000 千瓦）到所有高压服务用户（用电容量在 500 千瓦及以上、供电电压 6 千伏以上），再到用电容量 50 千瓦以上、供电电压 6 千伏以上的用户。

（二）各国电力改革均不同程度地实行了输配分开

国际经验表明，输配电体制改革是电力市场化改革的重要内容，完全输配一体化模式只适应于"独买独卖"的单边电力交易市场，从根本上抑制了市场发挥配置资源的作用。从各国实践看，输配业务都实现了不同程度的分离，至少实现了功能分离，清晰界定输电与配电的资产边界。一是产权分离。多数国家要求实行产权分离，如阿根廷、澳大利亚、印度。其中，澳大利亚电力发展的事权主要在各州政府，每个州都拥有一家输电公司、多家配电公司和零售商。输配环节实行了产权分离，部分配电公司占有售电公司的产权。阿根廷实行了输配产权分离，输电公司由中央政府管理，配电公司既有被地方政府管理的，也有私营公司，还有部分是被中央政府管理的。二是法律分离。其中法国 EDF 在公司内部实现了输配法律分离，成立的全资子公司法国电网公司（RTF）和法国配电公司（ERDF）分别负责输电业务和配电业务。三是功能分离。美国改革后将发电业务与输电业务分离，部分州售电侧引入竞争，输配电进行独立核算，建立了批发竞争电力市场模式。俄罗斯在实行输配电产权分离后，于 2013 年又将输配电整合为一个统一的电网公司，但是输配电业务仍然清晰界定。

（三）部分国家配电公司以地方事权为主

不论各国采取何种形式的输配分离模式，输配分开后，配电公司主要有两种形式，一种是原来就经营某区域的配电业务，既有民营企业，也有地方政府所属的公共企业；另一种是将配电业务交给新成立的配电公司经营，仍是中央政府所属企业。其中，法国的配电企业一部分是从原来的一体化企业分离出来的，另一部分是原来就经营配电业务的企业。法国绝大部分配电业务仍然由中央政府所属企业 ERDF 经营，这主要与法国以核电为主的电源结构有关。澳大利亚、印度的配电公司都是地方政府所属企业或民营企业，这也与其联邦政体有关。其中印度的配电业务主要由联邦电力局经营。阿根廷输配产权分离后，配电公司既有被地方政府管理的，也有私营公司，还有部分是被中央政府管理的。

（四）配电公司成为电力市场中主要的交易主体

从国外电力市场建设实践看，不论实现何种形式的输配分离，即使是美国只实现了输配电业务的功能分离，也实现了输电业务的相对独立，输电企业不参与购售电交易。从参与市场交易的主体看，不同的市场竞争模式参与的主体有所不同。批发竞争模式下，由大用户和供电企业（配售合一）通过电力批发市场直接从独立发电商处购电，电网企业（输配电的线路业务）只是为交易主体提供公平开放的线路输送业务；零售竞争模式是在批发竞争模式的基础上，放开零售准入，允许成立独立于配电企业的零售企业，所有用户可自主选择零售商供电，进而形成竞争性电力零售市场。不论哪种电力市场竞争模式，配售合一的企业都是电力市场中主要的购售电主体，参与电力市场交易。

（五）支持农电发展是电力改革的重要任务

农电改革问题是各国在电力市场化改革中普遍关注的重点领域。与我国的农电概念不同，国际上定义的农电通常指农村电气化，农电的特性决定了政府需要提供特殊扶持政策。在多数国家，农电过去主要由垂直一体化的国有电力公司以电网延伸的方式供应，依靠企业内部的交叉补贴维持运营。随着各国电力市场化改革的推进，电力产业重组和国有电力公司私有化、以及电价交叉补贴机制的取消，农电也受到了一定冲击，一些国家和地区改革后出现了农村电气化水平下降的情况。各国农电改革的目标都是建立在市场主导条件下农电持续发展的长效机制，提高农村电气化水平，实现电力普遍服务。包括专门设立农电发展管理部门（如美国）、建立农电发展基金、依靠分布式电源解决边远地区的电力供应、为农电提供金融政策、特殊电价政策及农村电力普遍服务补偿政策等。其中，法国对农电发展给予了充分重视，明确了中央、地方在农电发展中的事权责任，农业部设农电管理部门负责农村电力设施的投资与管理。在国家层面，EDF 负责农村电力设施的建设、更新、改造以及用电管理；各地区的配电公司设农村电力管理机构，负责本地区的农电建设与管理。此外，法国政府还设有农村电力建设资金，并规定了相关机构在农电设施建设项目中的出资比例，其中农业部对农村电力建设投资列入国家投资计划，占总投资的 18%，EDF 投资占 20%，法国农村电气化特别基金会投资占 32%，该基金由 EDF 按一定比例从电费中征收，当地税务部门提供 15% 的资金，当地农民用户集资占 15%。

分报告二

陕西省地方电力发展报告

一、总体概况

（一）历史沿革

陕西省地方电力（集团）有限公司（以下简称"陕西地电"）是陕西省人民政府直属大型供电企业。陕西地电作为电力体制改革的产物，前身是陕西省农电管理局，自 1989 年成立以来，随着电力体制改革推进，不断深化改革，谋求发展，已经成为国内规模最大的地方配电网企业，对陕西"三农"发展和经济发展作出了重要贡献。

1. 1949—1988 年：陕西电力由原西北电业管理局统一管理

新中国成立初期，陕西省还没有实现农业用电。1956 年，少数地方城郊开始有了低压供电线路，发电主要用于照明、灌溉和加工，全省农村用电量只有 2 万千瓦时。20 世纪六七十年代后，陕西农业用电有了较大发展。截至 1970 年底，全省共建成小水电站、小火电厂 120 多处，装机容量 33 兆瓦。6—10 千伏供电线路 9700 多千米，农村用电量达到 3.7 亿千瓦时，基本形成了各地区的供电网络构架。这一时期，陕西电力实行政企合一、厂网合一的管理体制，由原西北电业管理局统一规划、统一调度、统一核算、统一行政管理。

2. 1989—1997 年：成立省农电管理局对 44 个县级供电企业实行直管

1987 年 9 月，陕西省委、省政府为了加快省属电力事业发展，适应全省经济社会发展需要，根据原国家经委于 1987 年 1 月发布的《关于同意将榆林、府谷等四十四县农电企业划归陕西省管理的复函》（经体〔1987〕25 号），原水利电力部于 2 月发布的《转发关于同意将榆林、府谷等四十四县农电企业划归陕西省管理的通知》（水电劳字第 5 号），确定从 1987 年 1 月 1 日起，将榆林、府谷等四十四县的农电企业划归陕西省管理。之后，陕西省政府在 1987 年第三次常务会议决定正式成立陕西省农电管理局，作为陕西省农电管理职能部门，对 44 个县级农电企业实行省级直管。1989 年 1 月，陕西省农电管理局正式成立，实行政企合一体制，既是省农电管理职能部门，又是直属企业。

3. 1998—2003 年：省农电管理局对 66 个县属供电企业实行统一管理

1998 年，随着陕西地方电力事业的发展，应陕西省政府要求，经原电力部同意，先后将陕西省 66 个县电力局全部上划陕西省农电管理局，陕西地电形成了在全国独具特色的"省为实体，趸售经营，统一核算，自负盈亏，自我约束，自我发展"的管理模式。自此，陕西形成陕西省电力公司和陕西省农电管理局两大相互独立的供电主体。

4. 2004年至今：成立陕西省地方电力（集团）公司

2002年，国务院下发《国务院关于印发电力体制改革方案的通知》（国发〔2002〕5号文），决定启动以"厂网分开、竞价上网、打破垄断、引入竞争"为主的新一轮电力体制改革。2004年6月，按照国家电力体制改革要求，陕西省农电管理局整体改制为陕西省地方电力（集团）公司，实现了政企分开。2008年12月，根据陕西省委、省政府《关于切实加快推进国有企业改革的若干意见》，按照现代企业制度要求，引进战略投资者陕西省投资集团（有限）公司，成立了陕西省地方电力（集团）有限公司。自此，集团逐步完成由行政型公司向服务型企业的转变。全力推进供电、发电、辅业、多经四个单元的公司化改造，集团电网建设持续加快，科技投入不断加大，管理能力稳步提升，经营效益稳定增长。

（二）地位作用

1. 对促进陕西"三农"发展作出了重要贡献

从陕西地电的发展历程看，地方电力最初是为了适应农业发展需要，解决农业生产灌溉等用电问题逐步发展而来，是农村电力建设的主力军。1998年实施"两改一同价"以来，陕西地电大力实施国家一、二期农网改造工程、农网完善工程、无电地区电网建设工程和新一轮农网改造升级工程。截至2015年底，累计安排投资268.35亿元用于农网建设改造，农村电网不断完善和发展，实现城乡各类用电同网同价和"户户通电"，消灭了无电地区，建成了富平等33个省级新农村电气化县，农网改造面达到100%，有力地推进了陕西省农业现代化，拉动农村经济社会发展，为当地"三农"发展提供了可靠的电力保障。一是满足了当地农民农业生产、农业灌溉、"家电下乡"、"一村一品"、农业生产设施（如大棚）、农副产品粗加工、现代农业和新农村建设的用电需求，积极推动了农村经济发展和农村产业结构调整，为农民增收提供了有力支撑。二是积极服务国家"移民搬迁"等惠民政策的实施，大力开展配套电力基础设施建设，在为安置点做好电力供应的基础上，服务当地产业发展，大力支持农家乐、大棚菜基地等特色产业，为搬迁移民保障了基本用电需求。三是为县域经济发展和小城镇建设提供了电力保障。营业区内县城、开发区和重要乡镇均有35千伏和110千伏变电站布点，中压配电网全部实现分片分区供电，初步满足了城镇化建设需求，为营业区内工农业发展、实施城乡统筹、加快城乡一体化建设提供了推动力。

2．为陕西能源工业发展提供了基础保障

陕西作为能源大省，虽然近年来能源工业增长乏力，但是能源工业支撑了陕西省多年的经济高速增长。其中，榆林是我国重要的能源化工基地，一直由陕西地方电力所属榆林电力分公司（榆林供电局）负责全市 110 千伏及以下电网的规划、建设和管理。目前，榆林 110 千伏电网已覆盖全市所有行政区域，建成现代化工业电网，保证了能源化工基地的安全、可靠、优质供电。另外，西安北部、咸阳北部、宝鸡北部、安康南部、汉中东部、延安北部等六大电网作为陕西地方电力重要的坚强电网，和榆林电网一起，成为支撑陕西能源工业发展的电力保障。

3．为陕西落实国家的扶贫工作夯实了电力基础

电力扶贫是国家扶贫工作的一项重要任务。陕西地电一直以来积极响应国家的扶贫号召，加强农村基础设施建设，解决无电村通电问题。1992 年，陕西地电根据中央和地方关于 20 世纪末基本消除贫困的宏伟计划，在全国率先推出了"电力扶贫共富工程"。据统计，从 1989 年至 1999 年，陕西地方电力投入集资办电和电力扶贫的资金达到 15.1 亿元。其中，"电力扶贫共富工程"累计投资 10 亿元，解决了近 200 个乡镇、8533 个村、约 320 万人口用电问题，提前一年实现全省行政村的村村通电奋斗目标，使户通电率达到 97.4%，建成农村电气化县 9 个。2007 年 4 月 1 日，陕西地电启动"和谐电力进农户"通电工程，目的是解决剩余偏远无电地区通电问题。此项工程得到了陕西省政府的大力支持。据统计，从 2007 年 4 月启动"和谐电力进农户"通电工程以来，陕西地方电力已累计投入资金 6.87 亿元用于解决陕西省偏远地区群众的用电问题。"十二五"期间共计安排 53.2 亿元，做好公司营业区内 43 个国家扶贫开发重点县和集中连片特殊困难地区电网建设，切实解决边远贫困地区用电问题。2016 年 6 月，陕西省发展和改革委员会、陕西省扶贫开发办公室印发《陕西省电力扶贫行动计划》，提出要加大贫困县农网升级改造力度，全力支持县域经济发展，并对陕西地电也提出了任务要求。陕西地电将落实中央要求，为电力扶贫作出进一步贡献。

（三）发展现状

陕西地电，是陕西电力市场的重要主体和骨干企业。近些年来，公司不断优化电网资产，强化电力安全生产，提高企业经营管理水平，增强企业盈

利能力，先后荣获全国电力行业优秀企业、全国电力行业思想政治工作优秀单位称号。公司连续八年在陕西省国资委年度目标责任考核中获得优秀成绩，综合实力、经济效益排名在陕西省国资委监管企业中位于前列。

1. 组织结构

集团公司总部设办公室、计划部、基建部、生产技术部、安全监察部、市场营销部、科技信息部、财务部、企业经营部、人力资源部、审计部、法律法规部、保卫部、党委工作部、纪检监察部、工会、资金管理中心、电网运行管理中心、新闻中心共 19 个部门（中心）。

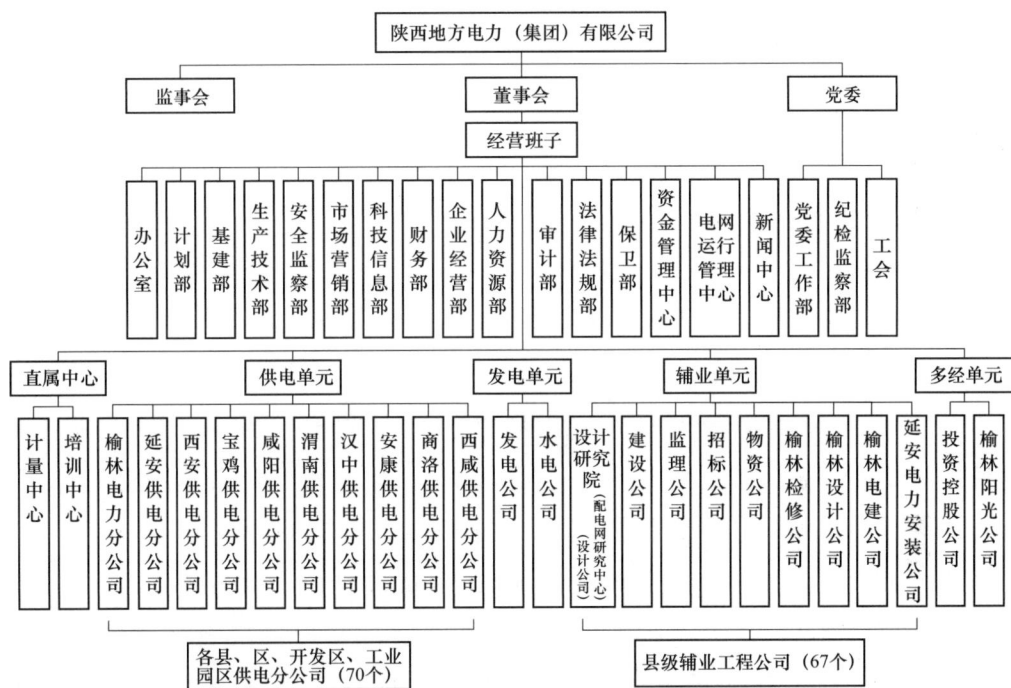

图 2-1　陕西省地方电力（集团）有限公司组织架构图

2. 业务单元

陕西地电作为配电企业，在经营电网业务的同时，也经营发电、多经及辅业业务。截至 2015 年底，下属供电、发电、辅业、多经企业 159 个，直属中心 2 个，员工 2.5 万人。一是供电单元。下设 9 个市级供电分公司、70 个县级供电分公司，负责除铜川市外全省 9 市 66 个县（区）及西咸新区部分地区的生产生活供电任务，供电面积 14.25 万平方千米，占全省供电营业区面积的 76%，供电人口近 2000 万，占全省人口的 56%，用电客户达到 522 万户。二是发电单元。下设 2 个发电子公司，陕西省地方电力发电公司（以下简称"发电公司"）和陕西省地方电力水电公司（以下简称"水电公司"），主要经营火电、风电、光伏和小水电业务。共有全资、控（参）股发电企业 22 个，其中发电公司拥有 6 个控（参）股企业，水电公司拥有 7 个全资和 9 个控（参）股企业。截至 2015 年底，总装机容量 587.52 兆瓦。三是辅业单元。下设 5 个直属公司、4 个市级辅业公司、67 个县级辅业公司，业务涵盖 110 千伏及以下输变电工程勘察设计、招标、电力物资采购、电力物资仓储、物流配送、废旧物资回收、电力工程建设管理、施工监理、承装（修试）、项目管理等服务。四是多经单元。下设 2 个子公司，陕西省地方电力投资控股有限公司（以下简称"投资控股公司"）和陕西省地方电力（榆林）阳光电力有限公司（以下简称"阳光公司"）。业务涵盖房地产开发与经营、物业管理、酒店经营、酒店管理、房屋租赁经营、电力杆塔制造、天然气综合利用、新兴产业项目投资等。

3．经营发展

陕西地电以保障供电范围内的电力供应为中心任务，持续推进电网建设，不断强化内部管理，积极履行社会责任，满足区域经济社会发展的电力需求。近年来，公司网架结构更加坚强，供电能力明显提升，服务质量不断提高，经营业绩稳定提升，安全生产水平全面提高，企业管理水平显著提升，科技创新能力逐步增强。公司荣获全国电力行业优秀企业称号，连续八年在陕西省国资委年度目标责任考核中获优秀成绩，综合实力、经济效益排名在陕西省国资委监管企业中位于前列。截至 2015 年底，公司资产总额 233 亿元，拥有 35 千伏至 110 千伏变电站 502 座/11907 兆伏安，35 千伏至 220 千伏线路 860 条/13106 千米；省、市、县级调度 75 个；网内并网电厂（站）570 座，总装机容量 692 万千瓦；电网统调最大负荷 777 万千瓦；城市供电可靠率 99.956%，农村供电可靠率 99.83%，综合电压合格率 98.55%，综合线损率 6.26%。2015 年，公司售电量 346.42 亿千瓦时，营业收入 185.51 亿元，实现利税 20.34 亿元。

二、投资建设

（一）投资规模

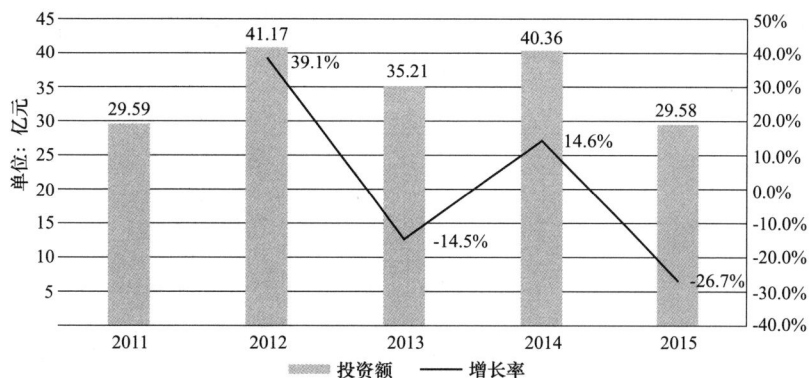

图 2-2 投资规模

"十一五"期间陕西地电年投资额基本呈"一年升一年降"的趋势，2014年完成投资 40.36 亿元，2011 至 2014 年年均增长 10.9%；2015 年投资额回落至 29.58 亿元，比上年下降 26.7%。其中，电网投资额占到投资总额的绝大部分，最高在 2015 年占到总投资额的 78.7%；电源投资额所占比重很小，最高在 2014 年为 9.92 亿元，占总投资额的 24.6%。

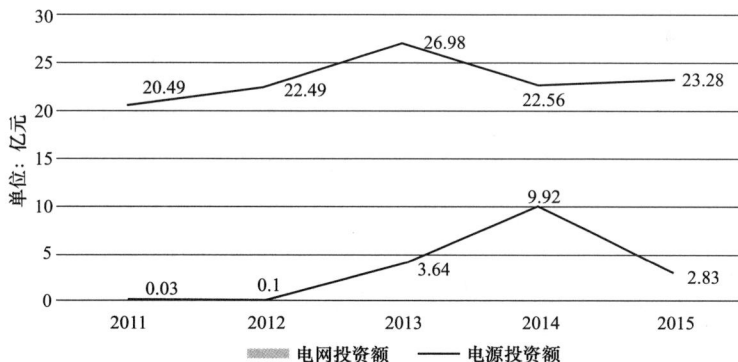

图 2-3 电网投资额与电源投资额

（二）资金来源

从资金来源情况看，陕西地电投资资金主要来源于中央预算内资本金和企业自筹资金，其中企业自筹资金占到绝大部分，最低在 2015 年也占到 84.7%，最高在 2011 年占到 93.3%。2015 年中央预算内资本金 4.53 亿元，占投资资金 15.3%，企业自筹资金 25.05 亿元，占 84.7%。

图 2-4　投资资金来源

（三）装机规模

1. 电网规模

陕西地电 35 千伏及以上变电站主变压器容量从 2012 年的 16545 兆伏安增加到 2015 年的 23986 兆伏安，年均增长 13.2%。2015 年底，接入公司电网 35 千伏及以上变电站 784 座，主变压器 1378 台，容量 23986 兆伏安。其中，220 千伏变电站 1 座、主变压器 7 台、容量 2480 兆伏安；110 千伏变电站 229 座、主变压器 401 台、容量 14965 兆伏安；35 千伏变电站 554 座、主变压器 970 台、容量 6541 兆伏安。

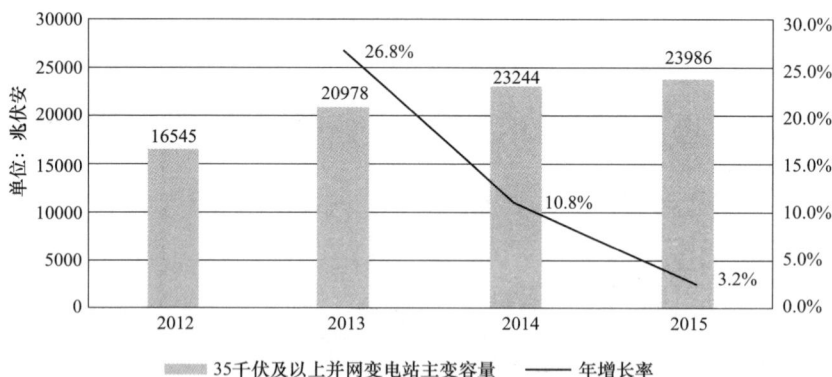

图 2-5　2012—2015 年公司电网 35 千伏及以上并网变电站主变容量

集团公司资产 35 千伏及以上变电站主变压器容量从 2011 年的 8140 兆伏安增长到 2015 年的 11907 兆伏安，年均增长 9.8%。截至 2015 年底，集团公司资产变电站 499 座，主变压器 882 台，容量 11907 兆伏安。其中，110 千伏变电站 136 座、主变压器 218 台、容量 7671 兆伏安；35 千伏变电站 363

座、主变压器 664 台、容量 4236 兆伏安。

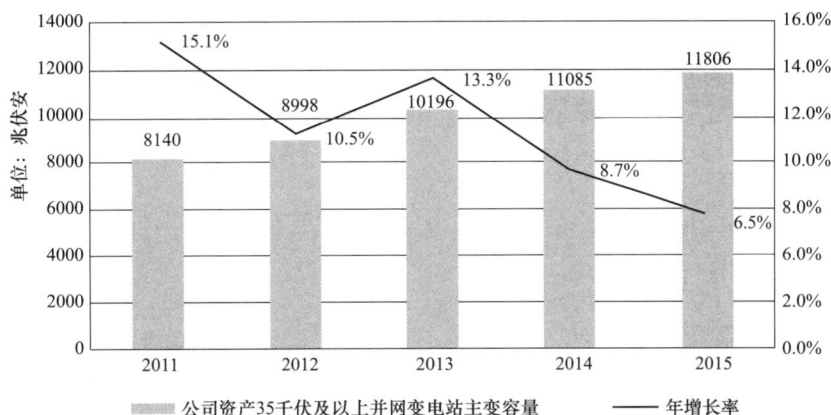

图 2-6　2011—2015 年公司资产 35 千伏及以上变电站主变压器容量

公司电网内并网的 35 千伏及以上线路长度从 2012 年的 12014 千米增长到 2015 年的 15334 千米，年均增长 8.5%。截至 2015 年底，接入公司电网的 35 千伏及以上线路 1094 条，长 15334 千米。其中，220 千伏线路 2 条，长 327 千米；110 千伏线路 407 条，长 6300 千米；35 千伏线路 687 条，长 8707 千米。

图 2-7　2012—2015 年公司电网内并网的 35 千伏及以上线路长度

公司资产 35 千伏及以上线路长度从 2011 年的 10380 千米增长到 2015 年的 13080 千米，年均增长 6.0%。截至 2015 年底，集团公司资产线路 860 条，长 13106 千米。其中，220 千伏线路 2 条，长 327 千米；110 千伏线路 307 条，长 5429 千米；35 千伏线路 564 条，长 7323 千米。

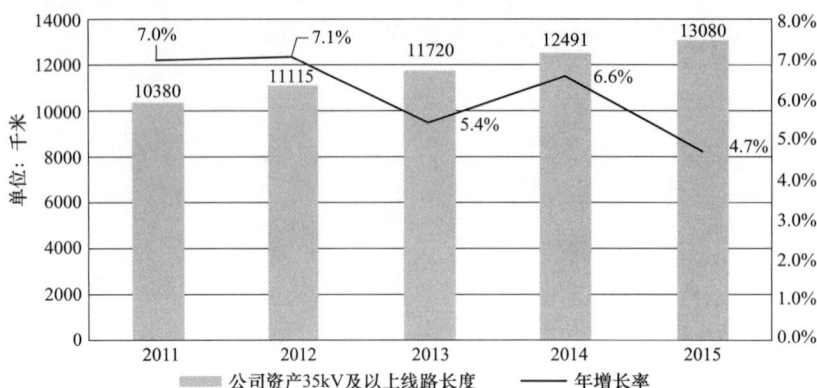

图 2-8　2011—2015 年公司资产 35 千伏及以上线路长度

2．电源规模

集团公司电源分为两类，一类为上一级电网变电站，一类为网内并网电厂。截至 2015 年底，上一级电网电源点按照变电站座数统计共有 164 座（其中 220 千伏及以上变电站 19 座、110 千伏变电站 125 座、35 千伏变电站 14 座）；公司并网电厂规模从 2011 年的 2984 兆瓦增长到 2015 年的 6915 兆瓦，年均增长 23.4%。从电源装机结构看，2011 年至 2015 年期间，火电和水电装机容量逐年下降，风电和燃气及余热发电装机容量基本逐年上升，2014 年开始有光伏电站。截至 2015 年底，接入公司电网的发电厂（站）570 座，总装机容量 6915 兆瓦，其中：火电厂（煤矸石、供热等综合利用，下同）29 座，装机 4107 兆瓦；水电站 460 座，装机 494 兆瓦；风电场 12 座，装机 553 兆瓦；光伏电站 11 座，装机 448 兆瓦；燃气及余热电站 58 座，装机 1313 兆瓦。

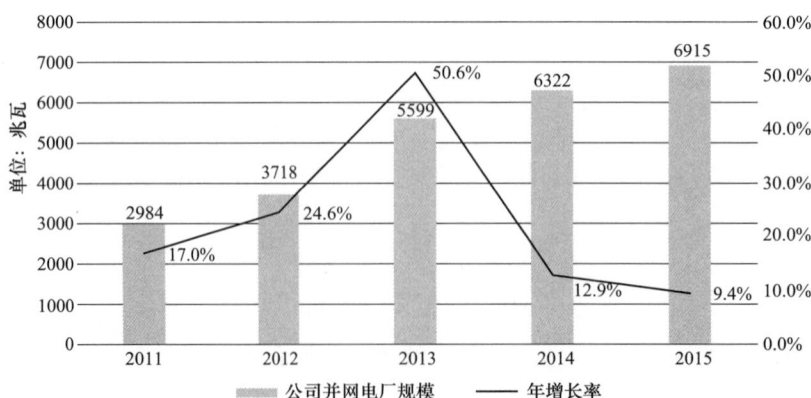

图 2-9　2011—2015 年公司并网电厂规模

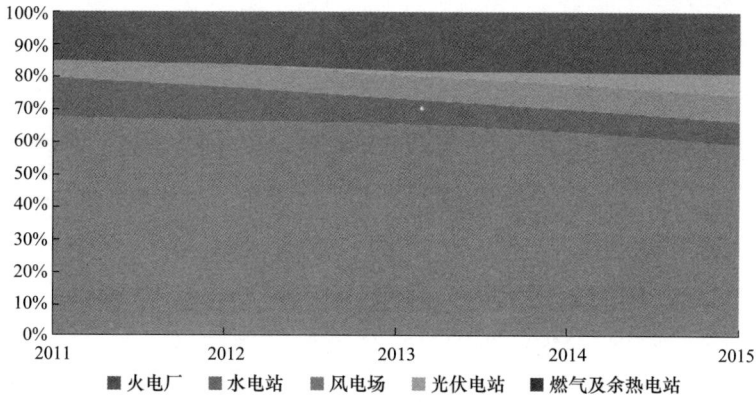

图 2-10 2011—2015 年公司并网电厂装机结构

三、供电服务

（一）电力生产

1．发电量构成

以系统统调电量统计，上一级电网供电量占公司系统统调电量的 42%，网内并网电厂发电量占系统统调电量的 58%，各市分公司上一级电网供电量、网内并网电厂发电量占比如图 2-11 所示。榆林电网以网内并网电厂为支撑，以陕西、内蒙古、山西、宁夏电网电源为补充；其他各市电网主要以陕西主网电源为支撑，网内并网的小电源为补充，其中陕南汉中、安康、商洛三市电网并网小水电较多。

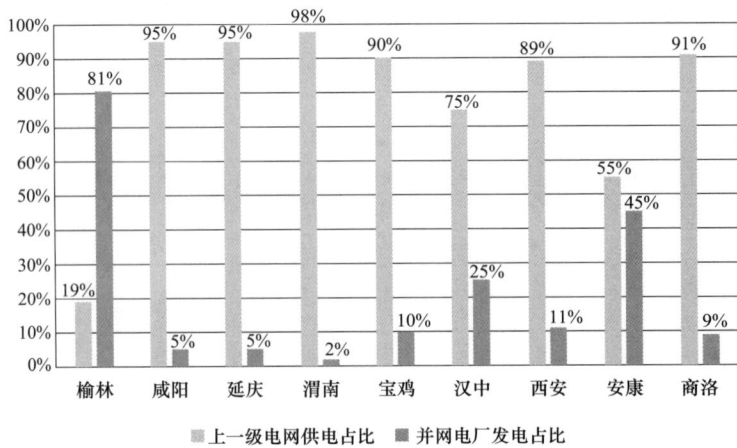

图 2-11　各市分公司上级电网供电量、网内电厂发电量占比

2．并网电厂发电量

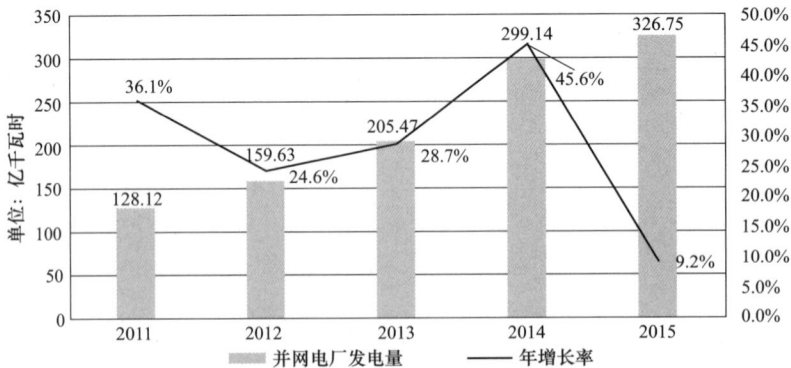

图 2-12　2011—2015 年并网电厂发电量

并网电厂发电量从 2011 年的 128.12 亿千瓦时增加到 2015 年的 326.75 亿千瓦时，年均增长 26.4%。2015 年，上网电量 108.41 亿千瓦时，占并网电厂

发电量的 33.2%；发电设备平均年累计利用小时数为 5049 小时，发电设备利用率为 57.64%。从发电量结构看，火电占到发电量绝对比例，但是所占比例逐年降低，从 2011 年的 91.1%下降到 2015 年的 70.1%；水电所占比例从 2010 年的 7.8%降低到 2015 年的 4.4%；风电发电量所占比例从 2011 年的 1.1%增加到 2015 年的 3.0%；燃气及余热发电量所占比例从 2012 年的 14.4%增加到 2015 年的 21.6%；光伏发电量所占比例从 2014 年的 0.6%增加到 2015 年的 0.9%。

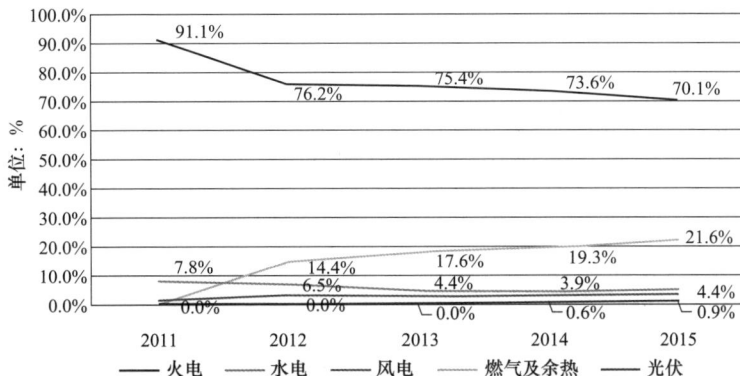

图 2-13　2011—2015 年并网电厂发电量结构

注：2011 年火电发电量含燃气及余热电量。

3. 自备电厂发电量完成情况

自备电厂发电量从 2011 年的 41.04 亿千瓦时增加到 2015 年的 224.12 亿千瓦时，年均增长 52.9%；自备电厂上网电量从 2011 年的 9.17 亿千瓦时增加到 2015 年的 17.07 亿千瓦时，年均增长 16.8%。自备电厂上网电量占自备电厂发电量的比例基本逐年降低，从 2011 年的 22.4%下降到 2015 年的 7.6%。

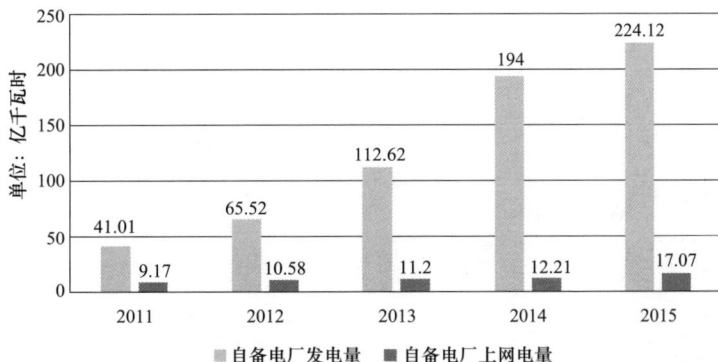

图 2-14　2011—2015 年并网自备发电厂发电量、上网电量情况

（二）电力供应

1. 供电范围

陕西地电供电营业区为除铜川市以外的榆林、延安、宝鸡、咸阳、渭南、西安、汉中、安康和商洛 9 市 66 个县（区），供电面积 14.25 万平方千米，占全省土地面积的 76%，包括榆林能源化工基地、西安建设国际化大都市的核心区域西咸新区、西安经济技术开发区泾渭工业园以及咸阳北部能源化工基地等陕西省经济建设的重点区域。陕西地电供电区域图如图 2-15 所示。

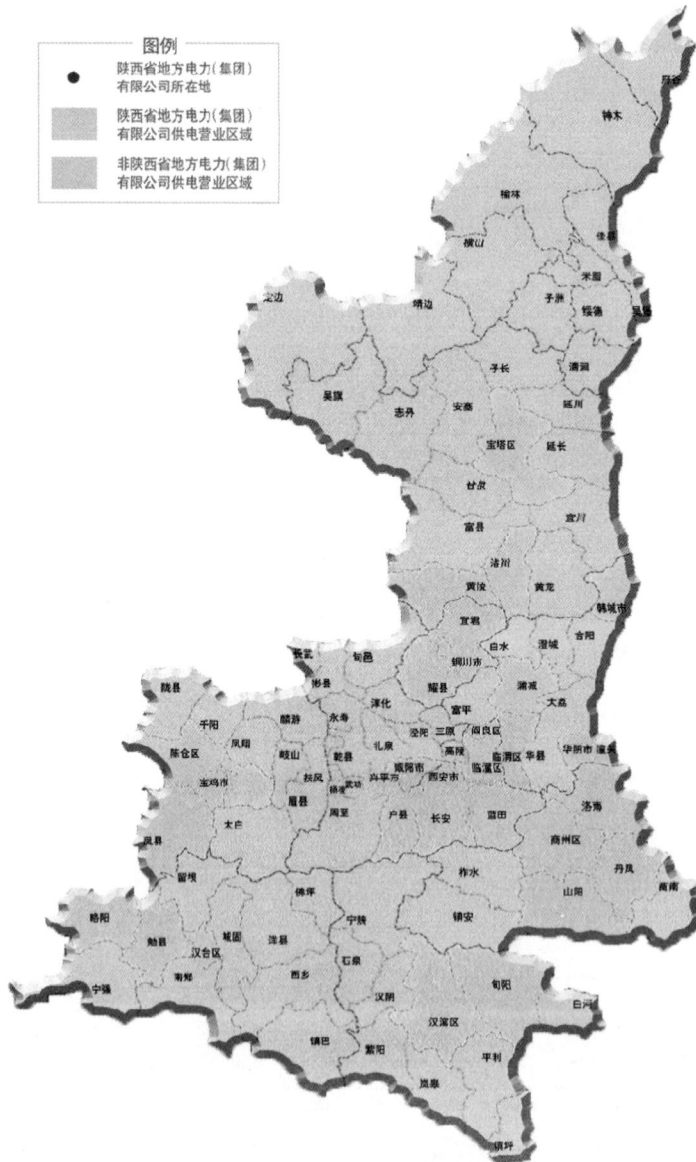

图 2-15　陕西地电供电区域图

2. 供电量

集团公司电网供电量从 2011 年的 270 亿千瓦时增加到 2015 年的 346 亿千瓦时，年均增长 6.4%。2015 年各市分公司供电量完成情况如图 2-17 所示。其中，榆林、宝鸡、汉中、商洛分公司供电量同比下降，其中商洛下降幅度最大，达 14.53%；咸阳、延安、渭南、西安、安康分公司供电量同比增长，西安分公司增长幅度最大，为 6.2%。

图 2-16 2009—2015 年集团公司电网供电量

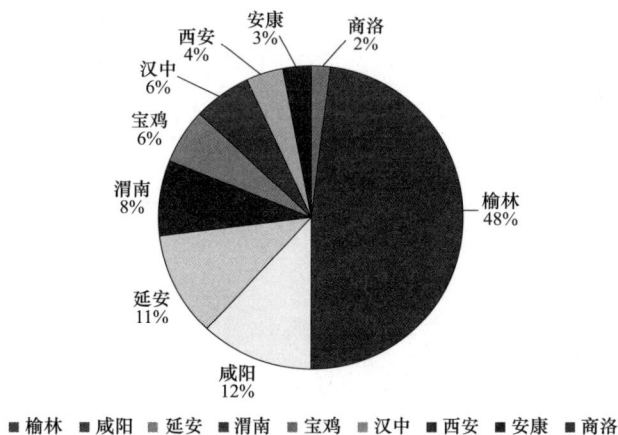

图 2-17 2015 年各市分公司完成供电量占集团公司的比例

3. 供电量结构

集团公司供电量以购省网电量为主，以购外省及网内小火电、小水电、风电及燃气余热、光伏发电为辅。2011 年以来，购省网电量所占比例基本保持在 55%左右；外省供电所占比例由 2011 年的 14.4%上升到 2014 年的 19.6%，2015 年又下降到 12.3%；小火电所占比例逐渐下降，从 2011 年的 28.8%下降到 2015 年的 15.6%；水电所占比例由 2011 年的 3.5% 下降到 2013 年的 2.7%，之后又上升到 2015 年的 4%；燃气及余热、光伏也从无到有，所占比例逐年提升。2015 年，集团公司供电量 346.39 亿千瓦时，其中省网购电 195.33 亿千瓦时，占全部供电量的 56.4%；外省购电 42.66 亿千瓦时，占全部供电量的 12.3%；小火电上网 54.15 亿千瓦时，占全部供电量的 15.6%；水电上网 13.73 亿千瓦时，占全部供电量的 4%；风电上网 9.44 亿千瓦时，占全部供电量的 2.7%；燃气及余热发电上网 28.22 亿千瓦时，占全部供电量的 8.1%；光伏上网 2.88 亿千瓦时，占全部供电量的 0.8%。

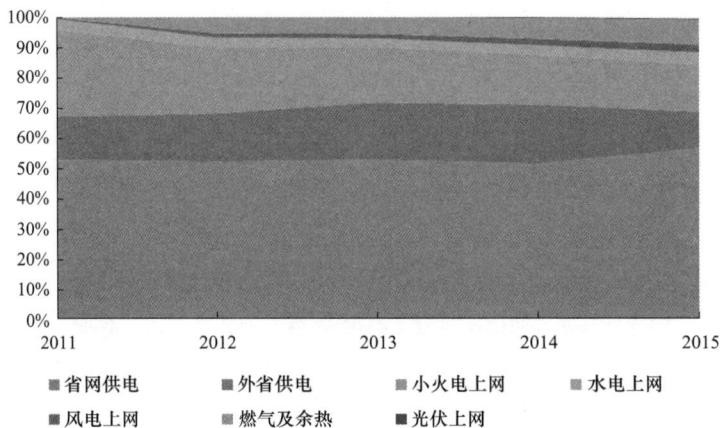

图 2-18 2011—2015 年各类电量占集团公司供电量比例

（三）电力消费

1. 售电量

图 2-19 2011—2015 年售电量及增长率

2011 年以来，售电量持续增长，从 2011 年的 262 亿千瓦时增长到 2015 年的 346.42 亿千瓦时，年均增长 7.2%。

2．市场结构

（1）电量结构。

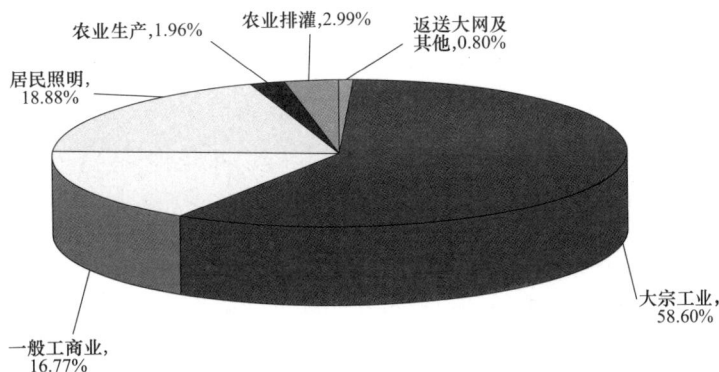

图 2-20　陕西地电 2015 年电量结构

从售电量的电量结构看，大宗工业电量完成 203.01 亿千瓦时，占总售电量的 58.60%；一般工商业电量完成 58.10 亿千瓦时，占总售电量的 16.77%；居民照明电量完成 65.39 亿千瓦时，占总售电量的 18.88%；农业生产电量完成 6.79 亿千瓦时，占总售电量的 1.96%；农业排灌电量完成 10.36 亿千瓦时，占总售电量的 2.99%；返送大网及其他电量完成 2.77 亿千瓦时，占总售电量的 0.80%。

（2）客户结构。

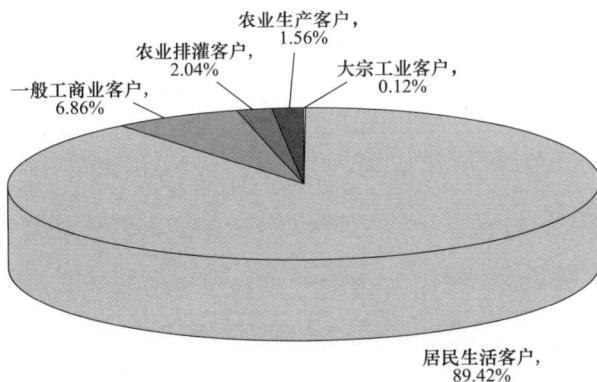

图 2-21　陕西地电 2015 年客户结构

从客户结构看，居民生活客户数量占总客户数量比例的 89.42%；一般工商业客户占 6.86%；农业排灌客户占 2.04%；农业生产客户占 1.56%；大宗工业客户占 0.12%。

3. 陕西地电售电量在供电区域内占比

2015 年，供电营业区内总用电量为 546.31 亿千瓦时，其中陕西地电售电量为 342.29 亿千瓦时，占售电总量的 62.65%；省电力公司售电量为 103.70 亿千瓦时，占 18.98%；自备电厂自发自用电量为 100.32 亿千瓦时，占 18.36%，自备电厂主要分布在榆林，以小火电为主。陕西地电在延安、咸阳、西安、汉中、安康五市的市场占有率高于 80%，在商洛、宝鸡二市市场占有率略高于 60%，在渭南、榆林两市的市场占有率略高于 50%。2015 年各类企业在集团公司供电营业区内的售电量如图 2-22 所示，集团市级分公司市场占有率如表 2-1 所示。

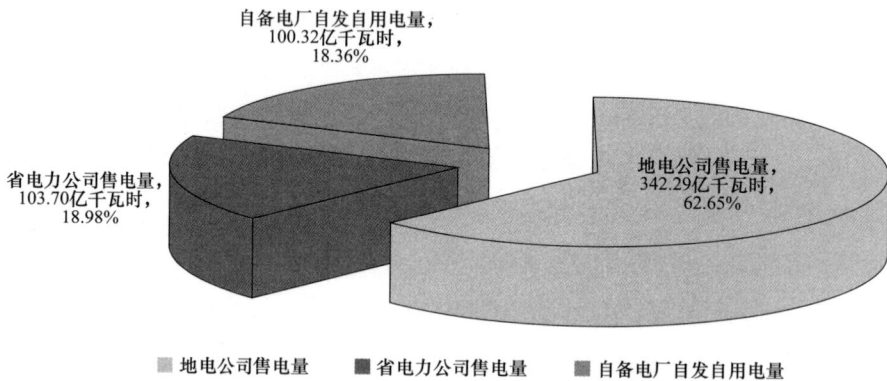

图 2-22 各类企业在陕西地电供电营业区内售电量结构图

表 2-1　　　　　　　集团公司市级分公司市场占有率明细表

（单位：亿千瓦时）

单位	集团公司售电量	省电力公司售电量	总用电量	集团公司市场占有率
榆林	167.48	55.96	319.64	51.10%
延安	36.66	4.86	41.52	88.30%
宝鸡	21.69	9.12	30.80	70.39%
咸阳	39.41	4.83	44.23	89.09%
西安	13.20	1.25	14.45	91.37%

单位	集团公司售电量	省电力公司售电量	总用电量	集团公司市场占有率
渭南	26.73	19.65	46.38	57.64%
汉中	21.17	3.70	24.88	85.10%
安康	13.35	0.53	13.88	96.20%
商洛	6.73	3.80	10.53	63.93%
合计	346.42	103.70	546.31	62.65%

（四）服务质量

近年来，陕西地电通过加强生产运行管理，严格控制停限电次数，认真审核检修计划，减少非计划停电，强化线损管理，规范线损统计口径，逐级分析高损原因，落实降损技术措施等做法，使"三率"指标进一步提升，城市供电可靠率从 2011 年的 99.940%上升到 2015 年的 99.956%；农村供电可靠率从 2011 年的 99.73%上升到 2015 年的 99.83%；城市平均停电时间从 2011 年的 5.2 小时/户下降到 2015 年的 3.84 小时/户；农村用户平均停电时间从 2011 年的 19.27 小时/户下降到 2015 年的 14.69 小时/户；综合电压合格率从 2011 年的 98.25%上升到 2015 年的 98.55%；综合线损率从 2011 年的 6.34%降低到 2015 年的 6.26%。

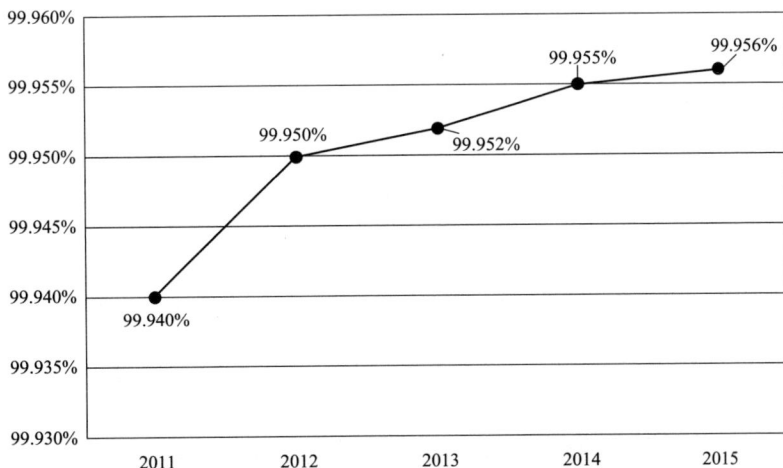

图 2-23　2011—2015 年陕西供电区域城市供电可靠率

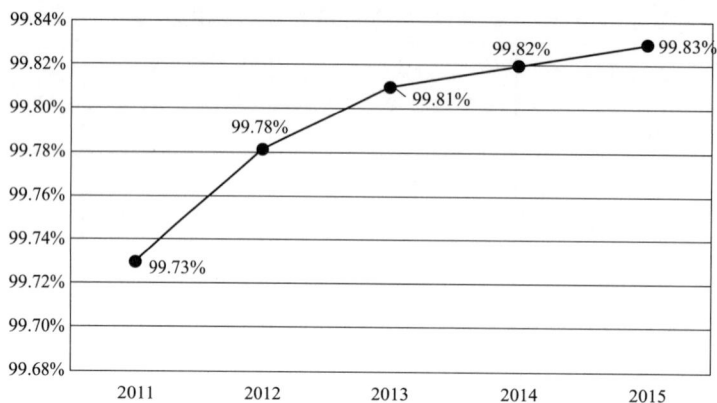

图 2-24　2011—2015 年陕西供电区域农村供电可靠率

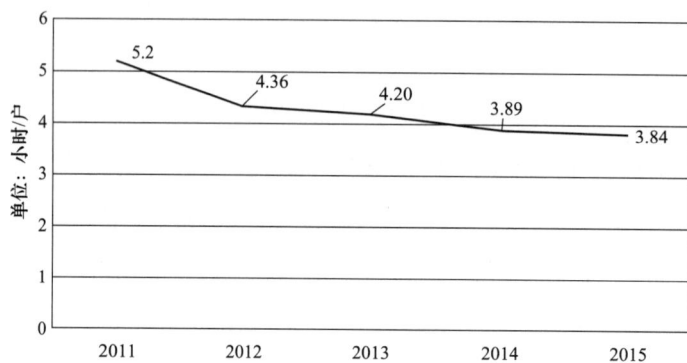

图 2-25　2011—2015 年陕西供电区域城市用户平均停电时间

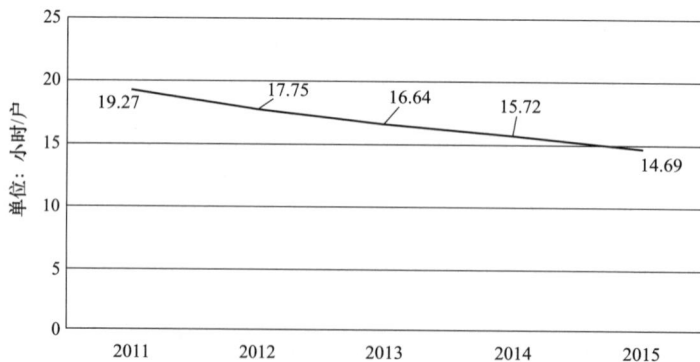

图 2-26　2011—2015 年陕西供电区域农村用户平均停电时间

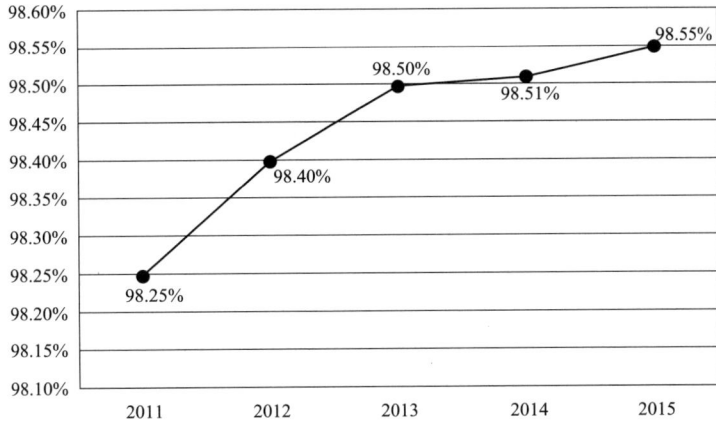

图 2-27　2011—2015 年陕西供电区域综合电压合格率

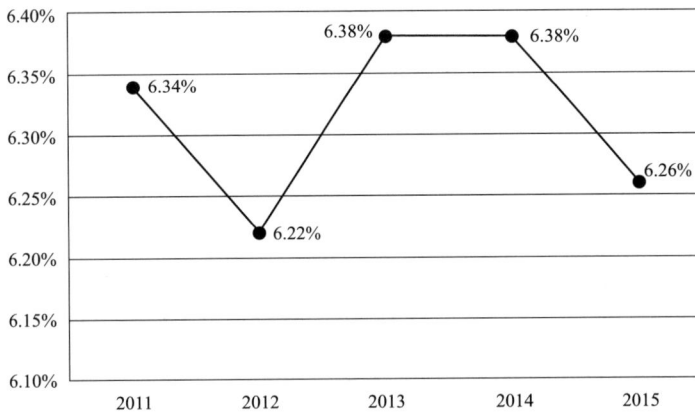

图 2-28　2011—2015 年陕西供电区域综合线损率

四、经营管理

（一）经营绩效

"十二五"期间，陕西地电资产规模持续增长，陕西地电 2011 年以来资产规模持续增长，偿债能力不断增强，盈利能力稳步提升。其中，总资产从 2011 年末的 158.84 亿元增长到 2015 年末的 232.89 亿元，年均增长 10%；资产负债率从 2011 年的 72.04%逐年降低到 2015 年的 55.81%，年均递减 6.2%。从损益情况来看，2011 年以来实现总收入也持续增加，从 2011 年的 116.6 亿元增加到 2015 年的 185.5 亿元，年均增长 12.3%。其中，供电单元收入是陕西地电收入的主要贡献者，占到总收入的 96%以上。陕西地电净利润 2011 年为–2.9 亿元，2015 年为 3.31 亿元。

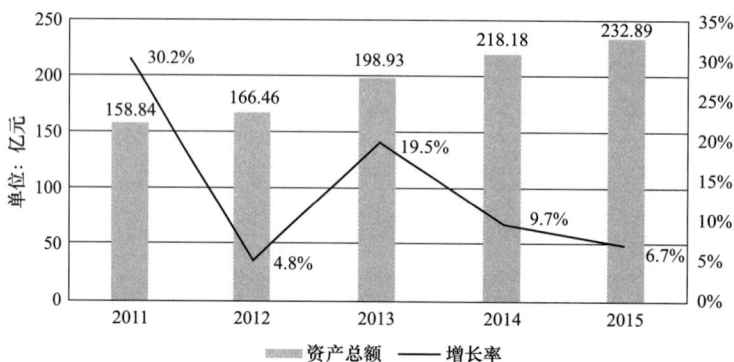

图 2-29　陕西地电 2011—2015 年资产总额及增长

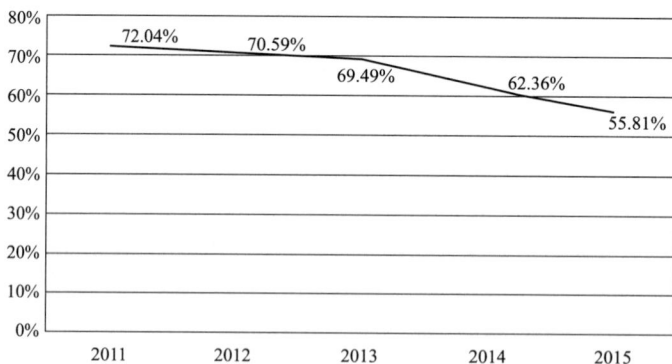

图 2-30　陕西地电 2011—2015 年资产负债率变化

（二）经验总结

1. 贯彻项目精准投资，持续推进电网建设

公司贯彻项目精准投资理念，持续推进电网建设。主要体现在以下几方

面。一是计划编制突出"精准投资"。在编制年度计划时,本着"节约投资、降低成本、充分发挥投资效益"的原则,围绕增强电网供电能力、提升供电可靠性、优化网架结构等目标,严格控制工程建设规模及投资估算,反复讨论、筛选各项投资计划项目。二是项目审查突出"精准投资"。项目审查中对项目必要性和投资经济性分析进行充分论证,并深入现场调研,优化建设方案。三是持续完善项目储备机制,建立了"五年规划、三年储备、年度实施"的项目储备和实施机制,加快实施国家农网改造升级建设任务。四是加强在建工程的监督检查,严抓现场管控、物资设备采购等关键环节。

2. 加强信息化建设,实现项目全过程信息化管理

公司基本建设管理系统已完成所有模块开发,并通过验收。项目管理实现了省、市、县三级公司纵向贯通,各级业务部门和辅业子公司横向联通,从规划到投运的全过程信息化管理,强化了项目标准流程和动态过程控制,促进管理专业化、标准化、集约化,提升了公司对项目的管控能力和管理效率,为公司现代化电网建设和投资决策提供了一定的技术支持。

3. 引进先进管理理念,提升企业管理水平

一是开展同业对标管理,向行业先进水平看齐。与南方电网公司开展同业对标,加强创一流和同业对标的指导和管理,制定创一流同业对标指导意见和管理办法,建立标杆指标数据库和典型经验库,对标工作获国资委表彰奖励。二是深入开展精细化管理,着力解决生产经营管理中存在的突出问题和薄弱环节,促进公司经济效益和管理水平明显提升。三是实施标准化管理。建立了以技术标准为核心、管理标准为支持、组织标准为保障的标准化体系,获得了质量、环境、职业健康安全管理体系证书。

4. 加强集团管控,强化内部管理

一是针对集团集中管控能力不强的问题,持续推进资金集中管理,实现集团公司内部资金统一调度和集中运作,资金集中度达到85%,累计盘活存量资金42.27亿元,年节约财务费用约2亿元。二是调整优化总部部门、中心职能和岗位设置,增强市级分公司业务管理能力,西安供电分公司、西咸新区供电分公司独立运营。三是加强内控体系建设,颁布内控手册,健全法律风险防范体系,加强重大经营决策、经济合同和规章制度的法律审核,强化风险控制能力。四是规范基建财务管理和资产管理,完成财务会计基础规范化创建,用电营业实现"一级化"核算。

5. 开展经济、节能调度，优化电网运行能力

电力调度在遵循国家宏观调控政策、能源政策以及满足保证供电可靠性、电能质量标准的前提下，兼顾企业经济性与环保节能的社会责任。在榆林建成了"新能源运行监控和预测系统"，针对榆林地区电网风电、光伏发电发展和并网的需求，在保证电网安全稳定运行的条件下，通过监控预测，提高配电网的吸纳风能的能力，优化电网运行。

6. 重视规划统筹衔接，科学编制电网规划

针对长期以来存在的电网规划与电源规划、城市布局规划脱节问题，在全系统首次开展《电力设施布局专题规划》，做好电网规划与城乡规划有效衔接，为逐步解决重大电力设施建设用地缺乏规划控制、选线选址困难等问题奠定了基础。另外，结合全省新型工业化、城镇化、农业现代化和美丽乡村建设，开展国家新型城镇化配电网示范区电网建设专项规划及美丽乡村配电网建设示范区电网建设专项规划。

（三）战略定位

1. 发展定位

应深入贯彻"创新、协调、绿色、开放、共享"发展新理念，主动适应经济发展新常态，把握"互联网+"、新型城镇化、能源革命、国家加快推进配电网建设改造等发展机遇，适应国家深化电力体制改革要求，围绕建设一流配电网企业的目标要求，以保障供电服务为中心任务，以强化内部管理为支撑，持续推进电网建设，推进配售电体制改革，大力发展智能配电网，提高电网需求侧管理水平，进一步发挥陕西地电在地方经济发展和电力发展改革中的重要作用。

2. 发展目标

到"十三五"末，将集团公司建设成为以配售电业务为核心的一流供电企业。形成有效保障电力供给的结构坚强的配电网，供电服务质量和水平全面提高；电源结构得到优化，清洁能源发电上网比例有所提高；智能配电网技术实现实质性突破，能有效满足分布式能源和可再生能源并网上网需要；配售电改革基本完成，输配电价清晰核算，成立售电公司，将自身打造成为电力市场上的配售电合一的售电主体的同时为独立售电公司提供电力配送服务；电力需求侧管理水平不断提高，有效引导电力客户消费，为客户提供多样化的增值服务。

3．主要任务

一是继续推进电网建设，全面实现"一流配电网"建设目标，推动电网的供电能力、供电可靠性、网架结构、电能质量全面提升；加大成熟技术应用、加快"四新"引进、加强技术研发，增强系统集成能力、提升技术装备水平。

二是整合发电资源，充分发挥自身优势，在风光资源丰富地区，优先与拥有资源的企业合作开发风电，加快发展分布式光伏发电，推进建设条件较好的大型光伏电站建设，积极参与燃气、地热等热电联产项目；开展水电增效扩容改造项目，收购有规模且效益好的水电站，储备有潜力的项目。

三是改造高中低压配电网，大力推广新技术、新产品在电网中的应用，加强智能配电网研究与应用，提高配电网智能化水平，实现分布式电源、储能等多元化负荷友好接入，满足经济社会发展需要。

四是在深化电力改革过程中，适时启动配售电体制改革，分电压等级明确核算输配电价；成立售电公司，与配电业务实现独立核算，明确盈利模式，在向市场上的售电公司销售电力时，通过收取电力配送费盈利，直接向用户销售电力时，则收取电力配送费和售电服务费。

五是通过引用新技术及加强用电管理，继续推进电力需求侧管理，提高需求侧管理水平，引导用户节约电力电量，并根据用户需求提供多元化、个性化的增值服务，提高供电服务质量。

五、社会效益

（一）节能减排效益

公司把节能降耗作为一项重要工作来抓，成立了节能减排领导小组，建立了完善的责任体系和措施，通过加强节能管理，将节能目标层层分解，近年来综合节能量不断增加，节能减排效益显著。一是通过经济调度技术，及时调整电网运行方式，加强经济调度的监控管理，优化电网运行，降低电网损耗。二是通过更新改造电网，优化网架结构，缩短供电半径，合理调整变压器运行方式，使容载比趋于合理，提高电网经济运行能力。三是加强节能降耗体系建设，对线损考核指标进行重点监测和分析，逐级对线损任务进行分解；提高网损精细化管理水平，依照《线损管理办法》和《线损奖惩办法》，以"技术线损最优、管理线损最小"为目标，深化线损管理。四是深化培训学习，举办线损管理学习班，开展节能降损技能培训，全面提高广大员工的节能意识、责任意识和节能技能。五是加强线损小指标管理，将变电站母线电量不平衡率纳入分析和管控；加强各级电压无功设备管理，提高功率因数，优化电压监测点设置，降低无功损耗。六是在公司系统相继开展理论线损计算工作，了解线路基本特征，及时掌握动态变化，梳理排查管理问题，对高损馈路、高损台区有针对性地采取降损措施，达到科学降损、合理降损的目的。2015 年，陕西地电综合节能量 301 吨标准煤，年进度节能量目标完成率 140.3%，累计完成"十二五"目标任务的 135.4%，提前一年完成了国家发改委下达给公司的节能目标任务，超前实现了节能量目标进度的要求。

（二）电力安全生产

陕西地电通过不断完善安全管理、安全生产保持平稳。一是完善安全生产规章制度。制定公司《安全工作规定》，进一步规范安全管理和安全监督工作。修订《安全生产奖惩规定》《安全事故（事件）调查规程》，明确了事件类别，加强对安全事故事件的调查处理。制定公司《安全培训管理规定》，规范公司系统安全培训行为、培训内容及培训的流程和要求。二是推动安全生产责任落实。落实"党政同责、一岗双责、失职追责"要求，修订《总部部门（中心）的安全职责》，完善公司总部各部门、中心安全职责。落实谁主管谁负责的原则，各市、县分公司主要负责人主管安全监督部门。组织开展安全生产责任"五落实、五到位"规定实施情况调研，落实企业安全主体责任，及时整改工作中的问题和不足。三是持续推进安全生产标准化建设工作。下发了《关于加快安全生产标准化建设工作的通知》，要求所属各分公司积极开展安全生产标准化达标工作。2015年咸阳、商洛、汉中等7个分公司顺利完成安全生产标准化建设任务。设计公司、电建公司、物资公司按照行业要求开展标准化建设工作。四是深入开展安全隐患排查治理。开展安全生产大检查，全面排查治理电力生产、建设施工、防洪度汛、消防、车辆交通及特种设备的安全隐患。加强电网安全运行监督管理，认真落实反事故措施。强化作业现场安全管控，监督安全措施落实到位。加强基建工程安全管理，规范外包工程项目安全协议，开展外包施工安全资质审核，限期整改安全质量检查中发现的问题。五是开展安全生产现场督查，重视安全技能培训。各级安全监督部门采取"四不两直"的工作方式，直接下基层站所，在施工现场开展了安全督查，对查出的问题通报批评，限期整改。安全技能的培训和教育实现常态化，安全专业技能逐年提升。

2015年，公司顺利实现安全生产"六不发生"目标。未发生一般及以上生产安全人身事故；未发生一般及以上电力安全事故；未发生一般及以上设备事故；未发生我方负主要责任的重大及以上交通事故；未发生一般及以上火灾责任事故；未发生一般及以上特种设备责任事故。

（三）电力扶贫工作

陕西地电认真落实陕西省委、省政府关于扶贫开发的工作部署和总体要求，充分发挥国有企业在社会扶贫工作中的引领作用，依托人才、技术优势，推动扶贫项目建设，改善基础设施，促进电力扶贫持续健康发展。一是围绕移民搬迁、扶贫项目等重点工程，对六盘山、吕梁山、秦巴山特殊困难地区实施电网建设扶贫，极大地满足了当地农民农业生产和新农村建设的用电需求。二是依托行业优势，开展村企合作，2015年牵头澄城县"两联一包"扶贫工作，落实帮扶资金249万元，实施道路、渠道、文化广场等基础设施和社会公益事业项目建设，安排该村剩余劳动力就业，增加了农民收入。三是公司系统所属市、县分公司分别与62个低收入贫困乡（镇）村结对开展扶贫工作，截至2015年底累计投入各类帮扶资金3398.5万元，捐赠物资折价300.09万元，爱心捐款241.66万元，履行了国有企业应尽的社会责任和义务。

（四）科技创新能力

公司重视创新能力建设，科技创新能力逐步增强。一是建立了开放、全员式科技创新体系。与西安交通大学共建了国家能源局能源先进电网与装备可靠性及寿命评估技术重点实验室，成立了智能配电网关键设备技术创新战略联盟，发起"智能电网（配网）论坛"，成为 CIGER 中国委员会正式成员。二是智能配电网建设全面推进。智能配电网示范项目被国家能源局列入中央预算内投资战略新兴产业（能源）项目，先后在渭南富平、西安泾渭等地实施 17 个智能电网试点项目，建设榆楚等 5 座 110 千伏智能变电站，建成榆阳、泾渭、富平 3 个国家智能配电网示范区，实施第一批 30 万户集抄工程，完成八个智能电网关键设备研制成果综合应用推广方案，在三原等地启动智能配电自动化方案验证工作，智能配电网建设进入全面推进阶段。三是信息化建设深入实施。健全信息化标准制度体系，完成信息化发展规划、通信系统规划，建成必要的信息化子系统；建成省、市、县、供电所（营业厅）四级全覆盖的管理信息网，管理信息网与公共互联网安全隔离；建成集团公司信息数据中心和数据灾备中心，形成"一地两中心"的信息化基础架构。四是科技成果成绩显著。多个成果经鉴定达到国际国内先进水平，共获得省级奖 3 项，其中"支撑智能电网建设集成控制、调度管理、系统仿真和设备验证的统一平台"研究项目科研成果获得 2013 年度省科技进步二等奖；省级科技奖、实用新型专利、发明专利、软件著作数量不断取得突破，累计申报专利（著作权）41 项，累计获得专利（著作权）30 项。

六、政策建议

（一）存在问题

1. 供电范围内的农村电力发展仍然滞后

近年来，陕西地电积极落实国家要求，通过实施 2010—2015 年农网改造升级工程，营业区内行政村电网改造面达到 100%，农村供电设施状况得到一定的改善，有效增强了农村电网网架和供电能力，使农村居民生活用电得到较好保障，使农业生产设施用电得到解决。但是，随着国家"工业反哺农业""西部大开发""新型城镇化""新农村建设"相关政策的落实以及农电建设及改造步伐的加快，农村电力发展仍然相对滞后。

（1）电网基础设施较为薄弱，供电能力不强。

一是通过几轮的农网改造工程建设，农村电力主网构架和供电能力有所加强。但是，由于之前的农网改造对主网架空白、薄弱和负荷突增的地区进行了电源布点和增容，还没有形成多向联接、双电源、环网供电的县域网和区域网，供电能力有限，加之上级电网还未完全开放，电网网架优化布局也受到限制，影响了供电能力。二是随着新型城镇化进程加快，一、二期农网改造过的农网线路有的运行时间长、设施质量差，已不能适应现阶段农村负荷发展的需求；部分 10 千伏线路由于负荷增长较快，已严重超负荷，供电可靠率和电压质量均达不到要求，线路损耗较大。

（2）农村电力供电服务质量有待提高。

一是由于 110 千伏、35 千伏和 10 千伏变电站双电源比例较低，严重影响了供电可靠性。二是农村电网改造重点是中低压电网建设，部分地区高压配电网架不完善，突出问题是 35—110 千伏变电站布点不足，导致配电线路供电半径过长，电能质量不高。三是部分变电站经过增容改造后，容载比趋于合理，但是个别变电站在高峰期仍然存在主变过负荷现象，部分线路重载，造成区域限电问题，影响了供电服务质量。四是配电网自动化、智能化水平很低，目前陕西 69 个县级分公司仅有 3 个实现配网自动化。

（3）农网发展水平不均衡。

一是陕北、关中地区与上一级电网连接紧密，基本形成 110 千伏网架，供电能力、供电可靠性明显提升；陕南地区仍以 35 千伏电网为主，电网结构大量存在单线、T 接，供电能力受限、供电可靠性较低。二是区域电网发展水平并不均衡，人口较为集中的城镇、农业示范园区电网基础设施较好，供电质量及可靠性相对较高，而偏远山区的电网基础还是相对薄弱。三是目前陕西地电供电区域内仍存在相当一部分条件不太成熟的自然村组尚未改造，严重制约了农村经济社会发展。

（4）农村电力普遍服务任务重。

国家确定的陕西省 50 个国家级贫困县中，陕西地电所辖 66 个县内有 36 个；《中国农村扶贫开发纲要（2011—2020 年）》确定的 11 个连片贫困地区中，陕西地电营业区内涉及 3 个连片贫困区、34 个县，这些区域山大沟深，用电量较小，电网相对薄弱，供电能力不强，农村电网发展任务非常艰巨。

2. 公司农网还贷存在较大资金压力

据统计，公司自实施一、二期农网改造以及新一轮农村电网改造升级、完善工程以来，还贷资金缺口不断增大。随着"十三五"期间配电网建设改造工程的全面推进，公司将新增大量改造贷款，"两分钱"农网还贷资金无法满足建设资金贷款还款需求，未来资金缺口将不断扩大。从目前情况看，造成资金缺口的原因主要有以下两方面：一是农网还贷资金返还比例亟待调整。按照计价格〔2001〕2466 号要求，农网还贷资金根据各承贷主体贷款比例和投资完成情况，分别拨付给各承贷主体专项用于偿还农网改造贷款本息。陕西省目前拨付比例为中央 41.34%、地方 58.66%。按照近年来批复的投资规模，目前陕西地电农网改造贷款比例已上升至 63.3%，高于现行的返还比例。二是农网还贷资金返还不到位。陕西省农网还贷资金主要由两部分组成，一个是《国家计委、财政部关于农村电网改造还贷有关问题的通知》（计价格〔2001〕2466 号）规定的并入电价收取用于解决农网改造还贷问题的"两分钱"；另一个是《我委关于疏导西北电网电价矛盾有关问题的通知》（发改价格〔2004〕1125 号）规定的对陕西销售电价调整安排的农网改造还贷加价标准 0.45 分钱。但是 2004 年至今，国家电网所属陕西省电力公司对其中的 0.45 分还贷加价收入至今未申报缴纳，也未返还给陕西地电，这也是导致公司农网还贷资金不足的一个重要原因。三是国家农网投资资本金比例为 20%，近几年陕西地电自筹资金建设的农电项目大幅增加，国家拨付资本金实际占比下降至 10%左右，公司融资成本较高，只有依靠农网还贷资金才能偿还到期贷款，一旦农网还贷资金政策取消，企业资金链的安全性将得不到保障。

3. 缺乏对企业承担公益性服务的政策性补偿

陕西地电在营业范围内承担了大量农村电网建设及供电。农村供电呈现出"多、远、散"等特点，用电量相对较小，密度经济效益较差，收入低，运营成本高，具有较强的公益性特征，需要政府进行合理的补偿。但从现实情况看，无论是中央政府还是地方政府都没有建立起电力企业提供公益性服务的补偿机制，严重影响了企业的可持续发展。陕西地电由于前期农网投入较大，加之承担了农村电力较高的运营维护成本，导致盈利能力较差，而同时还要完成省国资委承担的利润考核任务，存在较大压力。

4. 农电改革遗留问题需要在改革中统筹解决

农电工问题是农电改革的一个遗留问题，其中农电工待遇以及人员老化问题影响到整个人才队伍专业化水平的提升。陕西地电现有农电工上万人，约占公司现有员工的50%。由于历史原因，陕西地电的农电工工资水平较低，严重影响了农电工的积极性，也难以吸引专业化人才参与到农电服务队伍中来。另外，农电工队伍老化情况越来越严重。截至2016年2月，公司50岁及以上农电工占农电工总量的30%左右。这些员工由于年龄、健康等原因，工作中存在较大安全隐患，同时又受到单位机构设置和自身专长的制约，造成不适应岗位的人员难以退出，新生力量无法补充的困境，影响了农电事业的发展和服务水平的提升。根据《国务院关于工人退休、退职的暂行办法》（国发〔1978〕104号），从事井下、高空、高温、特别繁重体力劳动或者其他有害身体健康的工作，男年满五十五周岁、女年满四十五周岁，连续工龄满十年的，可以办理退休。农电工从事电力线路架设、维护，高空电力设施操作工作，属于国务院文件规定的特殊工种退休范围。但由于农电队伍的发展过程经历了多次变革，从1999年起农电工才与电力企业建立劳动关系，造成农电工用工档案记载不全，养老保险为补缴费用的情况。陕西地电和所属各市分公司多次向劳动部门申请农电工按特殊工种退休，都因各种原因未能办理，形成事实上从事高空作业的农电工却不能按特殊工种退休的问题。

5.《输配电成本监审办法》中相关规定有待进一步完善

按照《国家发展改革委关于扩大输配电价改革试点范围有关事项的通知》（发改价格〔2016〕498号）要求，陕西连同其他12个省级电网纳入输配电价改革试点范围。输配电价改革的关键是合理核定输配电定价成本。《国家发展改革委 国家能源局关于印发〈输配电定价成本监审办法（试行）〉的通知》（发改价格〔2015〕1347号）（以下简称"《监审办法》"）中对输配电定价成本的构成及核定都作出了明确规定，其中有些规定不适合陕西地电实际。一是运行维护费的核定。随着电网建设投资的加大，电网资产逐年增加，相应的电网运行维护费也应逐年增加。但根据《监审办法》，材料费、修理费及其他费用按照监审时剔除不合理因素后的前三年平均水平核定。而陕西地电近几年为完成省国资委下达的利润考核任务不断压缩成本支出，进一步压缩支出的空间有限。如果按照前三年平均水平核定，没有考虑相关价格增长因素，核定出来的输配电价成本可能偏低；另外，《监审办法》也没有明确输配电计价成本的调整机制。二是存量资产折旧问题。根据《监审办法》，2015 年 1月 1 日以前形成的固定资产，定价折旧率按照国网、南网规定的折旧年限的中值确定。据此规定，公司 2014 年的折旧费用将核减 1.79 亿元。受制于自然环境、城镇改扩建以及高新技术的应用等，公司固定资产使用寿命较短，如果进一步降低综合折旧率，会导致电网后续建设缺少资金来源。

6. 新能源电量跨网消纳难

陕西地电积极落实国家新能源政策，近几年网内接入了大量的新能源机组，由于电网结构原因，存在局部区域负荷低谷时期新能源电量不能全部消纳，新能源富余电量倒送上级电网无法结算的问题，影响了新能源的发展。陕北作为陕西省风电光伏发电基地，目前陕西网内已并网风电 7 座，装机 464兆瓦；光伏电站 5 座，装机 212 兆瓦。已批复拟接入风电光伏电站 14 座，装机 1049 兆瓦，主要集中在榆林西网接入和消纳，榆林西网最大负荷 350 兆瓦，就地消纳能力严重不足。而陕西省水电资源主要集中在陕南地区，该区域电量负荷小、分散，就地消纳有限，且该区域骨干电网以 35 千伏为主，不具备整体调配电力能力，使水电资源在县域内、县与县之间的区域内不能被充分调配利用。

7. 电网规划与地方经济发展规划缺乏衔接协调

目前，地方经济发展规划和土地利用总体规划中，很少将电网规划纳入其中，没有对电力线路走廊及站址用地进行预留和规划布局，导致电网建设项目选线选址困难，甚至长期搁置，无法顺利实施。

（二）政策建议

1. 强化政府职责，完善对农村电力的扶持政策

农村电力发展是电力社会普遍服务的重要内容，政府作为电力普遍服务的责任主体，有义务为企业履行普遍服务义务提供政策支持。陕西地电作为区域内重要的配电网企业，已经具备一定的电网规模、运行经验、技术手段

以及重点客户群，应明确中央政府和地方政府在农村电力发展中的职责，针对影响农村电网可持续发展的突出问题，建立农村电力普遍服务长效机制，研究出台促进农村电力发展相关政策，明确普遍服务范围界限，制定农村电力普遍服务政策，对陕西地电因承担农村电力普遍服务发生的政策性亏损进行必要补偿。

2. 完善农网投融资机制，缓解公司农网还贷资金压力

（1）建立农村普遍服务基金。积极借鉴国外设立"普遍服务基金"的做法，探索设立农村电网普遍服务基金，对地域偏远、人口稀少、经济落后的乡村和农户的电网设施建设给予投资支持。

（2）适当提高中西部地区农网改造国家资本金比例。中西部地区经济相对落后，用电量小，从电价中收取的农网还贷资金有限，存在着较大的农网贷款还贷压力。建议对中西部省份及"一带一路"沿线省份配电网建设与改造投资，参照执行新疆、甘肃、四川藏区等地农网改造投资政策，将国家资本金比例由 20% 调增至 50%，给予国债转贷资金转国家资本金政策。

（3）在全国范围内统筹使用农网还贷资金。对农网贷款"一省一贷"的省份实行两分钱并入电价的政策，由国家电网所属电力公司统筹管理，负责农网贷款的偿还。国家电网公司所属省级电网公司用电量基数大、增长快，随用电量征收的两分钱资金也增长快。此外，东部发达地区用电量大，自我发展能力强，大部分已还清了农网改造贷款，中西部电网企业电力自我发展能力明显较弱，因此，建议研究建立农网还贷基金在全国范围统筹调剂使用、东部补偿西部的机制，促进电力均衡发展。

3. 将可再生能源电网配套投资纳入可再生能源基金补贴范围

《可再生能源法》规定，电网企业为收购可再生能源电量而支付的合理的接网费用以及其他合理的相关费用，可以计入电网企业输电成本，并从销售电价中回收。《可再生能源发展基金征收使用管理暂行办法》（财综〔2011〕115 号）规定，电网企业为收购可再生能源电量而支付的合理的接网费用以及其他合理的相关费用，不能通过销售电价回收的部分，也可纳入可再生能源电价附加收入进行补助。可再生能源电网配套投资与接网费性质是一样的，应该实行相同的政策。另外，销售电价提价空间有限，为可再生能源开发配套的电网投资（如接受电网主网扩建工程投资、输电工程投资和其他电网扩建投资）所发生的费用往往难以从销售电价中得到合理回收。因此，建议除

可再生能源接网费外，其他配套投资依法也应用可再生能源基金进行补贴，由可再生能源发展基金予以补偿。

4. 完善《监审办法》相关规定，使输配电定价成本更加合理

合理确定输配电计价成本是输配电价改革的基础。建议进一步完善《监审办法》相关规定，使输配电定价成本更加合理，这不仅是针对陕西地电输配电价改革过程中存在的问题，也适用于所有电网企业。一是合理确定输配电价成本范围，建立输配电计价成本体系，剔除不合理成本。二是明确计价标准和计价成本，输配电定价成本的计入不应单凭历史数据为依据，要适当考虑影响成本变化的相关因素。三是在此基础上建立科学透明的输配电价调整机制。

5. 出台新能源消纳相关管理办法和结算机制

为了满足并网新能源发电企业的上网需求，按照国家政策全额收购可再生能源发电电量，建议相关部门出台上下级电网间新能源消纳相关管理办法。除新能源电量存在倒送问题外，陕西省电力公司与陕西地电存在长期的电量倒送问题，应尽快就电量倒送价格进行协商，建立合理结算机制。

6. 争取相关政策支持

一是加强电网规划与地方经济发展规划和土地利用总体规划的统筹衔接。地方政府在编制国民经济发展规划和土地利用总体规划时，应考虑电网基础设施建设的需要。二是积极争取利用国家"三农"、西部大开发扶持政策，更好地发挥服务"三农"、西部地区的作用。三是希望政府出台政策，为解决农电工问题创造条件。四是针对合表户存在质量差、电价高、纠纷多、效率低等矛盾，将户表改造纳入配电网建设改造，并参考原农网改造政策在中央层面统一出台"一户一表"价格政策。

分报告三

四川省地方电力发展报告

一、总体概况

（一）历史沿革

四川省地方电力发展的历史可以追溯到新中国成立初期。

1953 年 3 月，灌县（今都江堰市）水利会在金马乡七头山试制木质水轮机，带动水泵提水灌溉并带动发电机零星发电，取得成功。四川省水利厅农田水利科下属机械提水总站，学习民间利用水碾、木质水轮机加工、提水、发电的经验，明确分管站长并设专人管理农村水电，试建了新中国成立后四川第一座用木质水轮机带动发电机和加工机具、装机 10 千瓦、发电为主加工为辅的郫县犀浦乡农村水电站。

1958 年 8 月，四川省电业局与四川省水利厅、四川省工业厅电业管理局合并，成立四川省水利电力厅。下设农村电站处，编制 20 人，管理农村水电。

1959 年 2 月，四川省水利电力厅报经四川省人民政府批准，在南充县召开了有地区专员参加的全省农村电站工作会议。会上根据中央精神发出了"逐步实现农村电气化"的号召，并组织安排建设 5 个县、100 个社建设农村初步电气化，实现农村水电户均装机 150 瓦；同时实行"民办公助"政策发展农村水电，普及农村用电。

1965 年 9 月，中共四川省委以川委发（65）273 号文件批转水电厅、财政厅《关于国家、社队共同兴建电站的经营形式和收益分配意见的报告》，明确凡国家与社认投资（包括投劳）兴建的电站，原则上应当实行"国社合办，按股分摊盈亏"的办法。四川省水利电力厅设立农村电力管理处（下设农电试验室），编制 50 人，主管农村电站电网建设与管理以及地、县属地方电厂（站）生产技术和经营管理工作。

1978 年 9 月，农村电力管理处改为地方电力管理处。

1982 年 12 月 20 日，国家水利电力部和四川省人民政府联合行文，印发了《关于积极发展四川省小水电的若干规定》，并要求全国参照执行。四川以农村水电为主体的地方电力进入新的发展时期。

1983 年 1 月，地方电力管理处改为四川省地方电力公司（事业单位）。

1983 年 12 月，挂四川省地方电力公司、四川省水利电力厅地方电力管理处两块牌子。

1987 年 6 月，撤销四川省地方电力公司，保留四川省水利电力厅地方电力管理处。

1991 年 2 月 1 日，为了加速四川省地方电力事业的发展，加强地方电力行业的建设与管理，经四川省政府领导同意，撤销四川省水利电力厅地方电力管理处，成立四川省地方电力局，为四川省水利厅直属事业单位，代水利厅行使地方电力行政职能。

1998 年 6 月，14 家省、市、县三级水利地电国有资产公司出资组建成立四川水利电力产业集团有限责任公司，率先在全国实现了农网建改资金的"一省两贷"。到 2003 年底，完成农网投资 81 亿元，其中国债资金 24.4 亿元，全省 113 户市、县地电企业与产业集团形成了农网资金投放与承接的关系，包括农网资金在内，产业集团可控可涉资产规模达到 200 亿元，成为地电行业的龙头企业。

2004 年 12 月 17 日，为保障和促进四川农网建设与改造工作的顺利进行，加强农网资产管理，防范省级统贷统还金融风险，四川省人民政府下发《关于加强全省地方电力企业国有资产监督管理的通知》（川府发〔2004〕31 号），四川省政府国有资产监督管理委员会（以下简称"四川省国资委"）下发《关于授权四川省水电投资经营集团公司经营四川省地方电力省级国有资产的批复》（川国资办〔2003〕10 号），共同组建四川省水电投资经营集团有限公司（以下简称"水电集团"）。

2008 年 11 月，按照四川省人民政府《关于印发〈省水电集团运作与发展及农网资产处置实施方案〉的通知》（川府发〔2007〕15 号）文件要求，在产权改革试点的基础上，加快对四川省地方电力企业产权进行改革，将国家以债权形式投入的农网建设基金和农网完善基金转变成国有股股权，由水电集团代表国家持有股份并负责改制后的电网公司的经营。

2008 年 11 月，四川省人民政府下发《关于组建四川发展（控股）有限责任公司的通知》（川府函〔2008〕330 号），将水电集团的国家资本划转为四川发展（控股）有限责任公司（以下简称"四川发展"）的出资额。

2010 年 12 月 31 日，四川省人民政府下发《关于组建四川省能源投资集团有限责任公司的通知》（川府函〔2010〕295 号），将四川发展持有的全部水电集团股权划转为四川省能源投资集团有限责任公司（以下简称"川能投"）出资额，并于 2011 年 12 月 19 日完成股权划转，水电集团成为川能投全资子公司。

四川省地方电力发展及管理机构历史沿革情况见表 3-1。

表 3-1　　　　　　四川省地方电力发展及管理机构历史沿革

年份	机 构 沿 革
1953 年 3 月	新中国成立后四川省试建第一座用木质水轮机带动发电机的郫县犀浦乡农村水电站
1958 年 8 月	四川省电业局与四川省水利厅、四川省工业厅电业管理局合并，成立四川省水利电力厅。下设农村电站处，编制 20 人，管理农村水电
1959 年 2 月	四川省水利电力厅组织安排建设 5 个县、100 个社建设农村初步电气化，实现农村水电户均装机 150 瓦，实行"民办公助"政策
1965 年 9 月	四川省水利电力厅设立农村电力管理处（下设农电试验室），编制 50 人，主管农村电站电网建设与管理以及地、县属地方电厂（站）生产技术和经营管理工作
1978 年 9 月	四川省水利厅农村电力管理处改为地方电力管理处
1982 年 12 月	国家水利电力部和四川省人民政府联合行文，印发了《关于积极发展四川省小水电的若干规定》，并要求全国参照执行
1983 年 1 月	四川省水利厅地方电力管理处改为四川省地方电力公司（事业单位）
1983 年 12 月	挂四川省地方电力公司、四川省水利电力厅地方电力管理处两块牌子
1987 年 6 月	撤销四川省地方电力公司，保留四川省水利电力厅地方电力管理处
1991 年 2 月	撤销四川省水利电力厅地方电力管理处，成立四川省地方电力局，为四川省水利厅直属事业单位，代水利厅行使地方电力行政职能
1998 年 6 月	14 家省、市、县三级水利地电国有资产公司出资组建成立四川水利电力产业集团有限责任公司，作为承贷主体，率先在全国实现了农网建改资金的"一省两贷"
2004 年 12 月	组建四川省水电投资经营集团有限公司行使地方电力省级国有资产所有者职能，并经授权投资、经营、管理地方电力省级国有资产
2008 年 11 月	将国家以债权形式投入的农网建设基金和农网完善基金转变成国有股股权，由水电集团代表国家持有股份并负责改制后的电网公司的经营
2008 年 11 月	将水电集团的国家资本划转为四川发展（控股）有限责任公司的出资额，水电集团成为四川发展的子公司
2010 年 4 月	能投集团重组时，将四川省水电集团电力开发有限公司与另外三家企业合并，同时将四川省水电集团电力开发有限公司更名为四川能投电力开发有限公司，专门从事电力及新能源的开发、投资、管理和经营的大型电力开发企业
2010 年 12 月	四川省人民政府将四川发展持有的全部水电集团股权划转为四川省能源投资集团有限责任公司出资额

年份	机 构 沿 革
2011 年 2 月	四川省能源投资集团有限责任公司正式成立
2011 年 9 月	四川省水电集团、四川产业振兴发展投资基金、高县国资公司、四川发展（控股）、宜宾市国资公司、筠连县国资公司、兴文县城建投资公司等 7 家发起人单位联合成立四川能投发展股份有限公司
2011 年 12 月	四川发展（控股）有限责任公司与四川省能源投资集团有限责任公司完成股权划转，水电集团正式成为川能投全资子公司

（二）地位作用

我国地理条件的巨大差异以及经济发展的极度不均衡，使得地方电力在地域广阔的农村获得了生存发展的理由和空间，四川拥有的地方电力企业数量最多，达到 100 个以上。水电集团是经四川省人民政府批准成立的国有独资大型企业，负责投资、经营、管理省级地方电力国有资产，是四川省地方电力系统农网、城网、缺电县、无电地区电力建设项目的总业主。水电集团以中小城市和农村为基地，以中小水电开发和农村电网建设为主体，以服务"三农"为重点，以促进地方经济发展为己任，对四川经济和社会发展起到了不可替代的作用。在特定时期和历史环境下表现为：

1. 为老少边贫地区提供可靠电力

四川广大农村、边远地区，由于地域辽阔，人烟稀少，负荷分散，国家大电网难以延伸覆盖，积极发挥当地资源优势，发展地方电力企业，带动产业发展，保障能源供应成为当地经济发展的必然选择。2013 年，水电集团供区内共有包括美姑县、昭觉县在内的 10 个国家扶贫开发重点县，其中有 5 个还是国家集中联片特殊困难地区。另有平武县、青川县、屏山县为专门的集中联片特殊困难地区。以水电集团为代表的，包括并网小水电、离网小水电以及微型小水电在内的地方电力企业，由地方政府主导成立，形成了跨县区域性地方电网，在地方政府的直接领导和统筹安排下，通过运用行政手段和经济手段，为四川省的老、少、边、贫的县镇和农村地区提供可靠的电力服务，成为当地推进经济社会发展的主要依托和不可缺少的重要基础产业和支柱产业。川能投下属地方电网分布如图 3-1 所示。

2. 促进农村电气化发展，保护生态环境

四川省水利资源极为丰富且点多面广，以小水电为主体的地方电力企业具有分散布点、就地开发、就近成网、成片供电的特点，是大电网天然的有

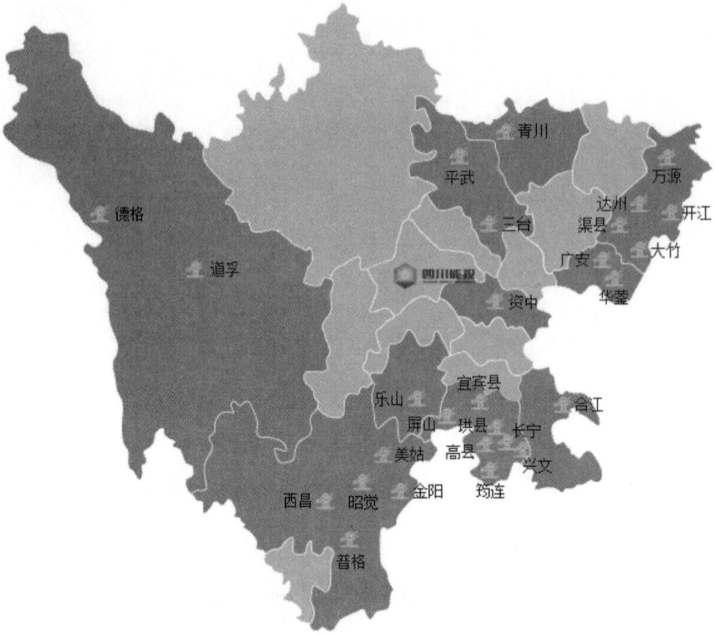

图 3-1　川能投下属地方电网分布

益补充，是当地资源优势转化的最佳选择，具有不可替代的优势。由于小水电可开发资源总量占水电可开发资源总量的 39%，对电力结构调整发挥了重要作用。与国家电网相比较，地方电力企业在性质、任务、方向、目标等方面有着"人无我有、人少我多"的特殊优势。如"以水兴电、以电促工、以工补农""以水发电、以电护林、以林涵水""电矿结合、优势互补""水能输出、资金输入""开发水头、石头和木头，变资源优势为商品优势"，利用丰富的水能在农村搞"以电代柴"等，都是建设具有中国特色农村电气化的重要内涵和创举，伴随"绿色工程"的开发，对保护生态环境起了重大作用。

3．大电网的有益补充

水电集团供区主要分布在宜宾片区、川东片区、凉山州片区、川西北片区，共涉及 32 县供电公司，供区面积 72600.55 平方千米，占四川土地面积的 14.93%；供电人口约 1734.8 万人，占四川总人口的 21.31%。成为四川省电力供应不可或缺的力量，尤其在大电网难以覆盖的区域，地方电力企业提供的可靠电力显得尤为珍贵。按照国家发改委部署的"十二五"新一轮农村电网改造升级工作，截至 2015 年农网第一批计划下达，集团"十二五"期间农网改造升级投资 76.36 亿元，无电地区投资 9.09 亿元，使供电范围内的农村电网基本改造到位，并解决了新的农村电网供电能力不足问题，农村居民生活用电得到较好保障，农业生产设施用电问题得到基本解决，基本建成安全可靠、节能环保、技术先进、管理规范的新型农村电网。同时，以小水电为主的地方电力工程相对简单、建设工期短，一次基建投资小，水库淹没损失、移民、环境和生态等方面的综合影响都很小，并且输变电设备简单、线路输电损耗小。地方电力产权体制灵活，有利于调动多方面积极性，特别是民间资金的参与。在小水电开发的带动下，地方电网建设也逐步完善，地方电力与地方经济共同发展，有效地带动了当地经济的发展。在农村和边远的山区，地方电力成为国家主导下的大电网供电的必要的有益补充。水电集团电力供电区域覆盖情况见表 3-2。

表 3-2　　　　　　　　　水电集团供电区域覆盖

		水电集团供电区域覆盖			
序号	公司类型	公司名称	是否直供县	供区面积（平方千米）	供区人口（万人）
1	全资控股公司	宜宾电力	是	2484.00	101.70
2		兴文电力	是	1373.00	46.40
3		筠连电力	是	1256.00	41.60
4		珙县电力	是	1145.00	42.20
5		屏山电力	是	1504.00	30.70
6		高县电力	是	1320.00	53.00
7		美姑电力	是	2573.00	26.00
8		普格电力	是	1918.00	17.80
9		金阳电力	是	1587.00	20.87
10		昭觉电力	是	2699.00	30.83
11		开江电力	是	1032.55	65.00
12		渠县电力	否	1800.00	125.00
13		大竹电力	否	2075.00	110.50
14		万源电力	否	3200.00	36.00
15		华蓥电力	否	231.00	5.12
16		永安电力	是	2661.00	147.39
17		平武电力	是	5612.00	18.37
18		合江玉宇	是	2422.00	90.64

序号	公司类型	公司名称	是否直供县	供区面积（平方千米）	供区人口（万人）
19		青川电力	否	1222.00	7.20
20		资中电力	否	993.00	78.76
21		德格电力	是	11900.00	7.32
22		江源电力		360.00	30.00
合计				51367.55	1132.40
23		达川区（达州电力）	否	2688.00	136.10
24		通川区（达州电力）	否	445.00	42.70
25		广安爱众电力	否	291.00	125.20
26	参股公司	岳池爱众电力	是	1457.00	118.10
27		乐山金洋电力	否	598.00	5.30
28		西昌电力		2651.00	70.00
29		峨边大渡河	是	2395.00	14.80
合计				10525.00	512.20
30		长宁电力	是	996.00	44.90
31	尚未产改公司	冕宁电力	是	4423.00	37.10
32		九寨沟电力		5289.00	8.20
合计				10708.00	90.20
总合计				72600.55	1734.80

（三）发展现状

1. 主要机构

四川省地方电力发展的主要机构包括四川省能源投资集团有限责任公司、四川省水电投资经营集团有限公司、四川能投发展股份有限公司和四川能投电力开发有限公司。其主要分工如下：（1）四川省水电投资经营集团有限公司主要负责四川省地方电力农村电网建设与改造、县城电网改造、无电地区电力建设、缺电县建设等；（2）四川能投发展股份有限公司主要负责宜宾市的电源和电网建设；（3）四川能投电力开发有限公司主要负责电力及新能源的开发、投资、管理和经营。四川省地方电力发展主要企业的组织关系如图3-2所示。

（1）四川省能源投资集团有限责任公司。

四川省能源投资集团有限责任公司是四川省地方电力发展的主要企业，是四川推进能源基础设施建设、加快重大能源项目建设的重要主体。截至2016

年 1 月初，川能投旗下拥有所属子公司 170 家。其中，一级全资控股子公司 17 家，二级全资控股公司 73 家，三级全资控股公司 50 家，四级全资控股公司 8 家，参股公司 22 家。

（2）四川省水电投资经营集团有限公司。

四川省水电投资经营集团有限公司是代表四川省政府统一行使省级地方电力国有资产所有者职能，并经授权投资、经营、管理原四川水电产业集团有限责任公司 1998 年

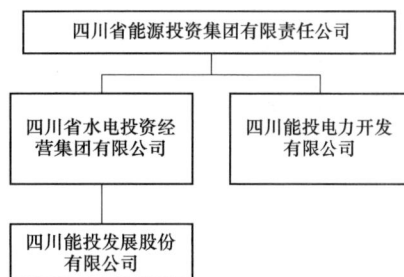

图 3-2 四川省地方电力发展主要企业的组织关系

以来投放四川省地方电力农网资金（含国债资本金和专项贷款）所形成的全部省级地方电力国有资产的大型国有企业，水电集团经国家发改委批准，替代原四川水电产业集团有限责任公司成为四川省农网建设、改造与完善工程的项目法人，同时作为四川省农网改造项目的承贷主体，全面承担和履行四川省农网还贷资金的"统贷统还"的责任和义务。水电集团的经营范围主要包括：投资、经营电源电网；生产、销售电力设备及建筑材料；电力工程设计、施工、技术咨询及服务；房地产开发；项目投资等。法定代表人为曾勇，注册地址为成都市温江区人和路 789 号，注册资本 282818 万元，实收资本 282818 万元。

（3）四川能投发展股份有限公司。

四川能投发展股份有限公司是经四川省国资委批准同意，由四川省水电集团、四川产业振兴发展投资基金、高县国资公司、四川发展（控股）、宜宾市国资公司、筠连县国资公司、兴文县城建投资公司等 7 家发起人单位联合成立的股份有限公司。公司成立于 2011 年 9 月，注册资本 8.06 亿元。主要负责加强电网建设，引进优质电源，推进资产整合，提升电能质量，为宜宾经济社会发展提供普遍电力保障。

（4）四川能投电力开发有限公司。

2010 年 4 月 27 日，四川省水电投资经营集团电力开发有限公司成立，2014 年 7 月更名为四川能投电力开发有限公司（以下简称"电力开发公司"），2015 年 9 月，在原四川省水电集团电力开发有限公司的基础上，对川能投旗下西部阳光公司电力开发有限公司，水电集团旗下四川金辉电源开发有限公司、四川省水电投资集团道孚有限责任公司、四川天路电网有限公司及其下

属子公司和项目公司共计 21 家公司进行整合重组，形成一家"以电力生产、供应为主"的大型发电企业公司。电力开发公司共拥有投运电站 22 座，总装机容量 38 万千瓦；拥有水电资源开发权 45 万千瓦；总资产 32 亿元，净资产 10 亿元；拥有员工 400 余人。

关于统计数据的说明：

（1）四川能投发展股份有限公司为水电集团合并报表范围内子公司，以下水电集团的统计数据包括四川能投发展股份有限公司。

（2）四川能投电力开发有限公司在 2015 年 9 月底之前为水电集团全资子公司，2015 年 9 月后为水电集团参股子公司，除 2015 年底的数据外，以下水电集团的统计数据包括四川能投电力开发有限公司。

水电集团是川能投下属从事地方电力开发、地方电网建设的骨干企业，以下主要以水电集团的数据来反应四川省地方电力发展的情况。

2. 管理架构

水电集团拥有全资子公司 8 家，分别为四川省水电投资经营集团普格电力有限公司、四川省水电投资经营集团金阳电力有限公司、四川省水电投资经营集团美姑电力有限公司、四川省水电投资经营集团万源市龙源电力有限责任公司、四川金纬电网建设有限公司、四川能投售电有限责任公司、平武县金辉电力投资有限公司、四川省水电投资经营集团百事吉物业管理有限公司。水电集团全资子公司情况如图 3-3 所示。

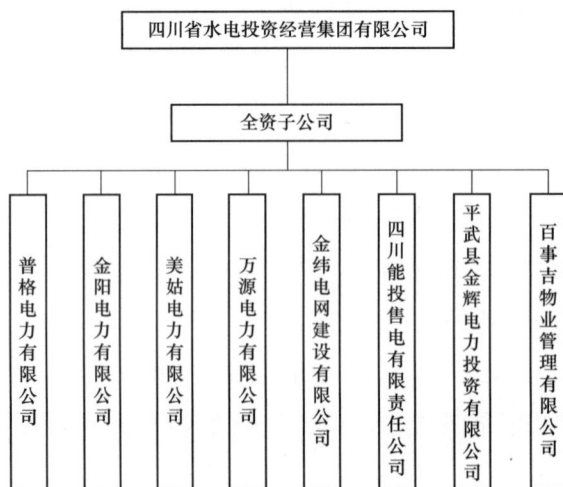

图 3-3 水电集团全资子公司

水电集团拥有控股公司 16 家，分别为四川能投发展股份有限公司、四川金鼎产融控股有限公司、四川省水电投资经营集团永安电力股份有限公司、四川昭觉电力有限责任公司、四川省水电投资经营集团资中龙源电力有限公司、四川省水电投资经营集团渠县电力有限责任公司、四川省水电投资经营集团德格格萨尔电力有限公司、四川省水电投资经营集团青川电力有限公司、泸州玉宇电力有限责任公司、四川省平武电力（集团）有限公司、四川省水电投资经营集团开江明月电力有限公司、四川省水电投资经营集团大竹电力有限公司、华蓥市地方电力有限责任公司、四川金翔置业有限责任公司、四川金禾盛投资有限公司、成都金堂江源电力有限公司。水电集团控股公司情况如图 3-4 所示。

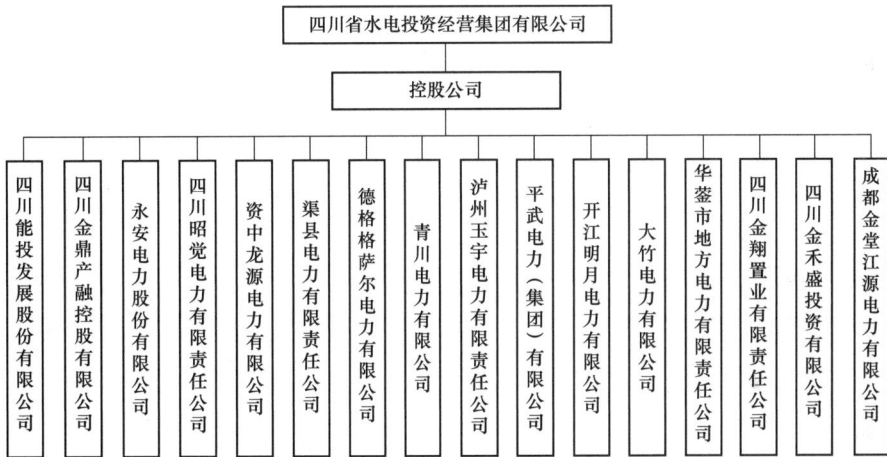

图 3-4　水电集团控股公司

参股公司 15 家，分别为川能投新城投资有限公司、四川能投电力开发有限公司、四川爱众发展集团有限公司、四川广安爱众股份有限公司、达州电力集团有限公司、四川西昌电力股份有限公司、乐山市金洋电力开发有限责任公司、四川星辰水电投资有限公司、嘉陵江亭子口水利水电开发有限公司、内江兴隆村镇银行股份有限公司、绵竹浦发村镇银行有限责任公司、宜宾市商业银行股份有限公司、四川大渡河电力股份有限公司、四川发展投资有限公司、川财证券有限责任公司。水电集团参股公司情况如图 3-5 所示。

3. 人员构成

截至 2015 年 3 月末，水电集团在册职工 8439 人。其中企业高级管理人员 112 人，占 1.33%；中层管理人员 671 人，占 7.95%（正职 324 人，副职 347

人）；一般职工 7656 人，占 90.72%。水电集团员工分布情况如图 3-6 所示。

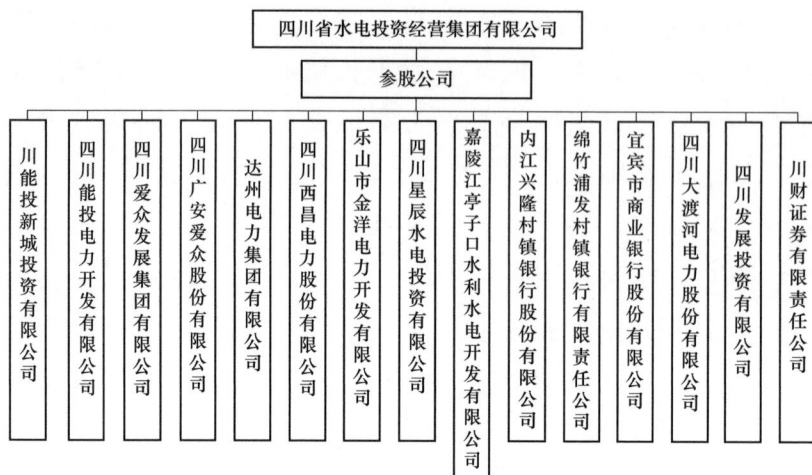

图 3-5　水电集团参股子公司情况

图 3-6　水电集团员工分布情况

4. 主要经济指标

（1）电力建设。

作为农网改造等政策性投资项目的省级法人，水电集团通过"十二五"战略的实施，企业规模稳步发展，当前拥有电站装机容量 42.09 万千瓦；110 千伏变电站 70 座，变电容量 3105.8 兆伏安，线路 2096.16 千米；35 千伏变电站 274 座，变电容量 2253.08 兆伏安，线路 5056.82 千米；10 千伏线路 4.81 万千米，配电容量 4765.99 兆伏安，线路 4.81 万千米。水电集团在四川省电力终端市场的份额由成立之初的 0.5% 增长到 6%（含参股企业），在四川省电力工业格局中占据了一席之地，已成为四川省电力工业不可或缺的组成部分，也是四川省最大的配电企业、地方电力的龙头企业和服务"三农"的重要能源供应商。

（2）经营指标。

水电集团发电量从 2011 年的 13.71 亿千瓦时到 2015 年的 16.91 亿千瓦时，增长了 23.34%；供电量从 40.27 亿千瓦时到 65.76 亿千瓦时，增长了 63.30%。水电集团实现了到"十二五"末营业收入突破 30 亿元，利润总额 3 亿元，资产达到 300 亿元三大经营目标。水电集团 2011—2015 年期间分年度主要经济技术指标如图 3-7 所示。

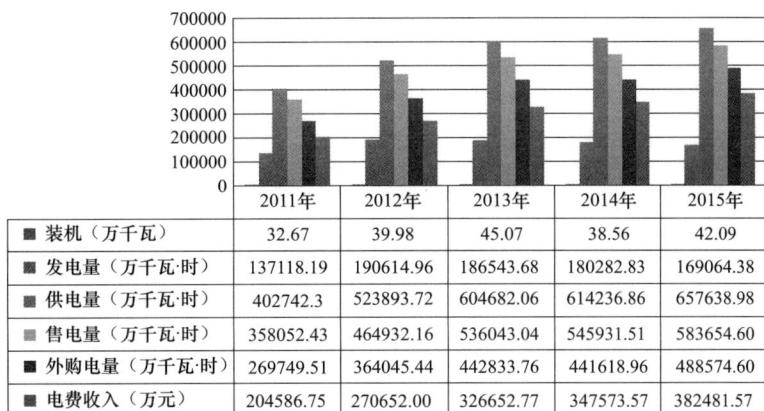

	2011年	2012年	2013年	2014年	2015年
■ 装机（万千瓦）	32.67	39.98	45.07	38.56	42.09
■ 发电量（万千瓦·时）	137118.19	190614.96	186543.68	180282.83	169064.38
■ 供电量（万千瓦·时）	402742.3	523893.72	604682.06	614236.86	657638.98
■ 售电量（万千瓦·时）	358052.43	464932.16	536043.04	545931.51	583654.60
■ 外购电量（万千瓦·时）	269749.51	364045.44	442833.76	441618.96	488574.60
■ 电费收入（万元）	204586.75	270652.00	326652.77	347573.57	382481.57

图 3-7　水电集团 2011—2015 年期间分年度主要经济技术指标

截至 2015 年底，水电集团实现自发电量 16.91 亿千瓦时、外购电量 48.86 亿千瓦时、总供电量 65.76 亿千瓦时、总售电量 58.37 亿千瓦时、电费收入 38.25 亿元的经营目标。

（3）财务指标。

"十二五"期间，水电集团总资产从 204.57 亿元到 445.51 亿元，增长了 518.78%；净资产从 63.8 亿元到 143.03 亿元，增长了 224.18%；利润总额从 2.50 亿元到 8.62 亿元，增长了 344.61%；营业收入从 24.25 亿元到 50.95 亿元，增长了 210.10%。水电集团 2011—2015 年期间分年度主要财务指标如图 3-8 所示。

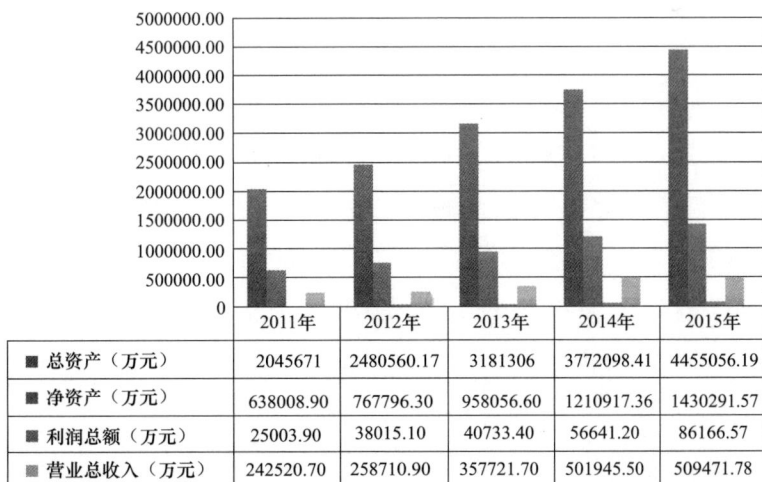

	2011年	2012年	2013年	2014年	2015年
■ 总资产（万元）	2045671	2480560.17	3181306	3772098.41	4455056.19
■ 净资产（万元）	638008.90	767796.30	958056.60	1210917.36	1430291.57
■ 利润总额（万元）	25003.90	38015.10	40733.40	56641.20	86166.57
■ 营业总收入（万元）	242520.70	258710.90	357721.70	501945.50	509471.78

图 3-8　水电集团 2011—2015 年期间分年度主要财务指标

随着新一轮农网改造升级、无电地区电力建设、"彝家新寨"和乌蒙山片区扶贫电力建设等国家德政工程、民心工程、生态工程的实施，水电集团正在为地方经济社会发展中作出更大的贡献。

5. 业务结构及各项业务盈利能力分析

截至 2015 年底，水电集团业务从以电力为主业拓展到金融、房地产、电力工程建设等业务板块，实现了以电力业务为主，多元业务协同发展的战略目标；集团成为拥有 37 个参控股公司，涉足电力能源、金融、房地产、电网建设四大业务的省属大型集团企业。

通过"十二五"战略规划，水电集团各项生产经营指标都大幅度提高，盈利能力进一步加强，但是，在水电集团辖区范围内，少数民族地区的促进效果落后于其他地区，并且在盈利能力上低于水电集团的平均水平，需要进一步的提升。

6. 经营效率及成本费用控制分析

"十二五"期间，水电集团利润总额上升 300.39%，年均增长率 68.92%。水电集团制订了成本费用控制标准，建立成本费用标准体系，建立成本费用控制的组织体系和责任体系，建立成本费用控制信息反馈系统。坚持全面预算管理，加强全员参与，增强员工的成本意识。水电集团各项成本费用基本控制在预期的范围，特别是差旅费、通讯费、业务招待费等五项费用开支由相关人员负责控制和监督，使其标准得到有效的执行。

7. 投融资能力及投资回报率分析

利用水电集团的政策优势和资产经营实力，及在金融业多年来建立的优良信誉，水电集团投融业务主要涉及咨询、小额贷款和担保业务。小额贷款业务方面，随着公司贷款规模的上升，贷款业务收入快速增长。担保业务方面，截至 2015 年 3 月末，在保余额为 35.25 亿元，较同期增加了 8.71 亿元，随着担保规模的扩大，保费收入不断增长。咨询业务，涉及投资咨询、融资咨询、企业管理咨询、商务咨询、财务咨询以及企业并购整合咨询等，2014年咨询业务也保持了快速发展，收入同比增长 46.15%。投资回报率逐年上升。

二、投资建设

（一）投资规模

水电集团的投资主要包括电网建设投资和电源建设投资。电网建设投资包括农村电网改造升级、农村电网信息系统建设和无电地区电力建设等；电源建设投资主要包括新建或改造（含收购）电源项目（均为水力发电项目）。

1. 电网建设投资额

2005 年至 2015 年期间，水电集团电网建设完成投资共计 1389797.22 万元，2005 年至 2015 年期间的电网完成投资额总体呈上升的趋势，尤其在 2015 年，呈现出较大规模的增长，达到 430897 万元。水电集团 2005—2015 年期间分年度完成投资额如图 3-9 所示。

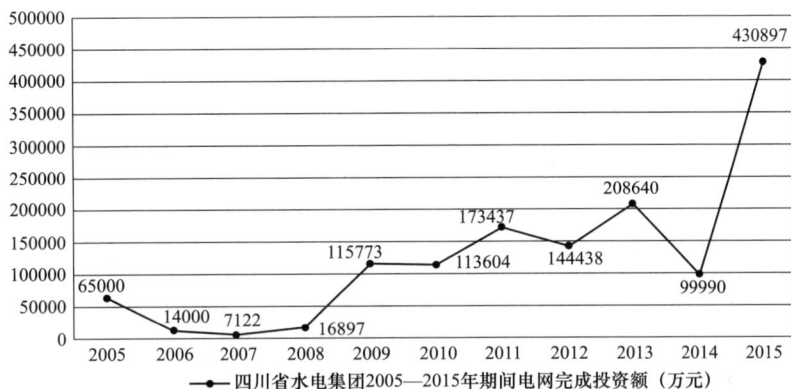

图 3-9　水电集团 2005—2015 年期间电网完成投资额

2. 电源建设投资额

2005 年至 2015 年期间，水电集团电源建设完成投资共计 259757.9 万元，因电源建设完成投资额主要根据各个电源企业项目建设进行，因此各年度之间差异加大。水电集团 2005—2015 年期间电源建设完成投资额如图 3-10 所示。

（二）资金来源

2005 年至 2015 年期间，水电集团电网建设和电源建设计划投资额为 1795234.90 万元，其中实际完成投资额 1649555.12 万元。计划投资额的资金来源主要包括两个部分，一部分为企业的自有资金（含贷款），另一部分为国家的政策性投资（国补、资本金），两者的比例如图 3-11 所示。

129

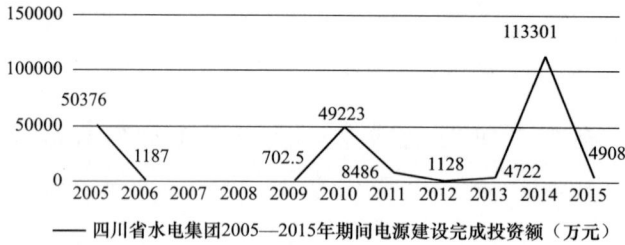

图 3-10　水电集团 2005—2015 年期间电源建设完成投资额

注：部分电源建设项目横跨多个年度，故未计入每年度的完成投资额，

未计入每年度完成投资额的金额达 25722.24 万元。

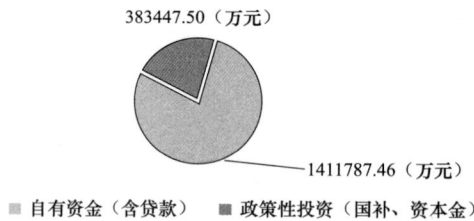

图 3-11　水电集团 2005—2015 年计划投资额的资金来源比例

水电集团的计划投资资金来源主要为自有资金（含贷款）1411787.46 万元，占所有计划投资额的 78.64%；政策性投资（国补、资本金）383447.50 万元，占所有计划投资额的 21.36%。

水电集团 2005 年至 2015 年期间电网建设投资额中，自筹资金、贷款、政策性投资的金额分别为 43286 万元，1156837 万元、333059 万元，每年度资金来源构成见表 3-3。

表 3-3　水电集团 2005—2015 年期间电网建设投资额构成

年份	自筹（万元）	贷款（万元）	政策性投资（万元）
2005	—	46000.00	19000.00
2006	—	10000.00	4000.00
2007	—	3186.90	2000.00
2008	—	12397.00	4500.00
2009	3000.00	79773.00	33000.00
2010	10000.00	83664.00	19800.00
2011	8181.37	132870.32	32900.27
2012	5540.00	104331.00	33000.00

年份	自筹（万元）	贷款（万元）	政策性投资（万元）
2013	1 596.34	153935.70	56799.66
2014	11574.59	82298.34	12000.00
2015	3393.61	448380.41	116059.32
合计	43285.91	1156836.67	333059.00

（三）项目建设

截至 2015 年底，水电集团拥有：

发电站 117 座，机组 269 台，总装机容量 420935 千瓦。

变电站 277 座，主变压器 416 台，总容量 440.06 万千伏安（其中：110 千伏变电站 51 座，主变压器 78 台，总容量 262.53 万千伏安；35 千伏变电站 226 座，主变压器 338 台，总容量 177.53 万千伏安）。

高压线路 1938 条，总长 39290 千米（其中：110 千伏线路 74 条，总长 1636 千米；35 千伏线路 349 条，总长 4270 千米；10 千伏线路 1515 条，总长 33385 千米），低压线路 194178 条，线路总长 172609 千米。

配电设备 36571 台，总容量 4171697 千伏安。

1. 电网建设情况

2005 年至 2015 年期间，四川省发改委、能源局共计下达水电集团农网改造升级和无电地区电力建设工程投资计划 153.55 亿元。按区域划分，甘孜和凉山等边远地区下达投资合计 36.05 亿元，内地下达投资合计 117.50 亿元。按电压等级划分，110 千伏项目下达投资合计 43.14 亿元；35 千伏项目下达投资合计 28.06 亿元；10 千伏及以下项目下达投资合计 81.13 亿元；其余投资为农村电网信息系统项目建设。

2005 年至 2015 年期间，水电集团累计完成农网改造升级和无电地区电力建设工程投资 138.98 亿元（因 2015 年新增农网项目在建，暂仅统计完成投资，建设规模暂未计入，数据截至 2016 年 6 月底），完成建设规模如下：新建和改造 110 千伏线路 1029.44 千米，主变压器 49 台，容量 1723 兆伏安；新建和改造 35 千伏线路 2860.7 千米，主变压器 225 台，容量 1289.9 兆伏安；新建和改造 10 千伏线路 25239.39 千米，低压线路 76063.33 千米，配电台区 21865 台，容量 1941.673 兆伏安，改造户表 910507 户；解决无电户 88309

户，无电人口 348595 人。

水电集团全资和控股电网企业共计 21 家，主要分布在 5 个片区：川南片区，主要包括高县、兴文、宜宾、屏山、珙县、筠连和合江等 7 家电力公司；川东片区，主要包括万源（龙源）、渠县、开江、大竹、华蓥等 5 家电力公司；川北片区，主要包括三台（永安）、青川、平武等 3 家电力公司；凉山片区，主要包括美姑、金阳、普格、昭觉等 4 家电力公司；另外还包括德格、资中（龙源）2 家电力公司。

2. 电源建设情况

目前，水电集团全资和控股电力企业共计 22 家（含能投股份公司 7 家企业），其中有 16 家电力企业在 2005—2015 年期间新建或改造（含收购）电源项目（均为水力发电项目）共计 47 个，其中新建项目 5 个、改造项目 35 个、收购项目 7 个，分别分布于五个片区，其基本情况为：川南片区为高县、宜宾、屏山、合江和水富杨柳滩发电公司等 5 家电力公司；川东片区为万源（龙源）、渠县、开江、大竹、华蓥等 5 家电力公司；川北片区为三台（永安）、平武等 2 家电力公司；凉山片区为金阳、普格、昭觉等 3 家电力公司；另外是德格电力公司。除水富杨柳滩水电站为独立发电公司外，其余均为各电力公司所属的自发自供水电站。

2005—2015 年期间新建或改造（含收购）电源项目，发电装机总容量为 314165 千瓦，机组台数为 107 台，单机容量为 55 千瓦至 14000 千瓦不等，多年平均发电量为 143543 万千瓦时。其中新建和收购电源项目 12 个，装机容量为 189435 千瓦，其余 35 个项目均为在已建电站基础上进行的增容改造，改造后装机容量为 124730 千瓦。

3. 部分在建工程情况

截至 2015 年底，水电集团部分在建工程情况如下。

（1）农网改造升级工程。

2015 年，水电集团开工建设 2013 年、2014 年续建农网改造升级工程和 2015 年第一批及新增农网改造升级工程，合计投资计划总额 84.91 亿元，累计完成 45.51 亿元，占投资计划的 53.6%。具体如下：

2013 年项目。下达投资计划为 18.34 亿元，除长宁县因产改原因无法开工建设外，其余各项目已完成工程建设。累计完成投资 17.81 亿元，占下达投资计划的 97.12%。

2014 年项目。下达投资计划为 9.79 亿元，除达州七里沟项目因土地被政府抵押，征地未完成无法开工建设外，其余各项目将在 2015 年底全部完成工程建设。累计完成投资 9.48 亿元，占下达投资计划的 96.87%。计划在 12 月底完成省级项目法人验收，形成总体验收报告上报省能源局申请整体验收。

2015 年第一批项目。下达投资计划为 6.7 亿元，已累计完成投资 5.02 亿元，预计到年底完成投资 5.7 亿元，占下达投资计划的 85%。

2015 年新增项目。下达投资计划为 50.08 亿元。11 月份已全部完成工程招标及合同签订工作，10 千伏及以下项目已全面进入施工阶段，部分 EPC 项目已完成设计阶段工作，进入主体工程施工。预计到年底完成投资 12.52 亿元，占下达投资计划的 25%。

（2）非政策性项目。

2015 年，水电集团非政策性项目涉及大竹、合江、青川三县共计 5 个项目，项目总投资 4192 万元，川能投下达年度投资计划为 3811.10 万元。其中：大竹石河至鼎泰陶瓷厂 35 千伏输电线路工程、合江明家坝 35 千伏变电站二期工程、合江电网安全稳定系统安装等三个项目合计投资计划为 1271.10 万元，将在年底按计划完成投资；合江石佛 110 千伏输电线路工程和青川新顺电站灾后重建项目因项目调整，实施时间待定。

（3）电源建设工程。

截至 2015 年底，水电集团电源建设工程仅涉及三台县冬瓜山电站项目，工程总投资 7.79 亿元，川能投下达年度投资计划为 3 亿元。该电站于 10 月份完成一枯截流，预计到年底累计完成投资 2 亿元，占总投资的 25.65%。

三、供电服务

（一）电力生产

1. 装机规模

2005 年至 2015 年期间，水电集团在电源建设方面发展迅速，水电站和机组数量有了较大增长，装机规模也在稳步提升，年均增长率达 20.42%。水电集团 2005—2015 年期间分年度电力生产能力情况见表 3-4。

表 3-4　水电集团 2005—2015 年期间分年度电力生产能力情况

时间	2005	2006	2007	2008	2009	2010	2011	2012	2013	2014	2015
水电站（座）	4	7	25	29	30	34	93	114	120	107	117
机组（台）	15	24	68	77	80	89	209	258	276	238	269
装机规模（万千瓦）	6.18	7.83	11.98	20.55	25.27	25.83	32.67	39.98	45.07	40.14	42.09
增速	20.42%										

2. 装机等级结构

水电集团主要开发中小水电项目，其下辖水电站的单台发电机组大多为 1 万千瓦以下机组。截至 2015 年底，水电集团共拥有 1 万千瓦以下机组 255 台，拥有 1 万千瓦以上机组 14 台。水电集团 2005—2015 年期间分年度装机等级结构变化情况见表 3-5。

表 3-5　水电集团 2005—2015 年期间分年度装机等级结构变化情况

年份	2005	2006	2007	2008	2009	2010	2011	2012	2013	2014	2015
单台机组 1 万千瓦及以上											
水电站（座）	1	1	1	1	2	2	4	4	4	5	5
机组（台）	3	3	3	3	6	6	12	12	12	14	14
装机规模（万千瓦）	3.00	3.00	3.00	3.00	7.20	7.20	12.60	12.60	12.60	18.00	18.30
单台机组 1 万千瓦以下											
水电站（座）	3	6	24	28	28	32	89	110	116	102	112
机组（台）	12	21	65	74	74	83	197	246	264	224	255
装机规模（万千瓦）	3.18	4.83	8.98	17.55	18.07	18.63	20.07	27.38	32.47	22.14	23.79

3．发电量

2005 年至 2015 年期间，水电集团累计完成发电量 148.56 亿千瓦时。目前除三台县涪江冬瓜山电航枢纽工程、金阳县芦稿一级电站和德谷沟水电站尚未完工建设外，其余 44 个水电站基本已投入运行。由于水电集团所属公司的电源项目基本为自发自供模式，在上网电价方面有一定优势，但运行维护费用相对较高。由于小水电项目基本都是径流式发电模式，没有可调节兴利库容，受季节性影响较大，通常在每年 5 至 10 月丰水期能够保证正常运行，枯水期基本无法正常引水发电，因此，大部分电站在枯水季节无法确保可靠运行。水电集团 2005—2015 年期间分年度发电量情况如图 3-12 所示。

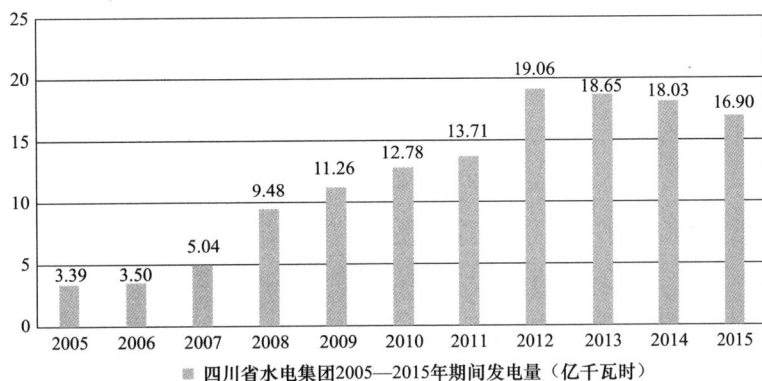

图 3-12 水电集团 2005—2015 年期间分年度发电量情况

（二）电力供应

1．供电量

据四川省发改委（川发改能源函〔2011〕1541 号）文件明确省水电集团负责实施县（市）范围涉及县级供电区域 29 个（其中 10 个交叉供电县）通过实施以农网资产为纽带的地方电力企业改革重组，遵从"灵活务实"的原则，综合运用行政手段与商业手段，灵活运用行权、资产重组、并购等多种方式，不断推进产改重组，集团现有全资、控股供电公司共 22 个，涉及 22 个区县；参股供电公司 4 个，涉及 6 个区县；农网实施范围内未完成产改公司 3 个。随着供电公司资产重组的进行，水电集团的供电量也在逐年增长，截至 2015 年底，水电集团的供电量已经达到 657638.98 万千瓦时。水电集团 2005—2015 年期间分年度供电量变化情况如图 3-13 所示。

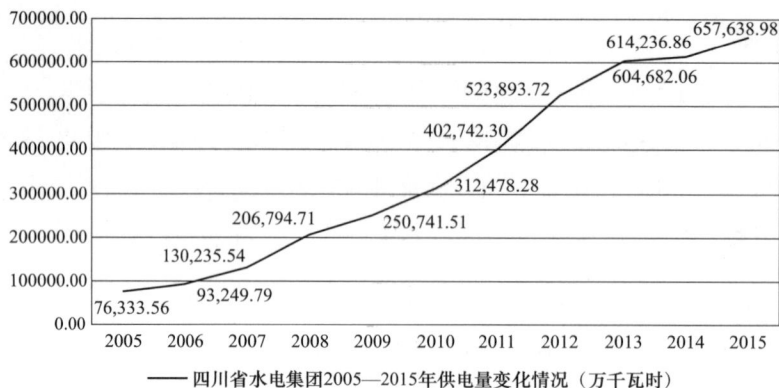

图 3-13　水电集团 2005—2015 年期间分年度供电量变化情况

2. 自发电量与外购电量

水电集团的供电量包括两个部分，一为水电集团自有电站所发电量，二是外购电量。由于电源开发历经的时间较长，投入较大，水电集团的自发电量增长较为缓慢，缺乏骨干电源，自有电源薄弱。至 2014 年 12 月底，水电集团自有水电站装机容量 45 万千瓦，装机容量小，而随着辖区内电力消费的逐步增加，只能通过外购电量的方式解决，截至 2015 年底，水电集团自发电量 169064 万千瓦时，外购电量达 488547 万千瓦时。水电集团 2005—2015 年期间分年度自发电量与外购电量变化情况如图 3-14 所示。

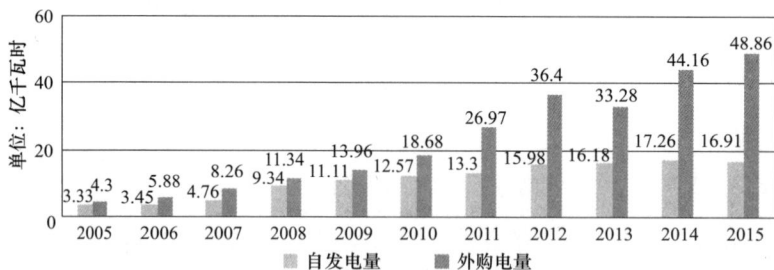

图 3-14　水电集团 2005—2015 年期间分年度自发电量与外购电量变化情况

随着水电集团外购电量的增长，外购电量与自发电量的比例差距逐步扩大，截至 2015 年底，水电集团外购电量已经占到总电量的 74%，外购电量成为水电集团供电量的主要组成部分。水电集团 2005—2015 年期间分年度自发电量与外购电量对比情况如图 3-15 所示。

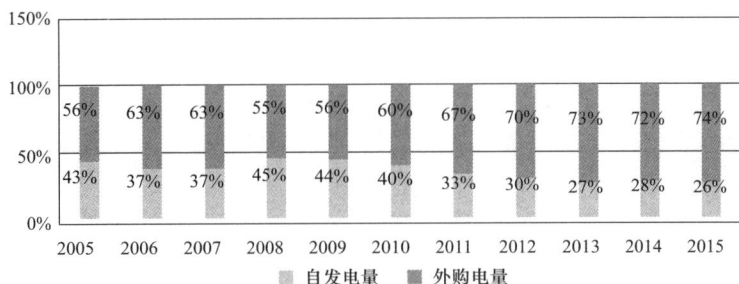

图 3-15 水电集团 2005—2015 年期间分年度自发电量与外购电量对比情况

3．供电效率

水电集团电力供应的主要方向为农村地区，特别是偏远的无电区，上述地区用电负荷分散，地理环境复杂，电网结构薄弱，电网建设难度较大，供电灵活性差，具有经济性很差的供电特性。为应对上述问题，水电集团不断加强管理，减少管理线损，同时对电网进行技术改造和改善电网运行方式，有效地降低了线损率，截至 2015 年底，水电集团供电过程中的线损率已经降至 11.25%。水电集团 2005—2015 年期间分年度线损率情况如图 3-16 所示。

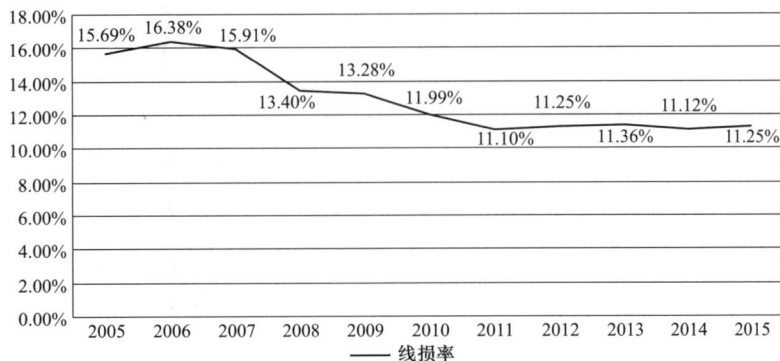

图 3-16 水电集团 2005—2015 年期间分年度线损率情况

4．电力消费

作为以服务农村地区电力供应为主要业务的地方电力集团，水电集团的电力供应的主要方向为农村地区、边远地区。截至 2015 年底，水电集团实际供应的农村用电户数达到 209.36 万户，有效地解决了农村地区尤其是边远地区的生活用电，有效地促进了农民生活水平的提升。水电集团的用电类别如图 3-17 所示。

用电类别（万户）

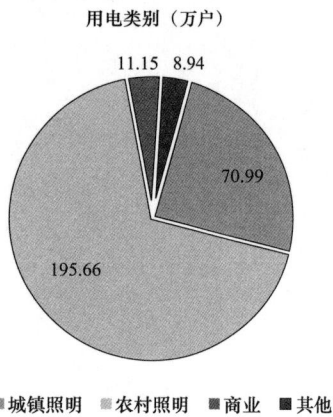

11.15　8.94

70.99

195.66

■城镇照明 ■农村照明 ■商业 ■其他

图 3-17　水电集团用电类别

（三）服务质量

水电集团一直致力于提升辖区内的供电可靠性，尤其是在农村地区，按照安全可靠、技术适用、减少维护、节能环保原则，通过农网改造升级项目实施，有效解决了部分农网设备材料老化、技术标准低下问题，电网结构日趋合理，配电网络不断优化，大大提高了农网供用电的安全性和可靠性，农村供电能力和供电质量不断提升。截至 2015 年底，水电集团农村供电可靠性已经达到 94.02%，尽管与城市地区的 3 个 9 标准仍有一定差距，但多年来一直稳步提升。水电集团 2005—2015 年期间分年度农村供电可靠率如图 3-18 所示。

□四川省水电集团2005—2015农村供电可靠率

图 3-18　水电集团 2005—2015 年期间分年度农村供电可靠率

四、经营管理

(一)经营战略

1. 发展定位

水电集团围绕川能投制定的实业与金融"两翼齐飞",能源、金融、化工、服务贸易、旅游康养、新技术新材料"六骏奔腾"发展战略,以"加快推进、全面实现智能化电网建设、互联网建设、标准化建设"为总体目标,积极参与四川电力事业的改革与发展,成为四川农村和边远山区电力供应的重要力量,并积极转型成为新形势下的综合能源服务商。

2. 发展理念

在经济新常态大背景下,面对新农村建设、新型城镇化的机遇与挑战,水电集团在新电力格局下实现公司的可持续发展,以新发展理念统领全局,实现四川水电集团质的提升。新的发展理念概括为:以内涵式发展为主线,以新技术应用为手段,以局部优势为突破口,在新的电力体制改革中完成公司由单一供电业务向综合资源供应体系的转型变革。

3. "十三五"期间主要指标

(1)主要经营指标。

水电集团"十三五"期间的主要经济技术指标目标如图 3-19 所示。

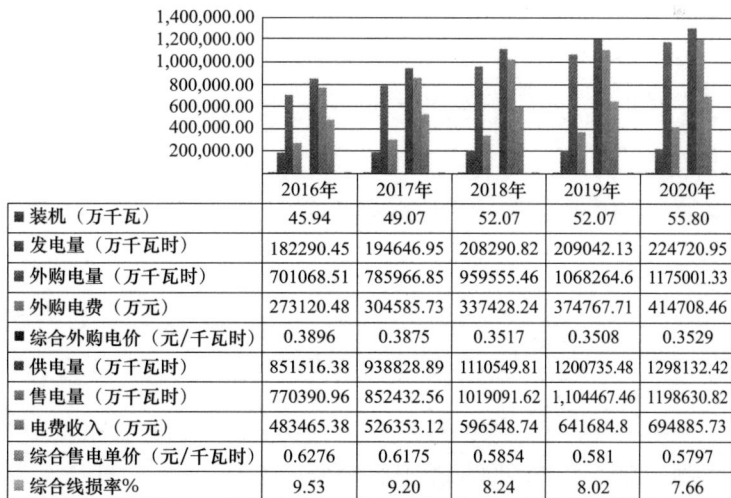

	2016年	2017年	2018年	2019年	2020年
■装机(万千瓦)	45.94	49.07	52.07	52.07	55.80
■发电量(万千瓦时)	182290.45	194646.95	208290.82	209042.13	224720.95
■外购电量(万千瓦时)	701068.51	785966.85	959555.46	1068264.6	1175001.33
■外购电费(万元)	273120.48	304585.73	337428.24	374767.71	414708.46
■综合外购电价(元/千瓦时)	0.3896	0.3875	0.3517	0.3508	0.3529
■供电量(万千瓦时)	851516.38	938828.89	1110549.81	1200735.48	1298132.42
■售电量(万千瓦时)	770390.96	852432.56	1019091.62	1,104467.46	1198630.82
■电费收入(万元)	483465.38	526353.12	596548.74	641684.8	694885.73
■综合售电单价(元/千瓦时)	0.6276	0.6175	0.5854	0.581	0.5797
■综合线损率%	9.53	9.20	8.24	8.02	7.66

图 3-19 水电集团"十三五"期间分年度主要经济技术指标

预计到"十三五"末,水电集团将实现装机容量 55.80 万千瓦、发电量 22.47 亿千瓦时、总供电量 129.81 亿千瓦时、售电量 119.86 亿千瓦时、电费收入 69.49 亿元、综合线损率 7.66%、供电可靠性 94.86%。水电集团现有发电总装机 42.09 万千瓦，到"十三五"末，发电总装将达到 51.91 万千瓦。

（2）主要财务指标。

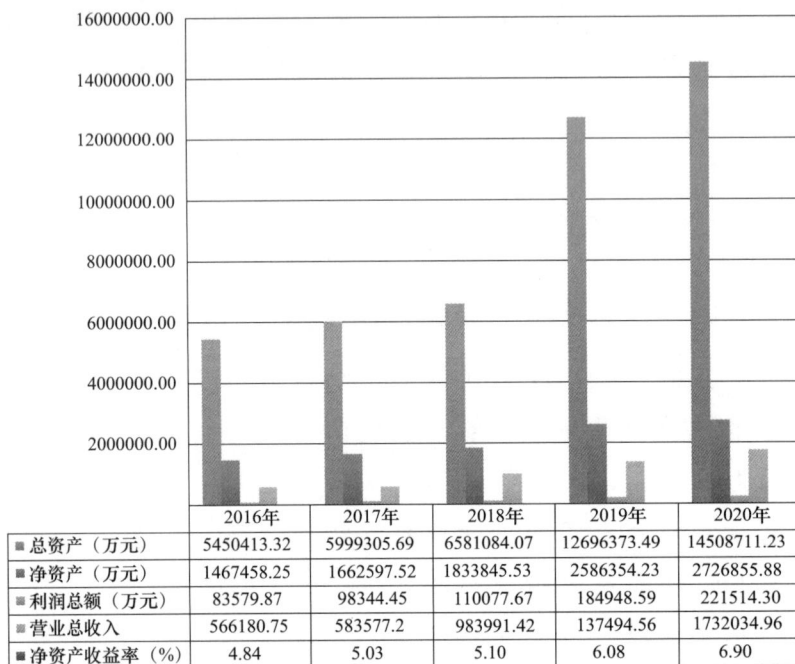

	2016年	2017年	2018年	2019年	2020年
▇ 总资产（万元）	5450413.32	5999305.69	6581084.07	12696373.49	14508711.23
▇ 净资产（万元）	1467458.25	1662597.52	1833845.53	2586354.23	2726855.88
▇ 利润总额（万元）	83579.87	98344.45	110077.67	184948.59	221514.30
▇ 营业总收入	566180.75	583577.2	983991.42	137494.56	1732034.96
▇ 净资产收益率（%）	4.84	5.03	5.10	6.08	6.90

图 3-20　水电集团"十三五"期间分年度主要财务指标

预计"十三五"末，集团将实现资产总额达到 1450.87 亿元、净资产总额 272.69 亿元、营业总收入 173.2 亿元、利润总额 22.15 亿元。

4．战略重点

（1）走资产证券化道路，构建长期稳定的融资平台，从资本市场上融资为企业发展提供保障。

在国务院出台的《关于进一步促进资本市场健康发展的若干意见》，四川省委、省政府出台的《关于深化国资国企改革促进发展的意见》以及中国证监会相继出台的有关新股发行改革、新三板制度改革、发行优先股试点、鼓励上市公司并购重组等一系列促进中国证券资本市场发展的背景下，通过收购并控股一家上市公司，实现水电集团旗下拥有一家与自身主营业务紧密相关的 A 股上市公司融资平台和资产证券化壳资源，力争用五年左右时间，分阶段将水电集团主营业务板块，以及其他优质资产通过市场化运作方式注入上市公司，使水电集团的优质资产证券化。

（2）利用混合所有制改革契机，进一步推进四川省地方电力企业产权制度改革。

二期农网改造期间，四川省 111 个县 113 家地方电力企业共投放农网改造工程资金 80.98 亿元。目前，水电集团仅完成了 26 个县农网资产的明晰和确权，还有 87 个县农网资产一直未能明晰和确权，水电集团利用国家电力体制改革和发展混合所有制经济的契机，以配售电端改革为突破口，进一步推进四川省地方电力企业产权制度改革。2015 年，水电集团诉冕宁县农网资产使用费一案已取得终审胜诉，该案将作为农网资产维权的成功案例，助推四川省地方电力企业的产改工作。

（3）增强配电网供电保障能力，抓好配售电业务管理，全面提升业务技术和服务水平。

无论是开放市场、开放分布式电源公平接入的要求，还是稳定和拓展市场的要求，都对水电集团电网的网架结构、安全性、可靠性、经济性、智能化水平等提出了新的要求。水电集团要力争升级电网电压等级，以降低购电成本及提高电网安全可靠性，同时加大电网自动控制与智能终端设备投入与应用，提高电网自动化和智能化水平，提高服务和管理水平，提高市场掌控能力，在确保现有市场的前提下稳步拓展新的配售电市场。

（4）实现水电业务的可持续发展。

水电集团要将绿色管理理念引入企业的每个环节和部门。由于地方电力主要依赖小水电，永续发展的前提就是保护好这些水利资源。只有在规划、勘测、设计、施工、运行管理等各个阶段实施保护性开发，包括企业一线员工在内的所有人员都树立起绿色生产的观念，注意保护原有生态环境，通过节约成本、降低消耗、提高资源利用率等方法，达到在不断提高经济效益的同时与环境协调发展。

当前运行的小型水电站使用的转轮有相当一部分是 20 世纪 80 年代、甚至五六十年代的产品，电站存在水工建筑物破损严重、发电机组老化严重、电气主设备陈旧落后等问题，设备带病运行会危及设备及人身安全，急需改造。促进小水电技术革新已刻不容缓，应积极开发和研制节能新设备、新工艺和新技术，减少各类附加损耗，提高设备运行效率，建立并严格执行科学、合理、有效的用电方法和管理制度，发展生态绿色小水电。

（二）企业管理体系

1. 本部管理架构

水电集团本部组织结构如图 3-21 所示。

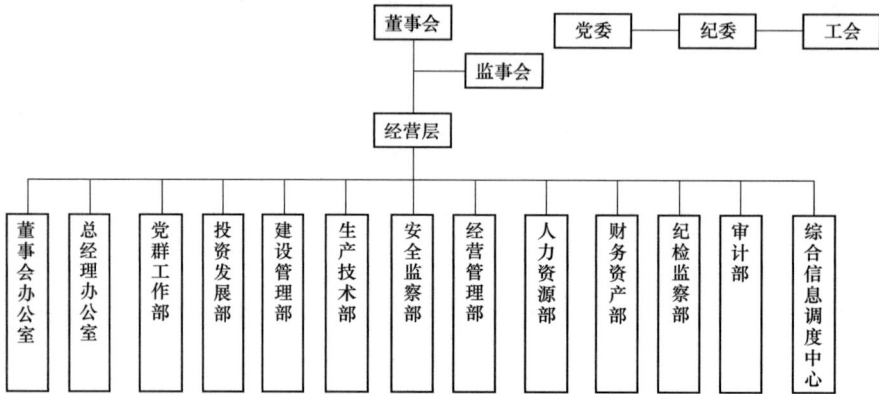

图 3-21 水电集团本部组织结构图

水电集团本部设置 12 个职能部门：董事会办公室、总经理办公室、党群工作部、投资发展部、建设管理部、生产技术部、安全监察部、经营管理部、人力资源部、财务资产部、纪检监察部、审计部；1 个生产单位：综合信息调度中心。

2. 对下属公司的管控模式

水电集团以总部作为集团投资决策中心、资产财务中心、安全技术中心、监督考核中心、对外合作中心、利润中心；各子公司是生产经营主体、投资实施主体、成本控制主体、企业文化建设主体。充分发挥集团战略管控功能，利用总部优势，整合一切资源，统筹运用协同机制，强化治理、管控、服务，实现集团点、面、体之间的协调平衡运转。水电集团在公司治理上对子公司章程、董事会人员组成，股东会、董事会议事规则，股东会、董事会决策程序，董事会、经理层分权、外派董、监事等方面做好管控工作；在战略引导上从企业文化理念、发展方向和方式、制度体系输出、审计和风险管理等方面对子公司实施过程控制；在集团管控方面加强预算管理、资金集中管理、统筹资本运作、投资规划等工作。

3. 流程、制度建设及执行情况

在完成资产整合的基础上，水电集团通过业务整合和管理整合对所属公司全面加强管控。水电集团在不同地域、不同层次、不同发展水平的公司，完成从组织、业务、制度、标准、流程、文化上的整合，完成从传统的地方小企业到现代能源服务企业的转变。水电集团基于风险管控制订和设计了一整套管控体系，通过在制度建设上的努力形成了包括投资、财务、经营、安全等方面的一整套制度体系。水电集团对所属同一业务类型的公司，都采用统一制度和流程进行管理，集团总部成为一个制度、管理输出平台，后续完成产改重组后的地方电力企业，须严格依照水电集团统一的各项制度进行规范的生产经营。

4. 物资采购

农网物资管理按照招标采购、专库保管、封闭运行的原则，编制物资计划和组织采购供货，实行了农网物资专库管理和入库现场验收，建立了设备材料出入库、退库和废旧物资回收制度。严把物资质量关，按照《四川省水电投资经营集团有限公司农网工程物资管理办法（试行）》开展物资质量验收，杜绝不合格物资流入农网工程。

5. 融资管理

水电集团不断拓宽集团融资渠道，完善公司治理结构，发展多种融资工具包括商业信用融资、通过国际金融机构进行债权贷款融资、发展租赁融资，拓宽企业融资渠道，有效规避规模扩张带来的资产大规模购置的风险。

6. 财务管理

水电集团不断加强财务管理，完善各项财务管理制度，采取多渠道提高营销策略增加销售收入，提高息税前利润率；调整资本结构，严格控制资产负债率在规定的比例，特别是短期借款比例，坚决避免短期资金长期占用；提高销售利润的质量，增加经营活动现金净流量，以保证偿还到期负债的本息。

五、社会效益

（一）服务区域经济发展

"十二五"期间，水电集团累计争取到政策性电网投资计划 134.54 亿元（含无电地区电力建设 9.09 亿元）。其中 110 千伏电网建设投资 42.61 亿元，新建或改造 110 千伏变电站 86 座、线路 2250 千米；35 千伏电网建设投资 22.6 亿元，新建或改造 35 千伏变电站 155 座、线路 2249 千米；10 千伏及以下投资（含信息化建设等项目）69.33 亿元，建成变电台区 1.61 万个，新建或改造低压线路 6.28 万千米，新装或更换户表 145.51 万只。同时，集团还自筹资金，加快推进 220 千伏输变电工程等电网项目建设。

"十二五"期间，集团电网建设取得了巨大成就，网架结构进一步优化，供电能力、供电质量、供电可靠性明显提高。目前，除青川、华蓥公司外，其余电力公司全部实现了 110 千伏电压等级供电，川南 7 县和川东万源、达州、大竹、渠县等 4 县已实现 110 千伏电网联网运行，凉山美姑、昭觉、金阳、普格等 4 县的 110 千伏联网工程正在建设。集团战略布局的 5 个 220 千伏输变电工程中，合江龙潭已经正式投运，珙县余箐投运在即，兴文莲花即将开工建设。"十二五"期间，所有新建或改造的变电站均按无人值班设计和建设，部分变电站实现了无人值班；杆塔地理信息系统顺利通过验收，综合信息调度系统已经启动建设。

（二）提高可靠供电能力

水电集团在提升服务质量，加强供电保障能力方面采取了诸多措施，取得了一定成果。

1. 办理行政许可文件，确保提供供电服务资格

至 2015 年初，水电集团多方努力，全面完成了《供电营业（区）许可证》的办证工作，确保水电集团及所属供电企业依法提供供电服务。

2. 加强供电营业厅标准化建设，打造标准服务窗口

（1）加强《供电营业厅标准化建设与管理办法的宣贯》，强调对供电营业厅实施标准化建设的重要性。

（2）制定水电集团供电营业厅标准化建设的目标任务，确保标准化建设工作有序开展。

（3）对各供电企业上报供电营业厅建设方案进行审核，确保建设工作不偏离集团标准。

（4）撰写水电集团标准化营业厅建设工作实施方案，确保标准化建设工作符合川能投相关要求。

3. 做好电力供应保障工作

水电集团认真组织节假日和"迎峰度夏"及"迎峰度冬"电力供应保障工作。

（1）水电集团组织各公司按照政府批复的有序用电方案，深化错避峰能力分析，科学编制有序用电实施方案，做到错峰、避峰"定用户、定负荷、定线路"。

（2）水电集团指导各公司强化停电管理，加强关口等节点的增容改造，推广应用负荷管理装置，加强应急发电装备配置，尽可能缩短停电时间。

（3）水电集团强化供电可靠率、电压合格率管理，实施"两率"考核，从机制上保证了供电保障能力和服务水平的不断提高。

4. 参与公平开放用户受电工程市场建设工作

（1）积极参与试点工作领导单位组织的各项活动。

（2）及时协调解决试点单位试点工作中遇到的新情况和新问题。

（3）组织所属供电企业学习贯彻《四川省电力用户受电工程市场监管办法（试行）》、《四川省电力用户受电工程业务办理指引（试行）》。

（4）督促所属供电企业认真清理自行出台的报装管理流程，使之符合电力相关法律、法规的规定。

（5）督促所属供电企业全面上线办理 10 千伏及以上用户受电工程业务。

5. 做好用户投诉举报的调查和回复

（1）加强用户投诉举报调查回复重要性宣贯，引导各供电企业高度重视此项工作；

（2）指导各公司正确处理各类用户投诉举报，使之符合能源监管办相关要求，有效化解供用矛盾；

（3）及时处理能源监管部门转来相关投诉举报函件，2015 年全年先后直接调查、处理回复了 5 件用户投诉举报事件。水电集团投诉举报数量较去年同期显著下降。

（三）积极履行社会责任

水电集团通过实施农网改造升级和无电地区电力建设工程，极大地改善了农村电网结构，提高了农村电网供电安全性和可靠性，促进了当地社会经济协调发展，提升了农村用电管理水平，为解决农村、农业、农民用电问题建立了电力保障的长效机制，为农村电力发展作出了巨大贡献。"十二五"期间，水电集团圆满完成了四川省委、省政府下达的无电地区建设任务，全面解决了涉及四川省 14 个县，解决了 9.68 万户、37.17 万无电人口的用电问题，累计完成投资 11.73 亿元，切实履行了水电集团作为大型国有企业的社会责任。

1. 农村电网持续改善，城乡经济协调发展

通过农网改造升级和无电地区电力建设工程的实施，集团农村 110 千伏骨架电网逐步形成，10 千伏配电网络得到进一步改善，农村用电供需矛盾明显缓解，有效地拉动了城乡经济增长。通过无电地区电力建设工程的实施，解决了广大无电人口用电问题，提前完成了四川省委、省政府下达的"十二五"期间全面解决无电人口通电任务，显著改善了山区群众的生产生活条件。

2. 农民群众受益明显，电力服务水平提高

农网改造升级工程持续开展，给越来越多的农民群众带来了实惠。水电集团所辖的 29 个县域电网中，在项目实施前只有 5 个县实现城乡居民生活用电同价，在改造后，项目地区全部实行城乡居民生活用电同网同价。通过农网改造升级，农村到户电价大幅度下降，农民负担显著减轻。同时，通过供电营业所的标准化建设，进一步规范农村供用电管理，提升了电力服务水平。

3. 积极发挥集团优势，切实履行社会责任

水电集团认真落实四川省委、省政府决策部署，切实履行社会责任，积极参与扶贫攻坚、对口援建、捐资助学等活动。投资 39.19 万元，解决帮扶对象射洪县瞿河乡高家沟村人畜及灌溉用水问题；向大竹留守学生捐款 12 万元，解决留守学生"因贫失学"问题。在对口帮扶甘孜州乡城县期间，水电集团通过选派年富力强的青年干部挂职乡城县，组织人员深入当地调查研究，围绕影响当地老百姓切身利益的生产生活问题，开展精准扶贫，捐资 90 万元，完成甘孜州乡城县水洼乡白格村藏民聚居点饮水渠建设；捐资 50 万元，完成乡城县然乌乡东尔村卫生设施建设，为乡城县"旅游扶贫"战略夯实"硬件基础"，切实帮助当地群众脱贫致富，充分展现了省属国有企业的社会责任。

六、存在的主要问题

（一）挑战和机遇

世界电力工业的发展正在从传统的以解决缺电为主的需求型开发，发展到以促进社会可持续发展为目的的清洁优质能源建设。我国实施的新一轮电力体制改革、西部大开发战略、社会主义新农村建设、国家能源发展战略的调整以及低碳经济时代的到来，都为水电集团发展创造了有利的发展空间和发展前景。与此同时，电力市场化改革、资源环境综合利用和环保要求的不断提升等外部环境的变化，在为水电集团带来良好机遇的同时，也带来巨大的挑战。

1. 市场竞争加剧与自身综合功能不强的挑战

地方电网企业目前所处的地位是我国电力体制不断调整的结果。我国小水电企业大都地处西南和西北偏远山区，地区经济落后，一方面地区用电增长潜力小，低价的竞争优势无法体现；另一方面这些地区远离电力负荷中心，交通、通信等基础设施不发达，而且由于电网建设滞后、输出通道有限，水电电量送出难以保证，水电企业受限因素较多，缺乏竞争力。由于小水电的自身特点，使得地方电网企业在发展过程中普遍存在缺乏清晰的战略定位、盲目发展、资源浪费严重、管理效率不高、市场竞争力不强等诸多问题。

从 1999 年起，许多地区特别是水利丰富的地区开始进行各种小水电建设，这些电站大都是私营性质，而且得到了当地政府的支持，又由于小水电进入壁垒很低，大量涌入的投资导致有些地区的市场呈现寡头垄断竞争态势。因此，发电市场的激烈竞争已使地方电力企业原有的垄断优势不复存在。

在地方电力开发初期，分散开发的电源一般都是发供用独立运行，主要解决当地县城、乡镇和农村地区的日常生活、农副产品加工及农业生产用电。随着地方经济的发展，原来分散的小水电供电区连片成网，形成了地方电网（小网），成为当地城乡居民生活生产、地方工业和乡镇企业的主要电力供应来源。与此同时，大电网也以大中城市为依托不断延伸，逐步建立起跨区域的供电网络。大电网与小电网供电区的连接是我国经济与地方经济不断发展的必然结果。由于目前电力体制的过渡形态，不同政策环境导致的资源配置差异，造成的国家电网和地方电网之间的利益格局冲突已成为较突出问题，对地方电网企业形成了很大压力，压缩了地方电力企业的利润空间。因此，应该通过体制改革、政策调整和建立有序竞争的市场环境，促使大小电网在区域经济协调发展中形成互利互补关系。

相对于竞争激烈的电力市场，地方电力企业自身的综合功能明显不强。一方面投资功能弱化。由于各级政府财力有限，又受资源条件的制约，地方电力企业难以扩大生产规模，甚至使现有设备的利用率达不到较好水平。另一方面，地方电力企业缺乏综合功能。地方水电多数因多系径流式电站而调节性能较差，又因降雨不均而丰枯矛盾突出。由于作为自主经营、自负盈亏的配电侧小电网，其目的必然趋向于自身的局部利益，在上下网价格剪刀差较大、且公平性缺乏监督的情况下，在业务上给实际电网的统一调度造成诸多困难，难以实现分布式发电的综合优化调度，直接影响社会效益和自身的经济效益，降低了市场竞争能力。其三，分散的受端电网运营管理模式不利于改善政企关系，不利于科学管理。受端电网成员各从其主，条块分割使行政与业务相互牵扯，既不能充分实现政府的宏观调控，又难以使企业迅速转换机制，更不利于现代企业制度的建立。

2. 经济发展加快与地电投融资机制不畅的挑战

水电集团在农村电网改造工程建设取得了阶段性重要成果，但受建设环境、体制改革、管理水平等各种因素影响，在项目建设过程中仍存在一些问题和困难，需进一步改进完善，尤其需要得到政府主管部门的支持。

（1）管理体制问题。

当前农电体制仍处于转轨时期，农电的行业管理职能依然缺位；农电发展缺乏稳定可持续的政策体系，同网不同价现象依然存在。近 8 年来，尽管集团进行了多次测算和调整，地方电力供电电价在一定程度上得到了控制，但截至目前，水电集团供电区域城乡同网不同价的现象依然存在，项目推进非常困难。在四川省发改委指定由水电集团负责实施农网改造升级项目的 30个县中，目前尚有峨边、长宁、冕宁公司未完成产权重组工作。

（2）农网投资问题。

农村的变化使农村电网面临新问题，"十二五"期间国家投入大量资金解决农村用电问题，取得了显著成效；但仍有较多农村地区基础条件差、经济欠发达，农网工程投入与产出不能对应，投资大、效益低，有较多的农网工程投运后，所缴电费尚不能维持工程的正常维护。

在实施项目的部分县（市），自然气候恶劣、地理条件复杂。尤其是位于甘孜藏区的德格县和位于彝区大凉山的美姑、昭觉、普格、金阳县等民族县

（市），地处高原寒湿地带，冬季雾大寒冷，雨雪冰冻天气较多，有效施工期短，高寒高山伴随恶劣的交通条件，导致设备材料运输困难，建设工期与成本明显增加。在农网工程实施过程中，施工占地、线路走廊、青苗赔偿等协调难度也逐年增大。

水电集团所属企业底子薄、效益差，无法完成国家要求的自筹资金投入，同时，由于宏观形势影响，项目贷款到位困难，由此给工程进度带来了直接影响。贫困地区绝大部分为"老、少、边、穷"地区，经济发展相对滞后，这些地区的地方电力企业效益差，多为微利或亏损企业，自筹部分的资金无法足额到位，项目投入问题较大，投资效益极差，特别是由于国家尚未出台相应的贷款偿还政策，项目实施企业自身无力承担还贷本息，导致前期贷款难以落实。

3. 水电发展优势与环保政策调整的挑战

毋庸置疑，地方电力发展的主要优势在于当地丰富的水力资源。这既是各级地方电力企业形成的基础，也是未来地方电力发展的重要战略支点。然而，随着社会经济发展的转型，国家也开始进行调整，在能源开发和环境保护上，出现了一些重大的变化，地方电力企业将面临新的战略选择。

根据四川省最近出台的政策，四川将科学合理、严格控制小水电开发，严格管理水电规划和项目审批，坚持先规划后开发原则，严格进行河流水电规划，严格控制生态敏感区域水电开发，除无电地区且电网不能覆盖的，在保护生态环境的前提下可适度开发小水电外，其他地区原则上不再建设小水电。同时制订出台配套措施，妥善解决小水电历史遗留问题。

目前，四川有不少流域已经由于小水电过快、过度开发而出现严重的环境生态问题。为确保生态环境保护措施落到实处，四川省将组建联合执法组，在每年枯水季节开展水电站生态流量及环境保护检查。要在保护生态环境基础上有序开发水电，注重河流多目标综合利用开发，在开发建设水电站时，在保护环境的前提下，还要因地制宜开发其他资源，如旅游资源等，实现河流的统筹协调开发。合理规划水电工程的淹没区，对库区的移民进行合理安置，同时要注意水电站开发区的环境保护问题。今后一段时间内，新的小水电建设将会受到严格控制；现有小水电由于存在的各种遗留问题，也会面临很大的整改压力。"十三五"期间，企业应着重解决小水电开发所带来的负面问题，以实现可持续发展。

在地方电力企业面临各种挑战的同时，新时代也赋予其很多的机遇。主要体现在以下几个方面：

（1）售电侧的放开。

对于地方电力企业来说，最大的利好就是市场主体的增加和放开管制，尤其是售电主体多元化将带来巨大的发展空间，售电侧放开将激活巨大的电力销售市场，各级地方电力企业将在新的电力体制改革的春风下，享受着政策的红利，不再在是被兼并还是被收购的彷徨中谨慎经营。同时，新电改对新能源、清洁能源产业是个重大利好。发电计划放开后，各类电源竞价上网，低成本发电资产将获得竞争优势，发电企业之间预计将出现分化，小水电、环保高效的机组将得到更大的空间。国家鼓励清洁能源多发满发，加之可再生能源配额等政策的出台，新能源将成为最大的受益者。上述种种变化将使得地方能源企业从单一的能源企业向综合能源企业转变。不过，由于越来越市场化，对地方能源企业的核心竞争力塑造也会带来挑战和风险，需要其改变之前的"靠政府"习惯，日益"跑客户""跟市场"，通过向客户提供更优质的服务和产品，以市场竞争来获得自身发展。

（2）开拓新兴市场。

能源消费革命对地方电力企业拓展新兴市场带来的机遇。能源互联网发展的战略方向是分布式供电。农村水电的分散布点、就地开发、就近成网、成片供电，正是能源互联网的题中之义，这不仅为地方电力企业带来了巨大的发展空间，也为地方电力企业的发展规划了战略方向。在新的竞争中，如何利用优势、抢抓机遇，在现有的客户资源、信息资源、人才资源中，挖掘出新的价值；如何在能源消费变革中，找到适合企业现状、符合发展方向的新业务领域，是急需破解的新课题。电气化、电能替代、节能服务、需求响应、延伸服务等新兴业务不断壮大，车联网、电动汽车充换电、电子商务、"多表合一"等业务潜力巨大。用电服务中蕴藏着海量的客户数据，价值无限，科学合理地开发利用，必将创造更大的经济、社会、环境综合价值。

（3）新技术推动经营模式转型升级。

随着移动互联技术飞速发展，传统管理模式下风险点多、运维成本高、效率低下等问题暴露无遗；随着微信、支付宝和手机 App 应用不断深化，云计算、OTO、大数据技术也从理论探讨进入实质应用阶段，客户对线上服务的需求日益增长。客户对即时性、互动性电子渠道的需求越来越高。这些管理的内生动力和外在需求，势必推动客户服务业务从线下往线上整合，而如何利用互联网思维，打造创新、开放、融合的配售电业务模式，改变与客户互动的方式，推动能源互联网下游资源的整合是新型智能电网和智能服务应该思考的问题。

（二）存在的问题

1. 电力建设欠账较多，电网结构有待优化

经"十二五"农网改造升级和无电地区电力工程建设，水电集团供区的农村电网改造已取得重要的阶段性成果。但由于历史、地理、体制等各种因素影响，在项目建设过程中也存在一些问题和困难，需要得到进一步的支持。

近十年间，四川省城镇化进程进入高速发展阶段，各地县城建设普遍活跃，县城迅速发展，国家也加大了政策扶持力度，把城镇发展摆放在一个重要的位置，城市供电体系在城镇发展中失衡和分裂，使得城镇供电面临整体资源性风险。水电集团各地方电网主要以 110 千伏为支撑，35 千伏为骨干，电压等级无法满足负荷增长的需求，如青川县负荷中心最高电压等级为 35 千伏，根本无法保障县域经济发展要求。加之农村地区电网点多、面广、量大、质量差、损耗大，供电保障能力和可靠性较低。即使是"十二五"期间农网改造后的电网，由于用电负荷增加，也出现了线路"卡脖子"和设备过负荷问题。

在需求刚性增长的同时，以县为单元的农村电网对电力的时空调节能力不强，严重制约了电力资源的优化配置与整合，导致县级供电企业在电力资源开发与配置上"少了不够，多了亏损"，电力资源整合配置困难，发展受限。同时，水电资源禀赋高的县，有电难消化或大部分上大电网；禀赋差的县几乎全部依靠向大电网购电，导致了水电集团窝电与缺电并存的局面。

目前集团大部分电源属于径流式小水电，无调节能力，电网丰枯矛盾突出。丰水期基本都盈余电力，以低廉电价送入大电网；而枯水期则从与大电网的单回线路并网点下网电力，受单回线路输送容量制约，枯水期每县普遍存在供电瓶颈。且目前大多数县都是单回线路一点并（国）网状态，导线截面普遍偏小，导致地方电网普遍存在电力供应不足、供电可靠性及电能质量差等诸多问题，严重制约了地方经济社会的正常发展。

通过 1998 年以来较长时期的农网建设与改造，目前县域骨干电网电压等级已普遍从 35 千伏上升为 110 千伏，形成了以 110 千伏网架为支撑、以 35

千伏为主干、10 千伏覆盖供电区域的结构模式。

鉴于前期农网改造偏重于中低压电网，使其 110 千伏变电站、线路支撑力度严重不足，与大电网联系薄弱，各县域间电力交换受到较大制约。而 35 千伏电压等级变电站、线路受容量所限，已不能满足日益增长的负荷需要，且现有 35 千伏电网结构薄弱，一线串多站现象十分普遍，目前仍然有约 1/4 的 35 千伏变电站长期处于满载甚至过载状态，安全供电压力较大，设备维护切换较为困难。随着改革的深化，很多企业从东部沿海搬迁至内地，各县域负荷将有比较大的增长。以现有 110 千伏电压等级的为支撑的电网已经不能适应迅猛增长负荷的需求。

2. 运维成本增大，主营业务盈利欠佳

国家投入大量资金解决农村用电问题，取得了显著成效，提高了农村用电水平，改善了农村生产生活条件。但广大农村地区基础条件差、经济欠发达，用户缴纳电费相对工程投资而言，投入与产出不能对应，即农网工程存在"投资大、效益低"的显著特征。许多农网工程投运后，所缴电费尚不能维持工程正常的维护费用。再加上设备逐渐老化维护成本逐年增大，电力企业经营困难，负债经营企业较多。如果没有后续运行、维护、管理等方面资金和技术的相继投入，随着电力设施使用年限的增加，将会产生更多新的问题。

2015 年水电集团经营指标总体完成较好，但从 1－10 月的情况来看，水电集团利润主要集中在金融板块和股份公司。15 家盈利企业中，金融板块盈利占 67.20%、电力板块占 32.80%，股份公司在电力板块中占 59.33%。同时，在供电企业中，除股份公司盈利同比增长 25.25% 外，绝大部分供电企业盈利下滑或亏损加大。供电企业盈利能力不足的问题，已成为制约水电集团发展的瓶颈。

3. 外部环境遭遇瓶颈，配套政策尚未到位

（1）农网工程缺乏相应的配套政策。

农网改造升级建设项目直接面向"三农"，投资大效益低，绝大部分工程位于农村地区，支农惠农特征十分明显，社会效益大于经济效益。但农网工程在实施中，工程属性却按工业性质对待，砂石资源税、土地使用税、附着物补偿费、植被恢复费等一样不少，缺乏有力的、配套的财税优惠扶持政策，仅仅依靠电力企业内部减少开支，节约成本以降低工程造价十分困难。

（2）电力设施保护亟待加强。

由于农村电力设施具有"点多、线长、面广"的特点，且大部分在野外，电力设施被盗或损毁的现象时有发生。电力通道内由于生态林建设树障不断增多，且还有不少违章建筑，维护电力通道，危木砍伐和违房拆除难度较大，直接威胁到电力线路设备的安全运行和人民群众的人身安全。通信线与电力线同杆架设问题严重，在电力杆塔附近挖坑取土等现象也不同程度存在，严重影响线路的安全运行和可靠供电。以上问题因电力部门无执法权力，须第三方机构介入，解决十分困难。

（3）赔偿协调难度逐年增大费用增多。

农网工程在建设中无一不涉及赔偿问题，从当前了解的情况看，地方赔偿标准普遍比国家大型工程标准低。例如昭觉县有关三峡公司工程的赔偿标准就比地方赔偿标准高出一倍，有同样的问题农户得到的赔偿差异过大，导致当地农户普遍不能接受农网建设中有关赔偿条件，造成农网工程建设中有关"征地、青苗、复耕、砍伐、跨越、拆迁"等问题的赔偿协调工作难以开展，赔偿费用逐年增多，但解决这些问题又涉及赔偿标准问题，电力企业很难调节两者之间的矛盾，需要政府从中协调解决。

（4）农网工程跨部门协调困难。

农网工程广泛涉及社会，工程建设中涉及部门较多，相互衔接与协调工作量较大，对工期影响较大。一是涉及不同供电部门或区域的"站""线"改造项目，特别是具有跨部门或区域"穿越功率"的"站""线"改造项目，因改造停电时间较长，影响较大，协调困难；二是供电任务较重的"站""线"改造项目，特别是主要为农业生产服务的改造项目，因农业生产具有很强的时间性，误时即误农，工程实施对农业生产影响较大，工期安排困难；三是高原高寒地区冬季结冰期长，封山封路时间长，特别是民族高寒山区，约有半年时间无法正常施工，工期难以保证；四是农网改造需要大量电力设备和建筑材料，集中的需求量对供应厂商提出了比较高的要求，"保质按时"交货难度加大。

4.规划职责不清，地方电力企业难履责

（1）220千伏输变电项目难以落地。

目前，水电集团所属县级电力企业最大日负荷已达到12万—17万千瓦。现有以110千伏为支撑、35千伏为骨干的地方供电网络已成为制约县域经济社会发展的瓶颈，必须提高地方电网的电压等级，建设以 220 千伏为支撑、110 千伏为骨干的供电网络。但由于 220 千伏接入系统无法取得国家电网的同意，220 千伏输变电工程的建设工作至今无法推进，致使地方电力的 220 千伏规划项目无法落地实施。例如，渠县土溪、昭觉竹核项目分别于 2012 年 11 月、2013 年 4 月获得省发改委同意建设 220 千伏输变电工程的"路条"。但是，由于其他部门的干扰，220 千伏至今无法推进，致使发改委的批文成为一纸空文。

按照国家能源局《电力规划管理办法》（国能电力〔2016〕139 号）有关要求，建议全面落实四川省发改委、四川省能源局主导电网规划职责，支持地方电力企业根据资源禀赋、市场需求等规划建设 220 千伏输变电工程，督促大电网经营企业向地方电力企业无歧视开放 220 千伏电压等级接入，全面提升地方电网供电保障能力和承载能力，更好地服务于地方经济社会发展。

（2）产权主体难以履责。

根据四川省人民政府《关于省水电集团运作与发展及农网资产处置实施方案的通知》（川府发〔2007〕15 号），四川省农网资产涉及 111 个县（市）、113 家地方电力企业，由水电集团代表省政府行使出资人权利，管理投放四川省地方电力企业的 80.98 亿元一、二期农网资产。截至 2015 年底，在四川省政府授权水电集团经营管理的 80.98 亿元农网资产中，仍有分布在 76 家地方电力企业的 62.82 亿元农网资产未能明晰产权。而这些企业大部分已被大电网经营企业"代管"或重组，造成大量农网资产的所有权与经营权、收益权分离，从而致使川能投的资产悬空，并连锁导致了水电集团的资产悬空。

5. 技术装备较差，企业管理基础薄弱

相对于大电网的发展和新产品、新技术应用，地方电力企业在电力新技术、新材料和新设备的应用程度上明显不足。在电力新投运的设备中，科技含量及自动化程度偏低的设备占比较大。囿于资金紧张，很多小水电为了减少固定资产投资，首先选择价格低的设备。这虽然降低了设备投资成本，但同时也大大影响了电网在切除故障时快速、可靠和灵敏性方面的能力，电网产生越级跳闸、事故范围扩大和供电可靠性能降低的情况不断发生。

同时，地方电网存在"重经营，轻技术"，技术力量配备不足，生产技术的重视也大多停留在口头和文件上。生产中出现的问题，能拖就拖，缺乏系统化的长效管理机制。并存在对职工的技能培训和学习不够重视，亟须建立积极务实的职工培训体系等问题。

　　此外，部分公司标准化建设滞后，执行力不强，管理方式比较粗放，缺乏应对经济下行、积极开拓市场的能力。部分公司员工业务素质不足，造成企业管理效率和效益低下，抄表到户率和电费回收率不高、电网运行经济性较差等问题也长期存在。集团标准化和信息化建设还需进一步加强。

七、政策建议

（一）加大对农网建设政策支持力度

我国农电社会性、公益性强，企业性、效益性弱，水电集团的县供电企业尤其明显。加快我国农电发展，需要充分发挥政府政策支持和主导作用，出台国家投资建设农网的政策和管理办法，加大农村电网投资建设力度，促进农电更好更快发展。

1. 继续实施统贷统还政策

为确保农村用电价格的稳定并满足农村用电负荷的持续增长，建议继续实施现有农网"2分钱"的统贷统还政策。

2. 设立农网建设和普遍服务专项资金

建立农电发展长期低息贷款机制，解决农电发展的资金渠道，保持对农网投资政策的连续性和稳定性。

3. 加强边远贫困地区的农网建设协调支持力度

边远贫困地区电力建设项目是党和国家实施的一项民心工程、德政工程。而这些项目由于分布在"老少边穷"地区，经济相对落后，地方电力企业经济效益差，贷款落实难度大，迫切需要地方各级政府的协调和支持。为此，我们建议：

（1）请四川省政府和相关部门协调落实项目贷款，确保项目顺利推进；

（2）明确地方政府在项目实施过程中的责任，加大项目实施工作协调力度；

（3）建议将无电地区电力建设贷款列入农网还贷基金，实行统贷统还。

（二）简化流程，形成农网建设合力

农网改造工程已实施十多年，实施过程中，随着法律法规的不断健全，各项政策规定、制度的不断完善，各级监督机构充分发挥了监督作用，项目管理及资金管理也日趋规范，但在实践过程中，仍存在部分需要继续改进的地方。

1. 审批或核准阶段

（1）建议有关职能部门加快项目建设审批核准，对同时具备核准条件的多个电网项目，可根据需要"打捆"编制一个项目申请报告上报审批或核准，有关职能部门相应"打捆"审批前置性条件。10千伏及以下低压配电工程和入户工程的"打捆"项目，由县级有关职能部门出具审核建设意见，不再单项编制环评报告、水土保持方案。变电站在原址建设不需新征土地、未造成

新的环境影响和增加水土流失的，可不另办用地预审和水土保持方案，可视情况依法依规从简、从快编制和审批环评文件。

（2）建议有关职能部门加快项目行政审批办事效率，向电网企业公开电网项目分级审批的划分情况和简化办事程序。严格按照政务服务中心相关规定的审批时限作出审批决定并通知建设单位。有关职能部门对已受理的项目前期专题文件，分期建设的输变电项目可按终期规模一次评定，适当延长批复有效期，若外围条件不变，该项目后期工程不再重新办理专题评审手续。

2. 建设阶段

农网建设是国家行为，是政府行为。各级党委政府是建设工作的责任主体，建议各级地方人民政府积极支持电网建设行为，加大规划、征地拆迁、建设协调等方面的工作力度，为电网建设创造良好条件。支持电网建设项目征地拆迁、居民安置工作，充分发挥城乡基层组织在征地、拆迁安置补偿等方面的作用。切实做好施工区域维稳和治安等工作，及时妥善协调各种关系，避免发生阻工现象，为电网建设创造良好环境。

3. 竣工验收后评价阶段

（1）建议行政主管部门加快工程竣工验收和审计工作的效率。项目法人应及时向项目行政主管部门报送项目竣工决算审计书面申请，行政主管部门在接到项目法人竣工验收和竣工决算审计申请后及时提出安排意见。审计工作结束后，根据项目主管部门提出的项目竣工决算审计意见书和审计决定确认结余资金数额。四川每年电网建设规模和相关职能机构数量严重不成比例，势必导致竣工验收和竣工决算审计非常难办。因此，为加快集团农网项目工程结算审计，建议由地方政府选聘有资质的社会中介机构进行竣工验收和分年分批集中审计。

（2）建议放宽对于结余资金的调配使用政策。一方面由于实施单位管理水平不同，优化结余或者增长比例各异，在这点上建议适度放开10%变更审批权限，变更事宜一律由当地职能部门批准和负责；另一方面，结余资金原则上只能用于本公司范围内，建议放开高（压）调低（压）、大调小的限制。

4. 运行阶段

建议相关政府职能机构将电力设施保护工作纳入社会治安综合治理，统一部署、指导、检查、督促电力设施安全保护工作；协调解决电力设施安全保护工作中的重大问题，严密防范、严厉打击盗窃及破坏电力设施犯罪活动；

严格落实电力设施安全保护工作责任制，整合部门、企地力量，实行综合治理，形成条块结合、整体联动的合力和长效机制。省级有关部门要按照职能分工，严格监管各种可能影响电力设施安全的作业和施工，及时依法采取有效措施制止违章施工、违法乱建等损坏电力设施、危及电网安全运行的行为，切实保障电力设施和运行安全。

（三）加快推动电力体制改革

1. 推进实施输配分开、打破垄断

目前，大电网经营企业一家独大掌握着电力调度权（即发电和输电资源）、电力定价权（即上下网电价）、电网接入审批权，形成了高度垄断的局面。因此，下一步电力体制改革方案中最需要解决的体制瓶颈是"输配分开、打破垄断"。

（1）进一步改革发、输、配环节。明确允许发电厂竞价、竞量上网；成立国家层面的输电公司，经营 220 千伏以上输电电网；配电环节以省级配电公司为主体，推动县域地方配电公司股权多元化。

（2）设立独立的中立调度交易机构，允许省级配电公司直购发电厂电量，改革定价机制，使配电企业与输电公司享受同等待遇。

（3）放开发电计划。建议以市场为导向，允许发电企业在调度交易平台公平交易，竞价、竞量上网。需要特别提出的是，国家要建立适当补贴机制，鼓励可再生能源如水电无限制上网，同时要限制不可再生能源过度开发，建设集约型、节能型发电市场。

2. 推进和实施配售电侧改革

在理顺发电和输电侧运行机制的基础上推进和实施售电侧改革。

（1）以省级配电公司为主体，设立以县级为单位的配（售）电企业，推行县级配电公司股权多元化，建立现代企业制度。

（2）以省级配电公司为主体，理顺售电侧上下网电价机制，实现同质、同网、同价。

（3）创新县级配电公司农村电网投融资机制。支持省级配电集团建设区域配电公司，实现跨县联网，整合资源，打造省级配电公司投融资平台，规避以县为单位的配电企业融资能力差、抗风险能力差的现状，推进配电公司资产证券化、股权多元化，适当时候实现上市融资。

3. 鼓励地电或配售电企业参与直购电交易

（1）鼓励地电或配售电企业参与直购电试点。建议政府有关部门结合四川省实际，将具有独立电网的配售电企业纳入直购电试点。配售电企业纳入直购电试点不仅可进一步增强地方电力企业活力，创造稳定甚至降低电价的空间，有效扩大县域电力需求，又能促进地方电力与当地经济社会协调发展，更好服务"三农"，是一举多得的好措施。

（2）尽快完善直接交易的配套机制。加快制订电力直接交易实施细则，规范从准入、要约到履行及违规处罚等全部电力直接交易行为；加快构建安全、可靠、便捷的电力直接交易信息化系统，满足电力期货、中长期、即时交易的需求；建立电力直接交易的履约保证机制；推动县级独立配电企业直接交易试点，将降低的购电成本按一定比例交国家财政用于建立交叉补贴基金；允许电力富余地区利用新增发电量扩大直接交易试点，允许新增供电量全部纳入直接交易试点。

4．加快建立科学的电价形成和管理机制

（1）科学制订用电价格。第一，电价制订要考虑地方电网普遍服务的责任，合理疏导地方电网电价矛盾。在此基础上，由物价、电监等价格主管部门经科学测算，出台合理综合趸售电价。同时，综合趸售电价，要兼顾边远地区经济发展的产业调控作用，为引导规模以上大宗工业落户地方电网供电区创造条件，促进四川省新型工业化、新型城镇化的统筹发展。第二，实施工商业尖峰电价、可中断负荷电价。这不仅能有效地发挥价格杠杆调节电力供求，引导用户合理计划用电，缓解季节性、时段性缺电矛盾，还能降低相关用电企业的生产经营成本，也为部分高耗能企业提供了生存空间。第三，切实按照国家输配电价改革的要求，完善输配电价监管机制，为大用户直购和售电侧改革创造条件。

（2）建立科学的电价补贴机制。第一，对"三农"用电由国家财政实行分类补贴，并加大"以电代燃料"补贴力度，减少生态破坏和减少二氧化碳排放。第二，对居民生活用电，则进一步完善阶梯电价改革，全面实施峰谷电价、电能替代电价，通过提高电网效率、推进家庭分布式储能降低成本。第三，对工业，则实施节能改造补偿，淘汰高耗能设备。第四，征收普遍服务补偿基金及其他专项基金。

（3）建立合理的电价同价、同步机制。第一，完善城乡居民用电同价政策。趸购省网的高电价地域环境影响导致输配电成本的高支出，普遍服务义务的代位履行，这些客观存在的因素使农村的供电成本居高不下，如省内要全面实施城乡居民用电同价政策，应出台规范趸售端电价的政策，区域同价的范围，也应把同区域的趸购电价同价一并纳入，达到既解决社会问题又解决地方电网的生存发展问题。第二，着力解决国家政策性调价时地方电网的同步调价问题，适当调整承担了太多社会责任的地方电网企业销售电价，使之建立更加规范、有序的电力市场，帮助企业走出濒临破产的困境。

（4）规范电价管理。第一，建议电力监管部门及政府相关部门加大清理地方擅自出台的优惠电价政策的力度，杜绝电价管理混乱、国有资产流失的现象，使地方电价管理逐步走向科学化、规范化。第二，建议电力监管部门清查支付大比例承兑汇票及拖欠电费情况，按照《发电企业与电网企业电费结算暂行办法》规定进行处理及整治，以进一步规范电费结算行为，维护企业的合法权益。第三，取消省网趸售执行电价测算权，由省级价格主管部门直接核定趸售电实际结算价格，实现价格公平。

（四）加快解决无电区供电问题

1. 加强各项保障措施

（1）高度重视、狠抓落实。无电地区电力建设应按照党中央、国务院的统一部署，在四川省委、省政府直接领导下，各级政府及有关部门充分认识解决无电地区用电问题重要性，按照科学发展、又好又快发展的要求，相互支持，紧密配合，把解决无电地区用电问题作为一项重要政治任务来抓，积极采取有效措施，加强领导、明确责任、精心组织、狠抓落实、讲究实效，大力支持无电地区的电力建设工作，促进农村经济发展、农民脱贫致富和生态建设，确保无电地区电力建设任务的全面完成。

（2）贯彻执行有关政策。继续贯彻执行国家对农村电网改造、"送电到乡"工程建设、小水电代燃料工程建设的一系列优惠政策和工程建设管理办法。

（3）明确责任、健全制度。通过目标责任制，把有关责任和职责，逐一落实到相关单位和责任人，做到责任明确，使各单位协调运作，各司其职，各尽其责。

2. 加大资金筹措政策支持

无电地区电力建设规划项目投资规模大，经济效益较差，无电地区涉及的县级电力公司多数因银行贷款信用等级、地方配套、企业自筹受限，融资困难，故建议以省水电集团为平台，以地方电力供区为基础，以地方电力企业为实施主体，以多方筹资为来源，以地方政府优惠政策为支撑，全面开展无电地区工程建设，建议落实农网"两分钱"还贷基金扩大到无电地区电力建设贷款还本付息的政策。

3．建议简化项目前期审批

无电地区电力建设项目很多是社会效益大于经济效益，是从"讲政治、求稳定、谋发展"的高度来实施的，其经济性和技术水平可能偏低，投资相对较少，建议发改委、国土、环保、水利等涉及项目前期审批的部门对无电地区电力建设项目在审批环节上开辟绿色通道，简化审批环节，以加快工程进度。

4．建立无电地区电力建设可持续发展的常态机制

虽然近年来国家投入了大量的资金进行农村电力建设，如农村电网改造、"送电到乡"工程，但由于经济社会的快速发展，在一些地区电力供应出现了新的"卡脖子"现象。因此建议建立无电地区电力建设可持续发展的常态机制，如建立无电地区电力建设基金和无电地区电力设施运行维护基金。专项用于无电地区电力建设和补贴企业无电地区电力设施运行和维护费用，促进地区经济协调发展，改善广大农牧民生产生活条件、脱贫致富、实现全面建设小康社会的宏伟目标。

5．推进无电区电力企业股份制改造，搭建融资平台

建议按照川府发〔2004〕31号和川府发〔2007〕15号文件的精神，以农网资产为纽带，积极稳妥、有序高效地推进无电地区电力体制改革进程，由省水电集团率先对无电地区涉及的电力企业实行资产重组和股份制改造，为无电地区电力建设搭建融资平台，解决多年来困扰无电地区电力建设的"贷款难、自筹难、配套难"的问题。

6．出台税费优惠政策

考虑到无电地区电力建设项目大都属于社会效益大于经济效益，其经济和技术水平较低，投资相对较高，因此建议在税收政策上给予一定的扶持。

（1）将无电地区电力建设项目的建安营业税返还项目业主用于项目建设，将项目的经营性税收以适当比例返还项目业主以降低经营成本提高经济效益。

（2）对于参加项目建设的企业免征营业税、城市维护建设税和教育附加费，免征无电地区建设单位合同双方的印花税；项目业主的营业账簿免征印花税。

（3）对于参加无电地区电力项目建设的工程单位就地采用的砂、石等材料免征资源税。

（4）实行土地使用优惠政策。工程单位在建设期因施工、生产需要而使用的土地，减免土地出让金，免征城镇土地使用税，减免土地补偿费及附着物补偿费，实行土地使用权 50 年不变；对于工程单位在建设过程中因施工、生产临时占用的耕地、林地免征耕地、林地占用税；降低森林植被恢复费。

（5）对于承担无电地区电力设施运行及维护的单位继续实行 6%的增值税税率。

（五）加大分布式能源发展政策支持力度

分布式发电靠近用户、就地平衡、运行灵活可靠、低碳环保，既是新的能源利用方式，也是补充供电时段性缺口、提高电压合格率和供电可靠性的有效手段，亦可减少电能输送的投入。国家应尽快出台相关政策法规，鼓励、支持、扶持和规范分布式发电的发展，更好地统筹解决电力时段性、结构性、区域性等矛盾。

分报告四

山西省地方电力发展报告

一、总体概况

（一）历史沿革

1. 机构沿革

（1）山西省地方电力公司的成立及背景。

在 20 世纪 80 年代末国家开始财税体制改革的大背景下，为改变我国在计划经济体制下的长期缺电局面，促进地方电力工业的发展，1988 年国家出台"电力建设基金"（两分钱/千瓦时）政策。为促进山西省地方电力工业的发展，1989 年 1 月 30 日，山西省人民政府办公厅以晋政办发〔1989〕5 号文件通知，成立山西省地方电力公司，由省电力工业局代管。该公司作为地方电力出资人的代表，负责电力建设基金的投资运营。

（2）山西国际电力集团有限公司（以下简称集团公司）。

2002 年 12 月，山西省地方电力公司按照《中华人民共和国公司法》整体改制为山西国际电力集团有限公司。

（3）山西国际电力集团有限公司分立重组为山西国际电力集团有限公司和山西国际能源集团有限公司。

2007 年 11 月 12 日，山西省国资委以晋国资产权函〔2007〕375 号文件批复，2007 年 11 月 20 日国家商务部以商资批〔2007〕1946 号文件批复，山西国际电力集团公司分立重组为山西国际电力集团有限公司和山西国际能源集团有限公司，将山西国际电力集团公司所属 330.53 万千瓦发电资产与韩国电力公社和德意志银行合资成立格盟国际能源公司，同时山西国际能源集团有限公司作为中方发电资产的持股公司，配电网资产和少数发电资产、清洁能源仍留在山西国际电力集团公司。

集团公司完成分立重组工作后，进入了一个新的发展阶段。

山西国际电力集团有限公司作为山西省政府唯一全资设立的电力产业集团，是省政府授权的省级电力资产出资者代表，是担负电力建设、运营职责的专业化公司。公司成立以来，逐步成长为全国地方电力行业中为数不多的，占有发电和配电两端市场、控股上市公司和金融机构、集资本运营与资产经营于一体的特大型企业集团。

集团公司实行三级管理体制。总部设有集团工作部、投资管理部、财务部、人力资源部、产业管理部、法律审计部等 6 个管理部门，为战略管理中心、投融资管理中心、人力资源管理中心；拥有的通宝、发电、地电、金融租赁、资产管理、燃气公司、置业公司、投资等 8 个二级公司，为运营管理中心；全资或控股的 52 个发、配电等三级公司，为利润中心。

（4）晋能集团有限公司。

2013 年 5 月 25 日，山西国际电力集团有限公司与山西煤炭运销集团有限公司合并成立晋能集团有限公司。

（5）晋能电力集团有限公司。

2014 年 2 月，晋能电力集团有限公司（简称晋能电力）成立，是晋能集团有限公司所属电力板块公司，负责集团内发电和配电业务，配电业务仍由山西地方电力有限公司负责经营。

（6）山西地方电力有限公司。

1997 年 12 月，山西国际电力集团公司（原山西省地方电力公司）统一收归管理 12 个县级供电企业后，为了实施有效的专业化管理，于 2003 年 1 月控股设立山西国际电力集团配电管理有限公司，授权对配电资产行使专业管理、监督考核、协调服务职能。

2007 年，山西国际电力集团公司分立重组后，根据新的发展战略，对所属配电资产进行了整合重组，并于 2008 年 8 月控股成立山西地方电力股份有限公司（以下简称地电股份），担负起配电产业的生产运营管理职责，主要负责所属电网规划、设计、建设、经营；电力调度、生产和计量管理；电力销售服务、技术咨询服务等。集团公司实施完成配电资产重组后，于 2011 年 6 月 17 日正式更名为山西地方电力有限公司，并将配电网资产整体装入山西国际电力集团所属上市公司——山西通宝能源股份公司，成为其全资子公司。机构沿革如图 4-1 所示。

2. 山西省农电管理（配电产业）历史沿革情况

山西省农电起步于 50 年代，山西省政府曾先后设立省农电局、省地方电力局管理农电工作。1975 年省政府重新设立省农电局（二级局）。1980 年省电力局划归水电部时，省政府委托水电部对农电局进行代管，改称为省电力局农电局。1989 年，为确保国务院集资办电政策的实施，有效管理和运营"电力发展基金"（两分钱/千瓦时），促进集资办电和农电发展，省政府与原能源部协商后，以晋政办发〔1989〕5 号文件成立了省地方电力公司，省电力局农电局与省地方电力公司按照"一套人马、两块牌子"的模式，合署办公，主管地方电力投资和全省 109 个县的农网建设和生产运行，从而形成了中央、

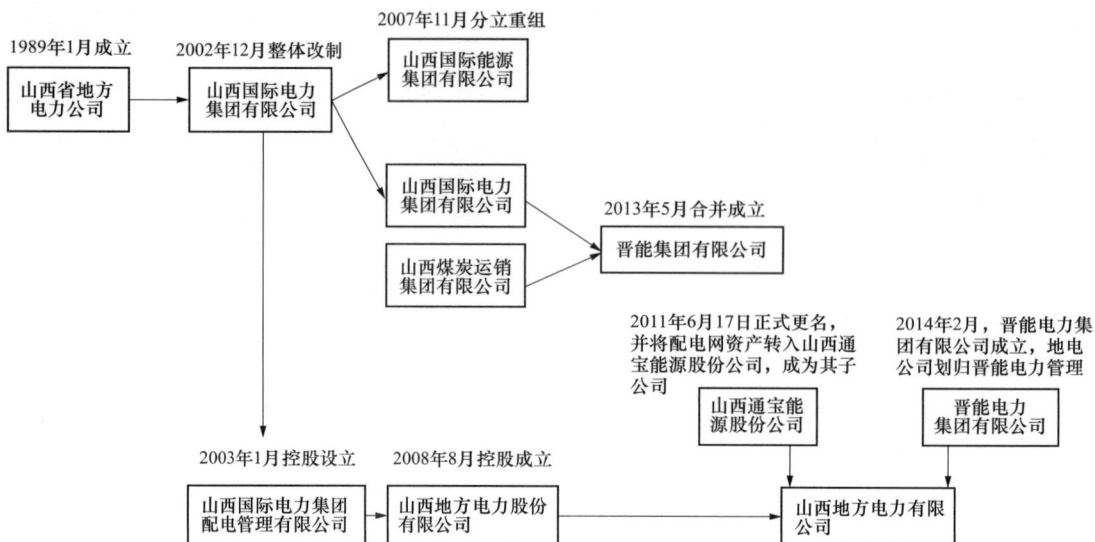

图 4-1　机构沿革图

地方联合办电、管电的农电管理体制。与此同时，为了建设管理好农村电网，省政府于 1986 年下发《山西农村用电管理试行办法》，用电乡镇建立了乡镇电力管理站，是农民集资办电的合作组织，也是农村集体电力资产的代表。之后相继建立了省、地、县乡镇电管总站，对乡镇电管站的人、财、物实行了统管，省级电管总站设在省农电局。

山西省共有 109 个农电县供电企业，在 20 世纪 80 年代初全国电力体制改革时，97 个农电县供电企业整体上由原水电部华北电管局代管，为山西省电力工业局农电局直供直管模式。其余 12 个农电县供电企业，则因地处大电网末端的贫困地区，电网落后，售电量小，省电力局无利可图，不愿上划接收。由此逐步形成朔州朔城区、吕梁离石、柳林、交口、石楼、方山、中阳县供电企业由省电力公司所属企业代管；吕梁临县、兴县、临汾乡宁、蒲县、安泽县供电企业（5 县）由县政府管理的格局。

1996 年 12 月 7 日，国务院下发国发〔1996〕48 号文件，决定组建国家电力公司。1997 年 1 月 16 日，国家电力公司正式成立，电力工业"政企分开"改革从此开始。1997 年 12 月 30 日，根据国家电力体制改革的总体思路，为加强对山西省地方电力企业的管理，提高地方电力资产的运营效率，山西省政府办公厅下发晋政办发〔1997〕96 号文件《关于山西省地方电力工业几个具体问题的通知》，将省电力公司代管的朔城、离石、柳林、交口、石楼、方山、中阳县电业局和县政府直管的临县、兴县、乡宁、蒲县、安泽县电业局共 12 个趸售县电业局收归原山西省地方电力公司实行统一管理。文件同时明确提出，由电力建设基金和地方集资建设的 110 千伏及以下的输变电工程，按照 35 千伏输变电工程办法进行管理，形成的固定资产由省地方电力公司（省农电局）管理。省、地（市）、县（市、区）、乡镇电力管理总站和乡镇电管站全部由省地方电力公司（省农电局）管理。

1998 年 1 月 22 日，中共山西省委以"晋发〔1998〕10 号文件批复《关于进一步推进经济体制改革的实施方案》，提出"改变山西省地方电力公司的代管体制，作为省政府授权的电力投资、资产经营主体和地方电力出资者代表，并行使省农电局职能"。自此，山西省地方电力公司解除与山西省电力公司的代管关系，开始独立运营。（山西省政府明确：山西省地方电力公司是地方电力出资者代表，并行使省农电局职能）

但在执行的过程中，由于山西省电力公司不同意移交其直管县的乡镇电管站，从而形成目前山西省 109 个农电县供电企业，其中作为中央企业的省电力公司直供直管 97 个、山西国际电力集团公司（原山西省地方电力公司）趸售直管 12 个的格局，见表 4-1。

表 4-1　　　　　　　山西地方电力机构沿革及历史沿革图

年份	机 构 沿 革
1959 年	在山西省电力厅设"专县（市）电力管理处"负责专县农电（地方电力）管理
1962 年	成立山西省农村电气化管理局，一年后改称山西省地方电业局。负责全省农村 35 千伏及以下农村电网建设管理和单机 6000 千瓦以下发电厂管理
1972 年	改称"山西省革命委员会电业局农电处"
1976 年	山西省革命委员会批准改为"山西省电力工业管理局农电局（二级局）"
1980 年	山西省电力局农电局
1986 年	为了加强农村用电管理，杜绝三乱，减轻农民负担，1986 年开始在全省各乡镇建立电管站；省级电管总站设在省农电局
1989 年	成立山西省地方电力公司，与山西省电力局农电局合并，保留山西省农电局的牌子。山西省地方电力公司领导由省政府任命，业务由省电力公司代管
1992 年	省地县均成立了乡镇电管总站，地县两级电管总站站长由分管副专员（副市长）、副县长（市长）任站长

续表

年份	机 构 沿 革
1997 年 12 月	山西省政府办公厅下发〔1997〕96 号文件，统一管理 12 个农电县、及地方投资建设的发电资产；省政府明文规定：省、地（市）、县（市、区）、乡镇电力管理总站和乡镇电管站全部由省地方电力公司（省农电局）管理。 但在执行的过程中，由于山西省电力公司不同意移交其直管县的乡镇电管站。自此，形成了山西省电力公司管理 97 个县，山西省地方电力公司管理 12 个县的格局至今
1999 年 11 月	国家计委"以〔1999〕1673 号文件"批准了山西省农电"两改一同价"方案，同意山西实行"一省两贷"方案；"一省两贷"方案的实施，正式确立山西省地方电力公司在山西省农网改造建设中的承贷主体地位
2002 年 12 月	山西省地方电力公司整体改制为山西国际电力集团有限公司
2003 年 1 月	山西国际电力集团有限公司控股设立山西国际电力集团配电管理有限公司，负责管理电网资产（12 个农电县）
2007 年 12 月	山西国际电力集团有限公司分立为山西国际电力集团有限公司和山西国际能源集团有限公司，山西国际能源集团有限公司与韩国电力公社、德意志银行合资成立格盟国际能源有限公司
2008 年 8 月	山西国际电力集团有限公司控股成立山西地方电力股份有限公司，负责管理电网资产（12 个农电县）
2011 年 6 月	山西地方电力股份有限公司正式更名为山西地方电力有限公司
2013 年 5 月	山西国际电力集团有限公司与山西煤炭运销集团有限公司合并而成晋能集团有限公司
2014 年 4 月	晋能电力集团有限公司成立，负责晋能集团的发电和配电业务，其中配电业务（12 个农电县、电网资产）仍由山西地方电力有限公司负责运营

3. "一省两贷"方案的实施，正式确立山西国际电力集团公司（原山西省地方电力公司）在山西省农网改造建设中的承贷主体地位

根据《国务院批转国家经贸委关于加快农村电力体制改革加强农村电力管理意见的通知》（国发〔1999〕2 号）精神，山西省全面实施了"两改一同价"工作。山西省委、省政府及省有关部门结合我省实际，多次进行讨论研究，并向国务院及有关部委汇报和反映我省农电管理的实际情况，1999 年 7 月 26 日第 13 次省长办公会议研究确定了我省"一省两贷"方案，并以晋计能投字〔1999〕449 号、晋计投能字〔1999〕553 号文件正式上报国家计委。1999 年 11 月，国家计委以"计基础〔1999〕1673 号文件批准了我省农电"两改一同价"方案，同意山西实行"一省两贷"，即由山西省电力公司和山西国际电力集团公司（原山西省地方电力公司）分别作为山西省 97 个直供直管县

和 12 个趸售直管县农网改造资金的承贷主体；2000 年 10 月，国家经贸委以国经贸电力〔2000〕95 号文件批复了山西省的农电体制改革方案，同意山西国际电力集团公司（原山西省地方电力公司）管理 12 个趸售县（区）供电企业，并作为 12 个趸售县（区）农网建设与改造的项目法人，组织实施"两改一同价"工作。

"一省两贷"方案的实施，正式确立山西国际电力集团公司（原山西省地方电力公司）在山西省农网改造建设中的承贷主体地位。

（二）地位作用

1. 地方电力的大发展促进了当地经济的大发展

1998 年之前，朔州市朔城区等 12 个趸售县供电企业尚未划归山西国际电力集团公司（原山西省地方电力公司）管理，由于山西省电力公司长期以来只代管不投资、不建设，电网结构极其薄弱，这些地区缺电成为常态，严重制约当地经济和社会发展。

1998 年这些地区统一划归山西国际电力集团公司（原山西省地方电力公司）管理后，由于理顺了投资渠道，明确了所有者权益，为实施系统化、专业化、规范化管理，加快发展，奠定了基础。电力大发展，促进了当地经济的大发展。短短几年，通过加大电网投资建设力度、加强企业内部管理、开展减人增效改革等一系列措施，其所属供电营业区内的电网结构获得了根本性的改善，经营管理水平和服务质量获得了极大的提高，有力促进了地方经济和社会事业的快速发展。

至 2015 年，吕梁 8 县及其他 4 市、县经济等各项事业经历了跨越式发展，各地的财政收入，实现了几何级数的增长（吕梁从 4.11 亿元增长至 90.68 亿元，增长 21 倍；朔州朔城区从 1.75 亿元增长至 16.22 亿元，增长 8.3 倍；乡宁从 0.67 亿元增长至 20.35 亿元，增长 29.4 倍；安泽从 0.15 增长至 8.00 亿元，增长 52.2 倍；蒲县从 0.39 亿元增长至 12.97 亿元，增长 32.3 倍），见表 4-2。

表 4-2　　　　　各分公司所属地区经济发展情况汇总

	吕梁市		朔州朔城区		乡宁		安泽		蒲县	
	1997年	2015年	1997年	2015年	1997年	2015年	1997年	2015年	1997年	2015年
地区生产总值（亿元）	95.90	955.80	13.62	235.90	8.35	80.37	2.33	42.13	5.48	53.85

		吕梁市		朔州朔城区		乡宁		安泽		蒲县	
		1997年	2015年	1997年	2015年	1997年	2015年	1997年	2015年	1997年	2015年
规模以上工业增加值（亿元）		20.04	516.01	3.65	77.52	6.12	37.77	0.20	20.74	4.30	38.59
财政收入（亿元）		4.10	90.67	1.74	16.22	0.66	20.35	0.15	8.00	0.39	12.97
人均可支配收入（万元）	城区	0.25	2.29	0.32	2.84	0.37	1.33	0.28	2.38	0.34	1.39
	农村			0.22	1.22			0.14	0.78	0.17	

资料来源：吕梁市政府办公厅，各市、县统计局。

吕梁市1997年和2015年的经济发展对比图

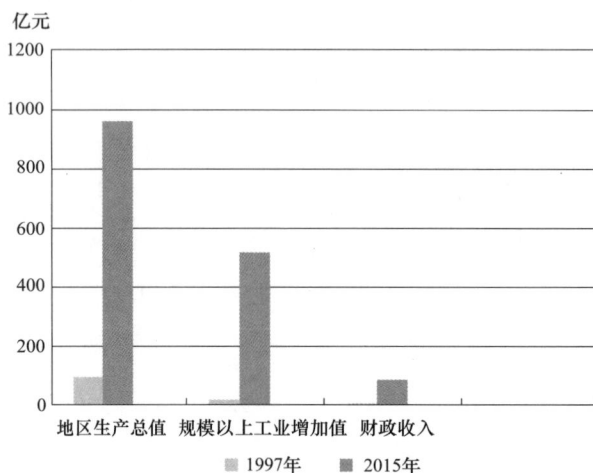

亿元

朔州市朔城区1997年和2015年的经济发展对比图

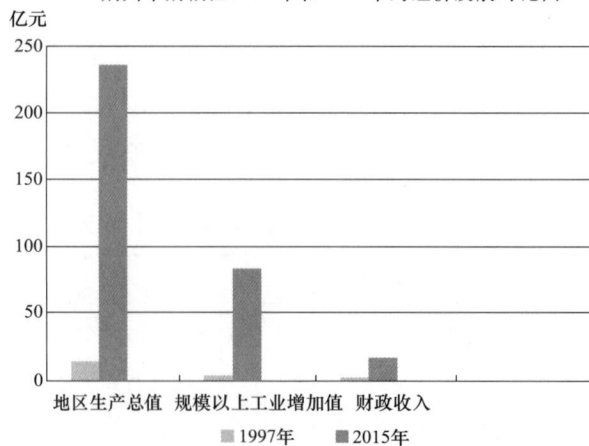

亿元

乡宁县 1997 年和 2015 年的经济发展对比图

亿元

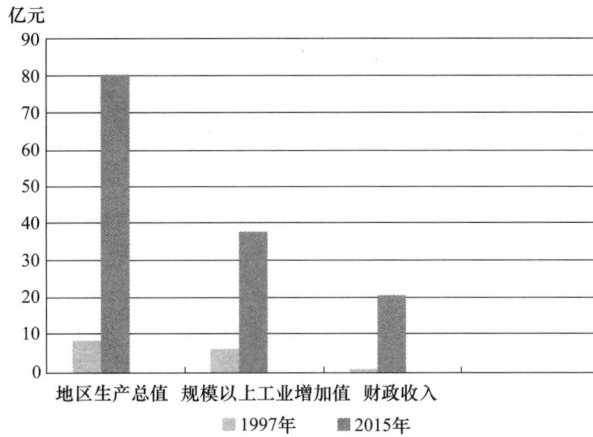

■1997年 ■2015年

安泽县 1997 年和 2015 年的经济发展对比图

亿元

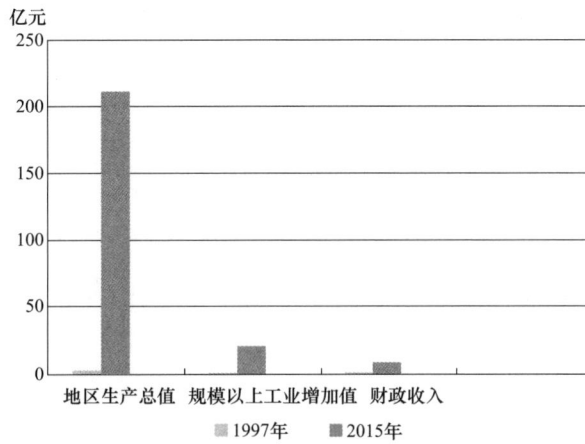

■1997年 ■2015年

蒲县 1997 年和 2015 年的经济发展对比图

亿元

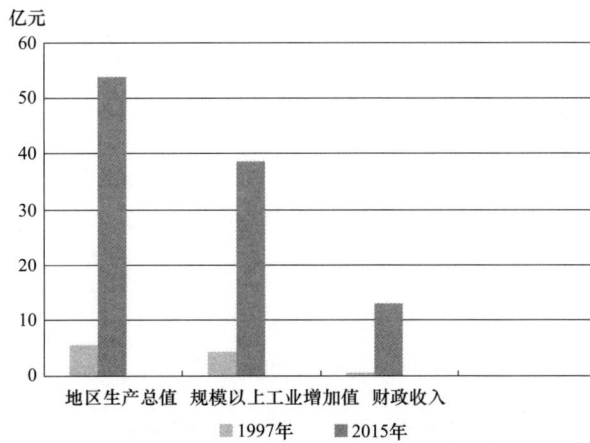

■1997年 ■2015年

图 4-2 各分公司所属地区经济发展对比图

电力产业是国民经济的基础产业，可以说，当地经济社会各项事业的大发展，电力的促进作用居功至伟。

2. 在厘清输配电价中发挥了积极作用

由于地方电力的存在，对地方政府在电价制订和监审中起到了参照校核的作用，对打破电价垄断、厘清输配电价起到了积极作用。地方电力企业在体制上、机制上没有"大一统"电力企业的僵化保守。地方电力企业与地方政府的关系密切，熟悉当地经济发展的"省情""区情"，是当地调控经济的得力助手。

3. 促进了电力体制改革进程

地方电力的发展有力推动了我国电力体制改革的深化。地方电力企业由于不受中央电网企业领导，打破了以往电网企业"大一统"的管理模式，引入了竞争，提高了管理效率。从一定程度上说，是地方电力企业最终促成了厂网分开的电力体制改革，又为下一步的"输配分开"创造了有利条件。

4. 成为电力市场的重要组成部分

山西省 109 个县中的 97 个县的农电企业划归山西省电力公司管理之后，剩余 12 个县的农电企业因为地处大电网末端、自然条件恶劣,职工人数众多，山西省电力公司不愿上划，由山西省地方电力公司管理。可以说，地方电力企业扮演着拾遗补阙的作用，地方电力在国家大电网延伸不到的地方，承担了电力普遍服务的义务。正是由于地方电力企业艰苦卓绝的努力，偏远贫困地区的经济社会发展享有可靠的能源保障。在深化电力体制改革的过程中，地方电力企业始终是积极的开拓者和参与者，是推动电力体制改革的中坚力量。

（三）配电产业发展现状

朔州市朔城区等所属 12 个逴售县供电企业自 1998 年收归山西国际电力集团公司实行统一管理以来，得到了迅猛发展。

截至 2015 年 12 月 31 日，公司总资产 62.04 亿元，比 1998 年接管时的 2.09 亿元增加 59.95 亿元，增长 28.7 倍；全年完成供电量 73.349 亿千瓦时，完成售电量 68.611 亿千瓦时（与 1998 年接管时的 7.8 亿千瓦时相比，增长 7.8 倍，年平均增长率超过 14%，远远高于同期全省平均增幅）；实现主营业务收入 37.77 亿元，利润实现 1.71 亿元，实现综合线损率 6.46%，完成平均电价 0.647 元/千瓦时。所属 12 个供电分公司下设供电所及营业点共 135 个，共有低压配变 8127 台。所辖各类用电户 85 万户，其中 10 千伏及以上大用户

1056 户,居民用户 78 万户。地电公司共有 220 千伏变电站 6 座,主变压器 12 台,容量 1830 兆伏安;220 千伏线路 12 条,共计 357.82 千米;110 千伏变电站 46 座,主变压器 92 台,容量 3850 兆伏安;110 千伏线路 78 条,共计 1500.9 千米;35 千伏变电站 66 座,主变 124 台,总容量 820.2 兆伏安;35 千伏线路 132 条,共计 1651.5 千米;10 千伏线路共计 11474.8 千米;共有 10 千伏配变 8127 台,容量 68.90 万千伏安,低压线路 1.5 万千米。所属电网形成 220 千伏为主干网架、110 千伏及以下电压配出的供电格局,基本满足营业区内用电需求。

地方电网企业成为山西省地方电力资产具有潜在活力的重要组成部分,呈现出良好的发展态势,有力地支持和服务了地方经济的快速发展。

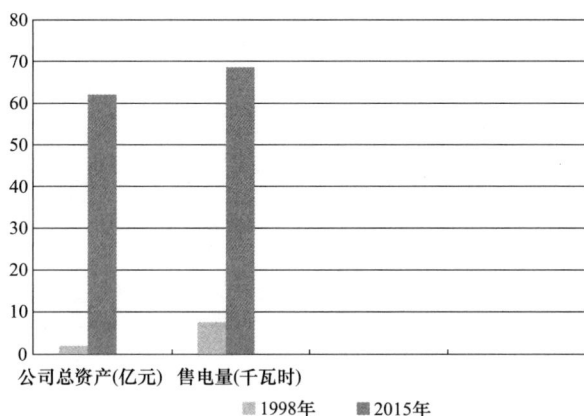

图 4-3 朔州朔城区等 12 个县供电企业 1998 年、2015 年总资产和售电量对比

二、投资建设

（一）投资规模

朔州市朔城区等 12 个县供电企业自 1998 年收归山西国际电力集团公司（原山西省地方电力公司）实行统一管理以来，围绕"安全稳定、效益优良、服务优质"的发展目标，以"山西地电为山西，地方电力为地方"为服务宗旨，2005—2015 年期间，先后投资 58.05 亿元，不断加大所辖县（市、区）电网建设投资力度，兴建高电压等级变电站，取得了令人可喜的成绩。电网的大规模建设，有效推动了当地的经济发展。投资规模见表 4-3。

表 4-3　　2005—2015 年间（共 11 年）电网建设投资等情况

（单位：亿元）

年份	电网建设投资总额	其中：		
		自有资金	银行贷款	财政拨款
2005	1.07	0.12	0.85	0.09
2006	2.23	0.41	1.78	0.02
2007	5.28	1.01	4.22	0.04
2008	0.56	0.11	0.44	0
2009	5.15	1.03	4.12	0
2010	9.69	1.66	7.75	0.27
2011	8.43	1.68	6.74	0
2012	6.09	0.81	4.87	0.40
2013	7.91	0.78	6.33	0.80
2014	9.56	1.25	7.65	0.66
2015	2.03	0.24	1.62	0.16
总计	58.04	9.15	46.43	2.45

（二）资金来源

如表 4-3 所示，2005—2015 年 11 年间，山西地方电力公司先后投资58.0469 亿元进行电网建设，其中：自有资金 9.15 亿元，占 15.76%，银行贷款 46.44 亿元，占 80.00%，财政拨款 2.46 亿元，占 4.23%。可以看出，在电网建设中，地方电力公司用少量自有资金，利用银行贷款进行了大规模的建设，财政拨款占到其中很少比例，占 4.23%。分年度来看，2008 年，2009 年、2011 年财政拨款为 0；2013 年财政拨款最多，达 0.80 亿元，仅占当年度电网建设投资总额的 10.10%。

（三）项目建设

山西地方电力公司在进行大规模的农网改造、大力加强电网建设的进程中，积累了一些好的经验和做法。

1. 220千伏变电站的建设

山西地方电力股份有限公司电网分公司220千伏金罗变电站是山西国际电力集团有限公司投资兴建的第一座220千伏电压等级的枢纽变电站，也是吕梁山上第一座220千伏电压等级变电站，同时也是全国地方电力建设的第一座220千伏电压等级变电站。220千伏金罗变电站于2002年12月20日奠基开工，2003年12月16日建成投产。220千伏金罗变电站的建成投运，极大地改善了吕梁电网结构，提高了公司电网电压等级，有效地缓解了吕梁山上八县（区）严重缺电的紧张局面，有力地配合了柳林电厂二期2×600兆瓦机组建设，对吕梁经济结构调整和国民经济发展起到了极其重要的推动作用。

随着金罗变电站的建成投运，山西地方电力公司以金罗站为电源支撑，陆续建成临县220千伏变电站、兴县220千伏变电站、柳林龙花垣220千伏变电站、离石车家湾220千伏变电站、交口220千伏变电站等五座220千伏电压等级变电站，在吕梁山上形成以220千伏电压为骨干的电网结构。

2. 兴县数字化变电站的建成投运

2009年5月26日，地电公司也是山西省的第一座数字化变电站——兴县220千伏变电站正式投运。兴县220千伏数字化变电站的建成投运，不仅满足了兴县西川工业园区大用户的用电需求，也为当地工农业生产提供了可靠的电力保障，同时也是一次变电技术的革命，它实现了一次设备智能化，二次设备网络化，运行状态数字化，使系统运行的准确性、稳定性和可靠性均得到了显著的提高。该变电站的建成投运填补了山西电网建设史上的一项空白。

3. 安泽县的农网改造受到了国家有关部委的好评

2004年6月，国家发改委重大项目稽查特派办通过随机抽样，确定对山西国际电力集团公司所属安泽县电力公司农网改造工程进行重点稽查。

通过查阅资料、现场检查、走访用户，稽查组同志对安泽县1990年至2003年开展的农网改造工程项目进行了严格细致的稽查。稽查工作结束后认为，安泽县农网改造项目实施的各个环节都能够严格实行国家有关农网改造财务收支规定、工程招投标规定，做到了账账相符、账物相符。工程质量管理、安全管理全部达标。特别是在旧材利用方面为项目节约了资金。在稽查组稽查总结会上，稽查组同志对安泽县农网改造工程在执行政策、工程管理、财务管理等方面给予高度评价，认为安泽农网改造工程堪称全国典范，说明地方电力公司完全可以担负起当地电力建设、管理、运营和服务的重任。

三、供电服务

（一）电力供应

截至 2015 年 12 月 31 日，山西省装机容量为 6966 万千瓦，其中，水电 244 万千瓦，火电 5940 万千瓦，风电 669 万千瓦，光伏发电 113 万千瓦，发电量 2457 万千瓦，利用小时数 3744 小时。

（二）电力消费

1. 用电规模

2005—2015 年间全公司的售电量及各用电行业的增长情况，见表 4-4、如图 4-4 所示。

表 4-4 　2005—2015 年间（共 11 年）的用电规模和结构 　　　（万千瓦时）

年份	售电量	一产		二产		三产		城乡居民生活	
		电量	占比（%）	电量	占比（%）	电量	占比（%）	电量	占比（%）
2005	260007.31	4193	1.61	185575	71.37	47418	18.24	20815	8.01
2006	308597.60	4 866	1.58	228229	73.96	48757	15.80	26800	8.68
2007	349784.51	5407	1.55	254633	72.80	55436	15.85	34336	9.82
2008	387150.71	5985	1.55	271918	70.24	64 737	16.72	44511	11.50
2009	402388.06	9777	2.43	298911	74.28	41355	10.28	52345	13.01
2010	485582.37	7079	1.46	332205	68.41	81247	16.73	65052	13.40
2011	606348.02	9795	1.62	411363	67.84	106675	17.59	78515	12.95
2012	651220.76	9605	1.47	414145	63.60	117167	17.99	92702	14.24
2013	716239.96	12481	1.74	485553	67.79	120324	16.80	97873	13.66
2014	684060.80	13663	2.00	447125	65.36	117230	17.14	106046	15.50
2015	686108.15	14633	2.13	444848	64.84	116844	17.03	109784	16.00

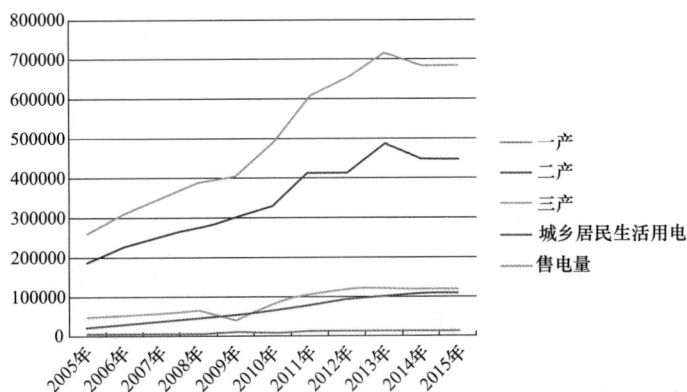

图 4-4 　2005—2015 年间（共 11 年）各行业的用电情况

从表 4-4、图 4-4 可以看到，从 2005—2015 年的 11 年间，全公司的售电量得到了很大增长，从 26.00 亿千瓦时增长到 2015 年 68.61 亿千瓦时，11 年间增长 163.89%，其中，第一产业的用电量从 0.42 亿千瓦时增长到 1.46 亿千瓦时，增长 248.99%；第二产业的用电量从 18.56 亿千瓦时增长到 44.48 亿千瓦时，增长 139.71%；第三产业的用电量从 4.74 亿千瓦时增长到 11.68 亿千瓦时，增长 146.41%；城乡居民生活用电从 2.08 亿千瓦时增长到 10.98 亿千瓦时，增长 427.43%。

综上所述，在各用电类别中，城乡居民生活用电增长最快，增长 427.43%，这也反映了这一段时期城乡居民生活水平提高很快，而电力的大发展满足了城乡居民生活的用电需求；第一产业的用电量增长 248.99%，增长速度第二，也反映了这一段时期农业、煤炭产业的大力发展，增加了对电力的需求。

2. 用电结构

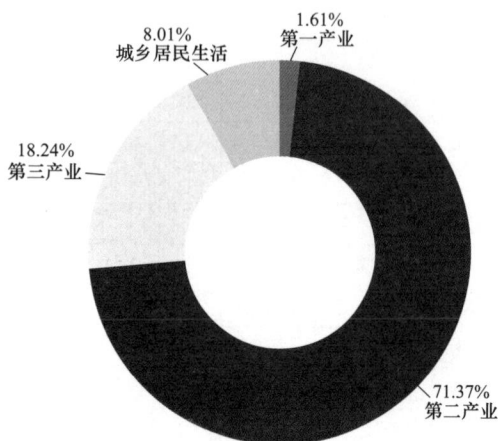

图 4-5　2005 年的用电结构　　图 4-6　2015 年的用电结构

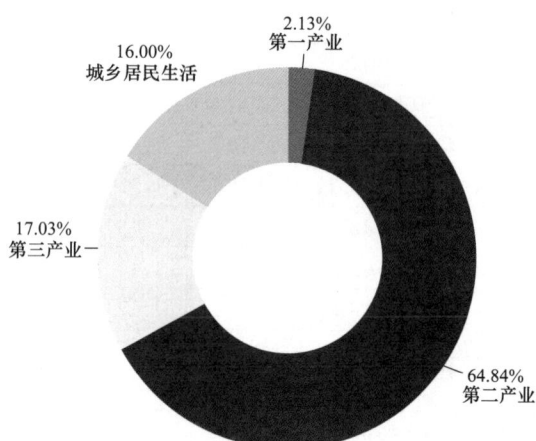

从以上的图 4-5、图 4-6 可以看到，11 年间，第一产业的用电量在总售电量中的比重从 1.61% 增长到 2.13%，有了一定增长；第二产业的用电量从 71.37% 降为 64.84%，有了一定的下降；第三产业的用电量从 18.24% 降为 17.03%，有所下降；而同期城乡居民生活用电则从 8.01% 增长到 16.00%，增长幅度最大，表明这个时期城乡居民生活水平提高的速度之快。

（三）服务质量

山西地方电力有限公司以客户需求为出发点，以优质服务为目标，多项举措并举，收效显著：

1．制订各种规范性文件规范员工的行为

山西地方电力有限公司先后制订下发了《配电企业"安全、效益、服务"三项目标考核办法》《行风评议实施方案》《供电营业服务规范》《供电营业职工文明服务行为行业规范》《电力营业厅管理标准》《业扩报装流程管理标准》《用电营业及优质服务竞赛评比办法》《供电服务规范实施细则》等，同时定期开展行风评议活动、用电营业及优质服务竞赛活动，并将优质服务工作情况与企业绩效工资及职工奖金挂钩纳入年终考核范畴。与此同时，通过认真学习贯彻落实《供电服务监管办法（试行）》，各供电企业履行规定的责任和义务的自觉性明显提高，用法律法规约束规范供电服务行为的意识得到切实加强。

2．加强需求管理确保有序用电

电网供电负荷紧张期间，为全面缓解供电紧张形势，地方电力各分公司从"讲政治、保稳定、保增长"大局出发，主动加强与大工业客户沟通，紧密跟踪大工业企业的负荷调整、新增、停产情况，与部分过载配电线路上的工业客户商议特殊时期用电方案，配合当地政府出台有序用电方案，引导企业按照有序用电方案自觉错避峰。与此同时，积极通过广播电视台、报纸等新闻媒体向社会宣传介绍当前缺电形势、节电常识，赢得了广大客户对迎峰度夏期间有序用电的理解、支持。

3．公开供电质量和服务标准

为实现"服务承诺"，公司加强了营业网点建设，现有 140 个营业厅，可提供电费服务，120 个供电所和营销部可提供办理用电报装服务。推行客户首问制，积极倡导敢于负责、高效务实的工作作风，首问负责人接受客户的咨询、报装和投诉，负责办理并答复客户或按规定上交、转交有关人员办理，并回访客户。

4．做好计划停电通知和停电应急预案

计划停电分别通过报纸、电视台、小区公示栏提前通知，重要用户电话通知，高危客户停电前一小时再次通知；制订重要用户停电应急预案、高危客户特殊状态下应急支援预案，确保高危重要客户安全用电。

5．成立客服中心，做好信息公开和宣传工作

成立客户服务中心，建成电力客户服务支持系统，开通了统一的 96598 客户服务热线，实行 24 小时值班，面向全社会受理客户咨询、故障报修和投

诉举报业务。加强故障报修管理，严格按照规定时限到达现场处理，处理完成后客户代表对服务情况进行回访。为各营业厅配备电子屏、触摸屏，对供电法规、业务办理流程、电价和收费标准、检修停电信息等进行公示；利用节日上街开展安全用电宣传，通过散发传单、现场咨询，向客户宣传安全用电和节约用电知识。

6. 加强基层队伍建设，改善作业条件

为不断改善企业人员结构，提高员工素质，保障服务水平，地方电力公司新招聘的大学生经过上岗前集中统一培训教育后，全部充实到基层一线岗位。同时定期开展基层员工轮训，重点提高一线员工现场抢修、装表接电、客户服务、安全用电指导等供电服务实用技能。

同时安排专项资金为基层班组配备交通工具、抢修设备、工作照明设备、备品备件，改善作业条件，提高作业能力，农村供电线路巡视、故障抢修及时到位，确保抢修服务质量和效率。

通过以上系列举措，建立起了系统化的优质服务常态运作机制，真正把"地方电力为地方，山西地电为山西"的服务宗旨落到了实处。特别是在电力供需矛盾突出的情况下，所属供电企业在当地政府组织的行风评比活动中名列前茅。值得一提的是，所属柳林县电力公司 2005 年被中央文明委授予"全国文明单位"称号， 2015 年再度被中央文明委授予"全国文明单位"称号，成为全省县级供电企业两度获此殊荣的单位。2011 年被中国电力企业联合会评为"全国电力行业百佳企业"；2012 年被中华全国总工会、国家安全生产监督管理总局评为"全国'安康杯'竞赛优胜单位"。

四、经营管理

（一）经营情况

1. 总体的经营情况

山西地方电力有限公司自 1998 年实行统一管理以来，由于理顺了投资渠道，明确了所有者权益，为实施系统化、专业化、规范化管理，加快发展奠定了基础。公司立足自身客观实际，始终坚持把加强电网建设、改造农网作为工作的重中之重，狠抓基础管理，规范服务流程，健全监督机制，稳步推进和改进供电企业管理工作，各项工作都上了一个新台阶，整体面貌发生了根本性转变。

2015 年，全年完成供电量 73.35 亿千瓦时，完成售电量 68.61 亿千瓦时，完成综合线损率 6.46%，分别较同期增加 0.27%、0.3%、−0.03%。完成主营业务收入 37.77 亿元，同比减少 1.65 亿元，圆满完成年度各项目标任务。2005—2015 年 11 年期间的经营情况见表 4-5。

表 4-5　　　　2005—2015 年间（共 11 年）的生产经营数据

年份	总资产（单位：亿元）	净资产（单位：亿元）	资产负债率（%）	资本保值增值率（%）	主营业务收入（单位：亿元）	主营业务利润总额（单位：亿元）	上缴税金（单位：亿元）	净利润（单位：亿元）	综合线损率（%）
2005	18.35	1.47	92	67	8.66	0.65	0.22	0.42	7.10
2006	17.34	3.47	80	236	10.87	0.82	0.31	0.51	7.26
2007	23.28	4.66	80	134	12.85	1.15	0.38	0.76	6.99
2008	29.36	10.57	64	227	16.18	0.94	0.32	0.62	7.76
2009	32.03	11.85	63	112	17.77	1.00	0.40	0.60	7.84
2010	34.45	13.78	60	116	23.45	2.85	0.88	1.97	6.86
2011	40.47	15.78	61	114	31.52	5.05	1.36	3.69	6.71
2012	45.74	18.75	59	118	36.76	4.92	1.31	3.61	6.63
2013	52.36	20.42	61	108	40.77	4.81	1.34	3.47	6.68
2014	56.99	23.37	59	114	39.48	4.71	1.01	3.69	6.49
2015	61.35	25.15	59	107	37.76	1.71	0.43	1.27	6.46

2. 变电站建设情况

2005—2015 年 11 年期间，各电压等级的变电站情况见表 4-6、表 4-7、表 4-8、表 4-9。

表 4-6　2005—2015 年间（共 11 年）220 千伏变电站及线路的情况

年份	变电站数量 （单位：座）	主变压器数量 （单位：台）	容量 （单位：千伏安）	线路 （单位：千米）
2005	2	3	420000	84.00
2006	2	3	420000	84.00
2007	2	3	420000	84.00
2008	3	4	570000	84.00
2009	4	5	720000	241.00
2010	4	6	870000	241.00
2011	5	10	1020000	241.00
2012	5	10	1170000	241.00
2013	6	12	1470000	247.11
2014	6	14	1830000	357.90
2015	6	14	1830000	357.90

表 4-7　2005—2015 年间（共 11 年）110 千伏变电站及线路的情况

年份	变电站数量 （单位：座）	主变压器数量 （单位：台）	容量 （单位：千伏安）	线路 （单位：千米）
2005	7	12	378000	384.00
2006	9	16	449500	496.00
2007	12	20	575500	581.00
2008	17	27	954000	615.81
2009	20	32	1154000	799.95
2010	30	49	1837000	1015.90
2011	34	60	2297000	1149.28
2012	37	69	2657000	1176.50
2013	41	79	3100000	1230.00
2014	46	90	3800 000	1382.00
2015	46	92	3850000	1572.00

表 4-8　2005—2015 年间（共 11 年）35 千伏变电站及线路的情况

年份	变电站数量 （单位：座）	主变压器数量 （单位：台）	容量 （单位：千伏安）	线路 （单位：千米）
2005	28	54	216000	887.00
2006	36	64	279000	983.00

续表

年份	变电站数量 （单位：座）	主变压器数量 （单位：台）	容量 （单位：千伏安）	线路 （单位：千米）
2007	44	74	342000	1043.00
2008	56	89	445500	1186.21
2009	56	92	474350	1196.92
2010	60	106	609200	1381.11
2011	58	108	666150	1424.63
2012	61	112	684350	1490.15
2013	64	118	770650	1551.30
2014	65	122	783600	1595.48
2015	66	124	820200	1651.53

表4-9　2005—2015年间（共11年）10千伏台区及线路的情况

年份	变压器数量 （单位：个）	容量 （单位：千伏安）	线路（单位：千米） （营销）	线路（单位：千米） （生产）
2005	7615	687520	14389	9715
2006	7630	688320	14406	9908
2007	7636	688650	14478	10050
2008	7644	688930	14496	10482
2009	7648	689159	14583	10459
2010	7654	689489	14632	10432
2011	7813	779139	15 015	10736
2012	7972	870204	15138	11048
2013	8127	959640	15292	11 106
2014	8267	1003466	15480	11137
2015	8332	1023814	15657	11206

　　从表4-6、表4-7、表4-8、表4-9可以看到，山西地方电力有限公司不断加大投资力度，电网规模在逐步扩大，电压等级在逐步提高，初步形成了以220千伏为骨干的网架结构。

　　3. 2005—2015年11年间售电量及电价情况

　　2005—2015年11年间售电量及电价情况见表4-10。

表 4-10　　2005—2015 年间（共 11 年）的电量、电价情况

年份	售电量（单位：千瓦时）	报装接电情况（单位：千伏安）	平均购电价（单位：元/千瓦时）	平均售电价（单位：元/千瓦时）
2005	260007.31	1377935.21	0.240	0.413
2006	308597.60	1689705.75	0.270	0.433
2007	349784.51	1960057.80	0.270	0.458
2008	387150.71	2214115.00	0.288	0.495
2009	402388.06	2656784.00	0.316	0.528
2010	485582.37	3383042.00	0.316	0.578
2011	606348.02	4322228.00	0.343	0.601
2012	651220.76	15911322.00	0.372	0.658
2013	716239.96	17605529.00	0.372	0.664
2014	684060.80	16697214.00	0.372	0.671
2015	686108.15	17115399.00	0.372	0.647

表 4-11　　　　　2005—2015 年 11 年间全员劳动生产率

年份	正式工人数	农电工人数	总人数	销售收入（单位：亿元）	每年全员劳动生产率（万元/人）
2005	2207	124	2331	8.66	37.15
2006	2271	521	2792	10.87	38.93
2007	2224	700	2924	12.85	43.95
2008	2354	947	3301	16.18	49.02
2009	2 290	1036	3326	17.77	53.43
2010	2 219	1126	3345	23.45	70.10
2011	2271	1288	3559	31.52	88.56
2012	2263	1599	3862	36.76	95.18
2013	2209	1710	3919	40.71	103.88
2014	2202	1764	3966	39.48	99.55
2015	2134	1746	3880	37.76	97.32

从表 4-11 可以看到，2005—2015 年的 11 年间，员工总人数从 2331 人增长到 3880 人，增长 66.45%，同期销售收入从 8.66 亿元增长到 37.76 亿元，增长 336.03%，每年全员劳动生产率从 37.15 万元/人增长到 97.32 万元/人，增长 161.97%，销售收入和全员劳动生产率的增长幅度远远高于员工数量的增长。

4. 人力资源有关情况

在此期间的人力资源状况见表 4-12、表 4-13。

表 4-12 　　　　2005—2015 年间（共 11 年）的正式工情况

年份	人数	平均年龄	各年龄段人数比重				全体员工中各种文化水平人数比重			管理人员中各职称人数比重		
			35 岁及以下	36—45 岁	46—55 岁	56 岁及以上	初中及以下	初中至中专	大专及以上	初级	中级	高级
2005	2207	41.7	30%	36%	26%	8%	19%	43%	38%	30%	6%	1%
2006	2271	41.2	35%	31%	26%	8%	17%	47%	36%	30%	6%	1%
2007	2224	41.3	31%	34%	27%	8%	17%	44%	39%	30%	6%	1%
2008	2354	41.3	30%	35%	27%	8%	16%	44%	40%	30%	6%	1%
2009	2290	41.2	28%	36%	27%	9%	16%	43%	41%	30%	6%	1%
2010	2219	41.1	25%	38%	29%	8%	13%	43%	44%	30%	6%	1%
2011	2271	42.2	21%	43%	28%	8%	12%	43%	45%	27%	11%	1%
2012	2263	41.7	23%	39%	30%	8%	10%	43%	47%	28%	13%	1%
2013	2209	41.3	22%	44%	27%	7%	10%	43%	49%	28%	13%	1%
2014	2202	41.8	20%	44%	28%	8%	8%	41%	51%	29%	13%	1%
2015	2134	42.2	22%	44%	29%	5%	9%	39%	52%	27%	13%	1%

注：中层及以上人员为管理人员。

表 4-13 　　　　2005—2015 年间（共 11 年）的农电工情况

年份	人数	平均年龄	各年龄段人数比重				全体员工中各种文化水平人数比重			管理人员中各职称人数比重		
			35 岁及以下	36—45 岁	46—55 岁	56 岁及以上	初中及以下	初中至中专	大专及以上	初级	中级	高级
2005	124	35.06	49%	36%	15%	0%	20%	77%	3%	49%	36%	15%
2006	521	36.08	40%	32%	28%	0%	18%	79%	3%	40%	32%	28%
2007	700	37.00	40%	39%	21%	0%	21%	76%	3%	40%	39%	21%
2008	947	36.52	50%	32%	18%	0%	11%	75%	14%	50%	32%	18%
2009	1036	36.52	49%	32%	19%	0%	11%	75%	14%	49%	32%	19%
2010	1126	36.77	49%	33%	18%	0%	8%	77%	15%	49%	33%	18%
2011	1288	36.77	53%	31%	16%	0%	7%	76%	17%	53%	31%	16%
2012	1599	35.73	50%	38%	12%	1%	16%	70%	14%	50%	38%	12%
2013	1710	36.23	49%	35%	15%	1%	16%	69%	16%	49%	35%	15%
2014	1764	37.24	49%	32%	18%	1%	15%	68%	17%	49%	32%	18%
2015	1746	37.96	50%	30%	20%	2%	14%	67%	19%	50%	30%	20%

注：中层及以上人员为管理人员。

（1）从年龄结构来看。

正式工：11 年间，36—45 岁的员工占比从 36%上升至 44%，始终是员工中的主干力量；

农电工：11 年间，35 岁及以下的员工占比始终徘徊在 49%，这部分人是农电工的主干力量。

（2）从文化结构来看。

正式工：11 年间，初中至中专学历的员工从 43%下降为 39%，除中间的个别年份外，初中至中专学历、无学历的员工占比在稳步下降；

农电工：11 年间，初中至中专学历的人员从 77%下降为 67%，他们始终是农电工的主干力量，令人略感欣慰的是，大专及以上学历的人员从 3%上升到 19%。

（3）从管理人员中各职称人数的比重来看。

正式工：初级职称的员工占比在稳步下降（从 30%下降到 27%），中级职称的员工占比有了较大幅度的提升（从 6%上升至 13%），高级职称的员工占比始终为 1%；

农电工：始终没有取得各种职称。这也从另一个侧面反应出，农电工很难进入管理岗位。

另外，公司较为重视管理人员的教育培训工作，制订落实年度人力资源培训计划，利用省内、省外高等院校的优质教育资源和专业特点，对管理人员、后备高管人员进行培训，切实提高管理团队的战斗力，分别在 2009、2010、2011、2012 四年间共选派 61 名后备干部去清华大学参加后备高管的培训。

（二）战略规划

1. "十三五"规划原则

以社会总体发展规划目标为指导，以电力为社会经济发展服务为宗旨，以优化资源配置，开拓电力市场，保护生态环境为目的，以市场需求为导向、以经济效益为中心、以科技进步为动力，进一步优化高压配电网结构，不断提高电网装备技术水平和自动化水平，努力改善电能质量、降低网损、提升服务品质，使山西地电的配电网得到整体提升。

（1）以目标统一突出局部为原则，确保供电分区及技术标准适用与超前有机结合。以电力规划相关导则为依据，结合规划区的负荷发展特点，对规划区进行供电区划分的同时，充分考虑区域内"十三五"电力的需求，在技术原则的制订过程中，利用差异化的原则对局部区域制定适应其负荷特点的建设标准，并充分考虑不同标准间电网的有机衔接。

（2）以监控负荷特性变化为手段，逐一对变电站供电范围进行全过程、动态化划分。以目标年 110 千伏变电站布点为基础，结合规划区内各区县不同地性质的负荷情况，在满足供电能力和供电可靠性指标的约束条件下，规划合理供电范围，解决现有变电站供电压力重、供电范围过大等问题。

（3）以终端负荷需求为考量，采用自下而上的规划方法划分 10 千伏设备的供电范围。在目标年 110 千伏变电站供电范围基础上，对各变电站供电范围内负荷分布情况进行梳理分析，并进一步对 10 千伏线路及相关供电设施的供电区域进行明确，合理控制 10 千伏线路的负荷水平，保证主网与 110 千伏及以下电网之间协调发展。

2. 电力需求预测

2020 年规划区负荷将预计达到 2164.52 兆瓦，年均增长率为 7.5%；用电量为 107.1 亿千瓦时，年均增长率为 7.6%。

3. 规划效果

配电网各项指标逐年提高，在保证供电可靠性的同时，优化了网络，至 2020 年，10 千伏线路主干平均长度 8.73 千米，架空绝缘化率 23.6%，电缆化率 6.7%，联络率 27.05%，线路平均负载率 37.24%。解决中压配电网重过载、线路主干截面偏小、主干线路过长、线路转供能力不足等问题 1123 处。

（三）国际合作

本着提升绩效水平、促进技术升级、推动创新发展的目的，地电公司与法国配电国际公司的交流合作起步于 2010 年，双方就现状情况及合作的领域、模式等事宜进行了多次交流，法方专家人员曾多次到地电公司进行实地考察和尽职调查。

通过近年来的考察交流，双方围绕配电网发展及管理方面的合作得到积极推进，于 2013 年 1 月 17 日签署合作谅解备忘录，并在此框架下，集团公司所属山西地方电力有限公司与法国配电国际公司于 2013 年 4 月 12 日正式签署首份《配电网运营和管理咨询协议》，开展实施咨询服务合作项目。

根据项目实施协议，法国配电国际公司方面的管理人员和技术专家来晋进行现场诊断调研考察，并最终提交咨询服务项目的初步技术诊断结论及建议，相关人员也派往法国配电公司进行学习考察培训。

在此合作基础上，双方本着平等互利、合作共赢的原则，经过进一步商谈，同意确立并商签一份为期五年的技术支持框架合同，由法国配电国际公司向地电公司提供技术支持服务，并明确第一年提供技术支持服务的条款和条件，以及后续四年的合作总原则和条件，合作形式确定为按年度独立签订。目前正在就合同草本进行细致讨论谈判。

（四）企业文化建设

切实推进企业文化建设，以学习宣贯落实"晋能文化"为重点，深刻理解"尽你所能、尽我所能、晋能"的核心理念内涵，规范集团文化识别系统的应用推广，同时把握好配电企业文化特点，并结合实际纳入年度工作计划，求真务实，推动文化落地。加强宣传管理工作，整合建立信息内刊，改进完善企业网站，不断提高信息宣传工作的质量和水平。

充分发挥工会和职代会的作用，深化企务公开，推进星级工会和职代会达标创建活动，组织开展各种劳动竞赛、技能比武等活动。不断加强精神文明建设，在现有基础上，深化开展文明窗口、文明岗位等创建活动，保障企业的和谐稳定发展。

（五）组织架构的变动情况

1. 山西地方电力有限公司的组织架构

山西地方电力有限公司的组织架构如图 4-7 所示。

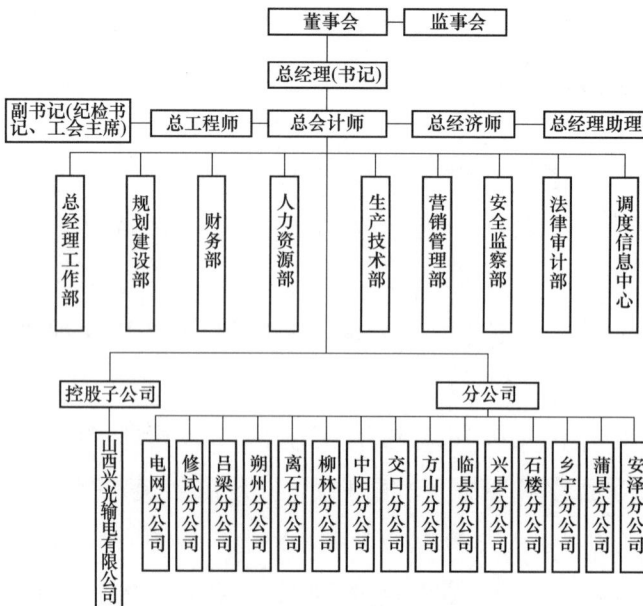

图 4-7　组织架构

2．与晋能集团、晋能电力集团的组织关系

晋能集团是总公司，晋能电力集团是晋能集团所属专门从事电力生产、配送的板块公司，山西地方电力有限公司则是晋能电力集团所属从事电力配送的专业化公司。

3．与通宝能源的组织关系

通宝能源股份有限公司是隶属于晋能集团的上市公司，山西地方电力有限公司的资产整体进入通宝能源股份有限公司，成为通宝能源的全资子公司。

4．通宝能源与晋能电力的组织关系

通宝能源与晋能电力同为晋能集团的下属企业，二者为平行关系。

5．地电公司县级分公司的机构设置

2010 年，地电公司县级分公司为了进一步优化人力资源配置，有效提高管理效率，逐步建立科学合理、切合实际的内部管理体制和运行机制，根据原国家电力公司《供电劳动定员标准》，结合各供电分公司人员、设备等实际情况，地电公司研究制订了《县级供电分公司内部机构设置方案》，并报经集团公司批复同意。内部机构设置更改为 6 个部门，分别为：综合管理部、生产技术部、安全监察部、营销管理部、财务部、调度信息中心。

五、社会效益

（一）抢险救灾保供电

地电公司所属 12 个县供电公司均地处山区，受地理位置所限，冰雪、大风、洪灾等自然灾害频发，从 1998 年地电公司成立以来，所属 12 个县供电公司累计 12 座 35 千伏及以上变电站、477 条 10 千伏及以上线路因灾停电，停电用户 35 万户/次，改建 10 千伏线路 298 千米，投入抢险救灾资金 5820 万元。几次比较著名的抢险救援案例如下：

1. 地电乡宁分公司参与王家岭煤矿"3·28"透水事故抢险救援

2010 年 3 月 28 日 13 时 40 分，正在建设中的中煤集团乡宁王家岭煤矿发生透水事故，153 名施工人员被困井下，生死未卜。王家岭立刻成为全国关注的焦点。

事故发生后，乡宁分公司负责人第一时间赶到事故现场，并集结人员迅速从春检作业现场转入事故抢险保供电工作。乡宁分公司迅速启动供电应急预案，成立了电网保障、现场保障、后勤保障和信息工作四个小组，并紧急调用应急物资和备品备件，调整运行方式，先后安装投运两台 2500 千伏安变压器，调用了一台 6300 千伏安的主变压器和两台大型移动发电车作为应急电源。在这场彰显人类生命奇迹的"3·28"透水事故抢险救援中，乡宁分公司以高度的责任感和快速反应的行动能力，上下齐心，全力以赴，先后出动 30 余辆车，参与抢修 120 多人，并投入了大量的物力和财力。从事故发生后半小时进入现场，到抢险工作全部结束，许多同志 20 多天没回家，吃住在抢险现场。乡宁分公司的抢险保供电工作，保证了救援现场稳定供电，保证了救援工作的顺利进行。乡宁公司全员行动，各尽所能，他们与时间赛跑，同体力搏斗，以实际行动诠释了山西地方电力的社会责任理念。

2. 地电临县分公司抗洪抢险保供电

2012 年 7 月 26 日至 27 日，临县遭受 65 年（临县气象有记录以来）不遇的暴雨袭击，7 月 26 日开始降雨，27 日 7 时至 10 时，暴雨持续 3 个小时，城区降水量达到 106.1 毫米，兔坂镇降水量达到 197 毫米。

暴雨导致输变电设施受损，累计 2 条 35 千伏线路和 48 条 10 千伏线路停电，停电面积 1703 平方千米，涉及 17 个乡镇，648 个村，995 个配电台区，86400 户居民。高、低压线路累计损坏 1019 处，10 千伏线路 62.5 千米，400 伏及以下低压线路 44.4 千米。暴雨灾害天气给公司造成巨大经济损失，累计损失约 2000 万元。

灾害发生后，公司迅速启动应急抢险预案，成立了 400 多人组成的 23 支抗洪抢险小分队，并设立专门的指挥部办公室集中办公。公司领导班子成员与全体员工共同努力，发扬了"勇往直前"的大无畏精神，投入了最大能力进行抗洪抢险和隐患处理，7 月 31 日 22 时，10 千伏及以上主干线路全部恢复送电，8 月 5 日 995 个台区、648 个村、86400 户居民全部恢复用电。

3. 地电兴县分公司迅速抢修复电

2016 年 8 月 12 日到 15 日，兴县境内持续出现灾害性暴雨天气，连续遭受 3 轮暴雨山洪袭击，导致山洪暴发，道路、电力线路受到重创，造成地电兴县分公司多条线路出现跳闸状况和倒杆断线故障，共造成 110 千伏北蔡线跳闸一次、35 千伏樊东线跳闸 2 次、35 千伏张蔡线跳闸 1 次以及 56 条 10 千伏线路跳闸、10 条 10 千伏线路发生倒杆断线故障，造成区域内部分用户供电中断，其中瓦塘镇、魏家滩镇受灾最重。

灾情发生后，地电兴县分公司立即启动防汛三级应急响应，成立了应急领导小组，指挥协调公司应急抢险工作，紧急制订了抢修方案。公司召开了应急抢险专题会议，成立了应急抢修组、安全监察组、保电组、后勤保障组四个应急组，根据线路受损情况细分多个抢修队分区域进行抢修，目前共计50 余名抢修队员、10 余台应急抢修车辆投入抢修一线。

经过紧张抢修，截至 8 月 31 日 12 时，已有 51 条线路恢复供电，由于山区道路损毁严重，抢修难度大，受灾严重的瓦塘镇、魏家滩镇 10 千伏线路经过全力抢修，已经恢复供电。

（二）可靠供电绩效

2005—2015 年的 11 年间，用户供电的可靠性运行水平得到了较大提高，供电可靠率从 99.37% 提高到 99.71%，提高了 0.34%，用户平均停电时间由55.01 小时/户大幅减少为 25.34 小时/户，减少了 29.67 小时/户，减少了53.94%。

表 4-14　　　2005—2015 年间（共 11 年）的供电可靠性

年份	10 千伏供电可靠率（%）	用户平均停电时间（小时/户）	对用户的服务（投诉率）（起/年）
2005	99.37	55.01	71
2006	99.39	53.35	84

年份	10千伏供电可靠率（%）	用户平均停电时间（小时/户）	对用户的服务（投诉率）（起/年）
2007	99.40	52.46	92
2008	99.38	54.75	123
2009	99.40	52.411	54
2010	99.42	50.07	68
2011	99.33	58.22	56
2012	99.47	45.83	43
2013	99.58	36.00	112
2014	99.67	28.27	74
2015	99.71	25.34	48

（三）电力安全

山西地方电力有限公司始终坚持"安全第一，预防为主"的方针，突出强化安全生产责任制管理，从组织、技术等方面积极采取相应的措施，确保所属电网的安全可靠运行。为此，制定出台了《安全目标责任考核办法》《安全生产奖惩条例》《安全管理制度》《生产管理制度》《设备检修及技术改造工程管理办法》《电压无功、供电可靠率管理办法》等管理制度，统一印制了"两票"并规范了应用执行程序，印发了《电力生产安全考核证》，强化落实各级人员的安全责任，初步构建起安全责任追究考核管理体系。在抓好年度例行春、冬检试及过夏"六防"工作的同时，积极抓好安全生产常态工作，并把设备整治作为重点，加强大修技改项目管理，不断夯实电网健康运行基础。特别针对110千伏、220千伏高电压等级电网从无到有、不断壮大的实际情况，强化对所属电网的综合管理，开展进行了110千伏输变电设备综合治理，实施解决电网存在的局部"卡脖子"问题，并积极完善建立电压合格率、供电可靠率监测考核体系，所属供电企业全面开展电压合格率、无功补偿装置投运率考核工作，以提高所属系统的供电可靠性。各供电企业全部编制了《安全生产突发事件应急处理预案》和《电力事故预防紧急救援预案》。在此基础上，不断加大安全生产检查力度，除组织安排年度例行的定期督查外，每年聘请省内专家对各供电企业班、组、站进行安全管理专项大检查。通过检查，对各单位的安全生产工作进行综合评价，并就管理上存在的问题和漏洞责令限期整改，有效保证了电网的安全稳定运行。

11 年间的安全生产情况见表 4-15，2008 年发生 2 人死亡的安全责任事故。

表 4-15　　2005—2015 年间（共 11 年）的电力安全生产情况

年份	人身伤亡事故		
	死	伤	起
2005			
2006	1	0	0
2007			
2008	2	0	0
2009	1	0	0
2010			
2011	1	0	0
2012			
2013	1	0	0
2014			
2015			

（四）科技创新

在最新一轮电力体制改革的推动下，地电公司必须更加专注电网资产运营和提高输配电服务水平，加快科技创新的步伐，以科技带动生产力、生产效率的大幅进步，才能适应将来更高要求的行业标准和更加激烈的市场竞争环境。

当前，地电公司清醒地认识到"电网运行水平将决定公司经济效益"，将转变发展思路，抓住机会尽快落实配电网建设改造行动计划，在政策有效期内将实现电网建设的跨越式发展作为首要任务。"十三五"期间将进一步加强电网建设的科技创新，向科技要效益，切实落实电网智能化战略，通过变电站、输电网络、配电网、用电端的智能化以及电网监控、调度一体化、智能化，实现传统电网向高效、经济、清洁、互动的现代电网升级。通过不懈的努力，预期在"十三五"末，所属电网将形成以 220 千伏为骨干网架、各级配电网协调发展、满足双电源、双主变的环网网络结构，实现安全、智能、经济的供电目标。预计供电量将达到百亿千瓦时，年均增长率将达到 8%左右。供电质量进一步提升，无功基本实现就地平衡，综合线损率显著降低。

智能电网快速发展的窗口已经打开，对地电公司而言，这意味着只有紧紧抓住这新一轮智能电网发展的有利时机，实现产业升级，才能在电力体制改革的大潮中站稳脚跟，大步向前，谋求发展。

（五）服务"三农"发展

2002 年前，山西省农村执行的是农村分类综合电价，一县一价。2001 年山西省城市居民生活用电电价 0.389 元/千瓦时，山西省电力公司农村居民生活用电综合电价平均为 0.535 元/千瓦时，高于城市居民生活用电（目录电价）0.146 元/千瓦时，趸售县农村居民生活用电综合电价平均为 0.619 元/千瓦时，高于城市居民生活用电电价（目录电价）0.23 元/千瓦时。2004 年山西地方电力实现城乡居民生活用电同价，城乡居民生活用电电价为 0.465 元/千瓦时，和以前农村分类综合电价相比，省电力公司农村居民生活用电电价下调 0.07 元/千瓦时，供区农村居民生活用电电价下调 0.154 元/千瓦时，仅此一项，按照当年电量计算，一年可减轻农民电费负担 780 万元。

"十二五"期间，地电公司全部解决了无电村问题。无电村通电工程于 2012 年列入年农网改造升级工程项目，于 2013 年 6 月全部完工。共对 68 个无电村进行通电建设，其中采用电网延伸方式解决通电的无电村 45 个，解决无电户 527 户，共架设 10 千伏接续线 69.07 千米，低压线路 29.49 千米，安装变压器 45 台，总计容量 1400 千伏安；采用新能源建设通电的无电村 23 个，解决无电户 95 户。共解决无电户 622 户，无电人口 2105 人，共计投资 565 万元。

"十二五"期间，加大对农业机井排灌、一村一井的建设力度，解决农民吃水难、浇地难的问题，改善农民生产、生活条件，2010 年、2013 年、2014 年共新建和改造排灌台区 232 个，改造变压器容量 17045 千伏安，改造 10 千伏接续线 126 千米，低压线路 83 千米，共计投资 2689 万元。

2009—2015 年期间利用农网改造升级资金加大对农村配变台区的改造，消除低电压问题，解决变压器超负荷运行和线路"卡脖子"供电问题。"十二五"期间，共新建和改造配变台区 4495 个，改造低压线路 5656.8 千米，改造低压用户 608568 户。

（六）服务区域经济发展

山西地方电力有限公司所属地方电网由于长期以来严重的历史欠账，电网结构非常薄弱，技术装备水平落后，安全可靠性差。1998 年山西地方电力接管 12 个趸售县（区）供电企业时，没有一座 110 千伏及以上电压等级的变电站，有 9 个县没有县级调度，全年供电量不足 7 亿千瓦时。接管以来，为了满足当地电力需求，公司多渠道筹措资金，先后利用企业自有资金、电力建设基金、农网改造资金等累计投入超过 15 亿元，对电网进行了大规模的建设与改造，17 年时间内，新建了 6 座 220 千伏变电站、12 座 110 千伏变电站、48 座 35 千伏变电站，创造了地方电网建设的历史最好时期。特别是中阳 220千伏、临县 220 千伏输变电工程的建设投产，实现了所属地方电网 220 千伏变电站零的突破。电网结构薄弱的状况得到了极大改善，供电质量和能力明显提高，从 1998 年年售电量 7.8 亿千瓦时，增长到 2015 年的 68.6 亿千瓦时，年均增幅超过 14%，远远高于同期全省平均增幅。电力事业的大发展推动了当地经济等各项事业的大发展。

（七）积极履行社会责任

山西国际电力集团有限公司积极承担社会责任，主动融入地方经济与社会发展，坚持扶贫济困，热心公益事业，在捐资助学、兴修水利、帮助老区人民脱贫致富方面，充分展现了国有企业良好的风范。

吕梁作为革命老区，仍有临县、兴县等国家级贫困县，基础建设薄弱，工业化和城市化进程缓慢，人民群众的生产和生活没有得到根本性改善，自然条件差，遭灾即返贫，生活水平一直处于不稳定脱贫状态。为了帮助吕梁人民尽快脱贫致富，山西国际电力集团有限公司积极响应省委、省政府号召，主动承担社会责任，从 2009 年 3 月起，组建扶贫工作队进驻兴县恶虎滩村，开展定点扶贫工作。扶贫工作队大力加强扶贫点基础设施建设，积极推进农业产业化、管理民主化、农村城镇化进程，以农民增收为落脚点，以教育扶贫为重点，通过实施集贸市场改造、蓄水池建设、道路硬化、改善办学条件、筑坝造田等扶贫开发项目，村落面貌、居民生活条件显著改善。工作队利用重大节日，对贫困户访贫问苦，对特别困难的群众给予资助，在"六一"儿童节给小学生捐赠学习用品。

各项扶贫措施产生了良好的社会效应，明显改善了恶虎滩村农民的生产、生活条件，解决了村民的饮水难、上学难、出行难，推动农村产业结构的调整、农民收入的增加，加快了农民脱贫致富的步伐，增强了村民致富奔小康的信心和决心。

六、有关政策建议

（一）关于农电资产产权问题

1. 地方所有的农电资产"被模糊"，影响地方电力事业的发展

山西省的农村电气化事业的发展同全国一样，从 1958 年起步，一些与电源较近的乡村自己架线通电。当时太谷县由于群众办电热情高成为全国群众办电的试点县。1977 年全省实现了县县通电，1983 年实现了乡乡通电，1990 年行政村通电率达到 94%。截至 2006 年底，行政村通电率达到 98.6%。

从产权的角度讲，这一类的供电企业性质上都是独立核算的地方企业，投资基本上是由地方政府通过多种渠道筹措资金、以集资办电的方式投入，中央财政基本上没有投资，这些资产属于地方所有，产权是非常清晰的。从历史沿革、产权关系来看，农电资产的产权非常清晰，就是属于地方。

（1）农电管理体系建立。随着农电事业快速发展，管理机构得到相应发展，山西省逐步形成省、地、县、乡、村五级农电管理体系。地市电力管理部门，从组建开始到 70 年代末一直是以农电管理为主的管电机构，后来随着工业和城市等用电规模的拓展扩大，逐步演变成为各地、市供用电机构，农电机构也相应变为农电处（科）。1986 年，省政府下发了《山西省农村用电管理试行办法》，在全省乡镇电管站推广乡镇电管站管理体制，对于农村用电管理，减轻农民不合理的电费负担起到了积极作用。用电乡镇建立起来的乡镇电力管理站，是农民集资办电的合作组织，也是农村集体电力资产的代表。之后相继建立了省、地、县、乡镇电管总站，对乡镇电管站的人、财、物实行了统管，省级电管总站设在省农电局。从历史沿革、管理机构的组建可以看出，省级电管总站、省农电局只是一个行政管理机构，既没有出资、也没有上级机关（山西省政府）授权行使出资人职责。省级电管总站、省农电局管理的是地方电力资产。

（2）山西省地方电力公司解除被山西省电力公司代管的关系，开始独立运营，但山西省电力公司未移交其直管县的乡镇电管站。

（3）中央电力企业在推进"两改一同价"的过程中，加快对农电企业的代管、上划步伐，模糊了农村电网（乡、村电管站）的产权。

1998 年 10 月，国务院发布《关于改造农村电网改革农电管理体制实行城乡同网同价请示的通知》（国办发〔1998〕134 号文件），即"两改一同价"。"两改一同价"工程随即在全国轰轰烈烈展开。通过全国"两改一同价"工程

的实施，农村电网建设与改造，取得了显著成效，农村电力设施的装备水平大大提高，农村电网的覆盖面不断扩大，农村电网的损耗大大降低，农村的用电水平不断提高，农村电价明显下降。但是，由于此次农电管理体制改革取消了乡、村两级管电机构，中央电力企业在推进"两改一同价"的过程中，加快对农电企业的代管、上划步伐，模糊了农村电网（乡、村电管站）的产权，使地方各级政府管电办电的积极性受到影响。

1997年，山西省政府以晋政办发〔1997〕96号文件明确规定朔城、离石、柳林、中阳、交口、方山、石楼、临县、兴县、乡宁、安泽、蒲县收回由山西省地方电力公司统一管理。同时明确指出：由电力建设基金和地方集资建设的110千伏及以下的输变电工程，按照35千伏输变电工程办法进行管理，形成的固定资产由省地方电力公司（省农电局）管理。省、地（市）、县（市、区）、乡镇电力管理总站和乡镇电管站全部由省地方电力公司（省农电局）管理。1998年1月22日，中共山西省委以晋发〔1998〕10号文件批复《关于进一步推进经济体制改革的实施方案》，提出改变山西省地方电力公司的代管体制，作为省政府授权的电力投资、资产经营主体和地方电力出资者代表，并行使省农电局职能。山西省地方电力公司开始独立运营。（山西省政府明确：山西省地方电力公司是地方电力出资者代表，并行使省农电局职能。）但在执行的过程中，由于相关文件精神并未得到落实，由此形成了山西省电力公司管理97个县，山西省地方电力公司管理12个县的格局。针对此问题，1998年，山西省政府以晋政字〔1998〕23号文，向国务院发文请示农电体改问题。请示提出：由山西省电力公司单方代管的地方电力资产应归地方所有。在山西110千伏及以下农电网主要由地方投资建设，输变电工程投资31亿元，乡镇电管站资产43亿元，要求按照《电力法》确定的"谁投资谁受益"的原则明晰产权，反对无偿上划。

2. 包含于大电网经营企业的地方电力资产应予清算明晰

（1）1989年，能源部以能源电〔1989〕64号文件批准成立山西省电力公司，公司《章程》规定山西省电力公司是中央和地方不同所有权组成的联合体，公司内各单位的资产归属不变。并明确"公司按中央和地方企业的资产属性分立账户，单独核算""资产各方对产权有自主权"。同年，山西省政府决定成立山西省地方电力公司，由山西省电力公司代管，与农电局合署办公，一套人马两块牌子，负责对"电力建设基金"（两分钱/千瓦时）进行管理、运营，是山西省地方电力资产的代表和出资人。

（2）时任国务院总理李鹏于 1997 年 12 月 30 日在全国电力工作会议上的讲话中明确指出，国家电力公司是国家授权的投资主体及资产经营主体，是经营跨区送电的经济实体和统一管理国家电网的企业法人。国家电力公司不是一个行政公司，而是一个以资产为纽带、按照现代企业制度组建的一家大型国有企业，集资办电以后，办电资金不是完全来源于国家财政。作为股本金投入形成的那一部分资产，是算作国家电力公司的还是算作地方政府的？这个问题我认为是不清楚的，恐怕你们也不清楚。现在没有明确的是集资办电以来地方政府作为股本金投入形成的国有电力资产。我们现在还不能说它是国家电力公司的资产，不然就会打击地方办电的积极性。原来电力部直属的国有资产，由国务院委托国家电力公司经营，各省作为股本金投入形成的国有资产，由国务院委托各省经营管理。我想这样处理可以继续保护地方办电的积极性，不改变现在多家办电的格局，比较妥当。

（3）国家计委从 1998 年 6 月开始到 2002 年历次下达的农村电网建设与改造基本建设投资计划中，都明确列出了中央和地方财政预算内专项资金额度，这两项资金按《农村电网建设与改造工程投资管理规定》，都是农村电网建设与改造的资本金。中央电网企业所属的各省电网企业作为承贷主体，不是农网资产的出资人。财政部财企〔2002〕266 号文件规定："农网还贷资金属政府性基金，是国家财政收入的组成部分"，各地主要通过向省级及以下用户加价均摊的方式筹集到了还贷资金，即省级及以下用户是实际还贷人，因此产权应归地方政府所有。

总的来看，在实施"两改一同价"以前，山西 110 千伏以下的电网资产全部由地方投资建设，其产权权属是明晰的。在"两改一同价"以后，农网改造形成的资产归属"被模糊"。全国农网改造资金除 20%的资本金由中央和地方财政出资，其余 80%来源于银行贷款。根据国家发改委计价价格〔1999〕1024 号文件精神，把原销售电价中加收的"两分钱/千瓦时"的地方电力建设基金用于农网改造还贷，这部分农电资产的归属目前争议较大，地方政府和地方电力企业及学界的普遍观点是，贷款由地方电力建设基金还本付息，又是加在地方电力用户电费中偿还，形成的资产应归地方所有。国务院国发〔1987〕111 号文件明确规定，使用电力建设资金建设的项目，产权按投资比例归地方所有；电力建设资金实行有偿使用，其利率还贷期限按国家"拨改贷"办法执行。因此，由山西省电力建设基金投入形成的资产产权，无论是否还本付息，都应属山西省地方所有。

3. 建议

（1）尽快以正式文件明确当年农网改造资产的归属，将110千伏及以下电力资产还权于地方，在此基础上，推动"输配分开"改革。

（2）建立电力调度中立的配套政策。为了"输配分开"改革的顺利推进，应建立由国家能源主管部门直管的独立电力调度系统，制订相应配套政策，从根本上消除电网公司集"裁判员"与"运动员"于一身的体制弊端，实现市场公平竞争和电网无歧视性开放，强化国家对电网的控制能力。针对这一问题，我国已故著名的电力专家陈望祥在其《农电管理体制改革中要维护地方权益》中提出，投资项目的资本金，是指在投资项目总投资中，由投资者认缴的出资额。用通俗的话来说，投资项目资本金的出资人是老板，项目法人是伙计。农村电网建设和改造工程项目资本金出资人是中央财政和地方财政，中央和地方财政按其预算内专项资金的比例享有出资人权益，而农村电网建设和改造工程项目法人是国家指定的工程实施人；无论什么性质的企业，其国有资产、非国有资产、集体资产、私人资产都受到宪法的保护，无论什么性质的资产要'上划'或'转手'都要根据国有资产转让、出售等相关规定，依法办事，绝不是谁愿意，谁支持就能解决的，"上划"决不能平调。对农电企业的代管、上划，不能模糊甚至否认农电资产属于地方。

（二）电网建设方面的问题及建议

1. 电网建设方面

（1）地电公司所辖12县区营业区范围，全部由大电网经营企业营业区包围。近年来，先后在地电公司营业区范围内建设了220千伏网络，目前建设管理的有6座220千伏变电站、46座110千伏变电站，如果地方电力供电区域的完整性受到影响，将会在区域供电规划、服务等方面产生系列矛盾和问题。

（2）由于地电公司110千伏、220千伏电网的接入审批由大电网经营企业负责，其在接入系统方面主要存在批复方案不合理、不及时等现象。特别是部分项目批复方案不合理，造成公司电网不能合理规划，增加了电网损耗，增加了工程项目的投入，降低了供电可靠率。

2. 有关的建议

（1）针对输变电工程接入系统，建议政府相关管理部门制定相关管理制度，实现公平接入，从而能确保地方电力企业在输变电工程项目接入时能真正实现合理、及时、公正。

（2）政府制订出偏僻农村的整村搬迁规划，并明确告知电力企业，以便电力企业在农村电网改造升级中将有限的资金投入到最合适的地方，避免建设投资浪费，提高社会效益和经济效益。

（3）取消山西地方电力有限公司的趸售电价，改为输配电价。在输配电价确定后，确立地方配电公司为独立配电商地位，废除原有趸售价，执行输配电价。

（4）输配不分的体制决定了大电网经营企业所属的电网企业与地方独立配电企业之间不可避免地存在天然的、不同利益主体之间的矛盾。建议国家能源局山西监管办公室今后加大监管力度，切实维护正常的市场秩序，维护地方电力企业的合法权益；从根本上来说，推进输配分开改革，将110千伏配电网的农电资产全部还权于地方。

根据中发〔2015〕9 号文件"继续深化对区域电网建设和适合我国国情的输配体制研究"的要求，我们认为：目前大一统的电网管理体制，不利于地方政府管电职能的发挥，不利于对管住中间放开两头政策的落实，不利于破除省间壁垒，使资源在区域内合理配置，不利于对电网企业的成本约束和监管。从长远来说，我们认为理想的电网体制是：建设区域平衡的分层级的体制。即成立国家输电公司管理跨区输电设施建设，及跨区电力输送。建立区域电网公司及区域电力市场，区域电网公司管理 220 千伏以上特高压以下电网建设。220 千伏以下配电设备下放省级地方管理，也可以在明细配电资产的基础上将省级电网公司改组为省级股份公司。

（5）适应新一轮电力体制改革的要求，积极转变观念，将电网企业定位于公益类企业，地方电力企业的电网企业同样也是公益类企业，不要再把利润指标作为考核电网企业的最重要指标，而是应当把"安全、稳定、可靠"等服务指标作为对电网企业的考核指标。

七、积极参与电力体制改革

晋能电力集团售电有限公司成立于 2016 年 3 月 21 日，注册资本金 4 亿元，是晋能电力集团有限公司全资子公司。主要负责晋能电力集团有限公司区域输配电网的规划、投资、建设、运营和检修；购售电业务；电力通信工程；信息系统管理和服务；供热、供冷、供水及配套管网的投资、建设和运行管理；合同能源管理、综合节能、用电咨询和技术管理；智慧型综合能源；新能源汽车充电设施的建设管理等。

（一）售电公司设立背景

2013 年以来，全省煤炭、电力市场需求下降，产能过剩问题突出，全省经济低速增长，以往"一煤独大"的发展格局，正面临严峻的挑战。将铝行业做大做强，实现铝工业循环发展、绿色发展、规模发展以及产业链的延伸和附加值的提高，是本轮山西经济宏观调控和结构调整的重点工作。但长期以来，受体制机制的制约，山西省电解铝用电成本在全国处于较高水平，未能实现煤电铝规模化发展。因此，突破体制制约，降低电解铝电价，是将铝矾土、煤炭和电力资源优势转为产业优势的关键所在。

经济要发展，体制要先行。2015 年 3 月 15 日，中共中央、国务院印发了《关于进一步深化电力体制改革的若干意见》（中发〔2015〕9 号）。明确提出，坚持市场化方向，建立健全电力市场机制为目标，按照管住中间、放开两头的体制架构，有序放开输配以外的竞争性环节电价，有序放开配售电业务，逐步打破垄断，改变电网企业统购统销电力的状况，推动市场主体直接交易，充分发挥市场在资源配置中的决定性作用。2015 年 11 月 26 日，国家发改委、国家能源局印发了关于电力体制改革的 6 个重要配套文件（输配电价改革、电力市场建设、电力交易机构组建和规范、发用电计划放开、售电侧改革、燃煤自备电厂监督管理），进一步细化、明确了电力体制改革的有关要求及实施路径。

中共山西省委在《关于制定国民经济和社会发展第十三个五年规划的建议》中提到，积极推进电力市场化改革，积极争取国家电力体制改革综合试点，全面深化电价改革、电力交易体制改革、发用电计划改革和售电侧改革，培育售电市场主体，建立和完善电力市场交易机制，扩大直供电领域和范围，提高省内、省外电力市场规模。优化提升现代高载能产业，延伸和完善传统产业链条，促进电力、煤炭与高载能产业互动发展，实现能源的就地消纳增值。坚持煤电铝材一体化发展，优化资源配置，发展精深加工，补齐电解铝产业短板，支持自备电厂发展，构建南部、中部和西部三大铝工业产业集群。

（二）设立售电公司的核心任务

设立售电公司，是晋能电力集团根据国家和山西省电力体制改革精神和要求，积极响应售电侧改革，为抢先布局售电市场，创建新型电力运营体系应运而生的。按照晋能电力集团"煤电网+"的发展思路，售电公司围绕"规划建设增量区域输配电网、建设运营售电管理平台"两大核心任务积极开展各项工作。

1. 建设区域配电网

为满足电解铝等高载能企业用电，根据本轮国家电力体制改革精神，晋能电力集团按照"煤电网+"的发展思路，规划建设与现有吕梁配电网相独立的增量区域配电网，依托自有 642 万千瓦发电装机，按照区域煤炭生产或"经销+自有电厂+区域电网+园区化智能供电+高载能产业"的模式，就近群机组网、直供下游高载能用户。在安全的基础上，实现方便可靠廉价供电，直接带动铝生产加工等高载能产业发展，全力推进煤、电、铝资源优势转化为工业优势。

2015 年 11 月 11 日，在山西省铝产业转型升级实施方案座谈会上，晋能集团"煤电网+"的发展思路得到中咨公司专家的一致好评。项目规划得到了省直有关部门和吕梁市政府的高度认可，他们认为这项改革是电力先行、因地制宜发挥区位优势的最佳选择。

2. 建设运营售电管理平台

国家电改 9 号文及其 6 个配套文件提出，要稳步推进售电侧改革，有序向社会资本放开售电业务，多途径培育售电侧市场竞争主体。售电主体设立将不搞审批制，只有准入门槛的限制。售电主体可以自主和发电企业进行交易，也可以通过电力交易中心集中交易。交易价格可以通过双方自主协商或通过集中撮合、市场竞价的方式确定。

山西省为全面贯彻落实国家电改精神，正在积极协调开展电力体制综合改革试点申报及相关工作。在已上报国家发改委的实施方案中，明确了山西省电力体制改革的重点、路径和主要目标，研究提出了可操作性较强的电力交易机构改革实施方案和售电侧改革实施方案。售电侧市场主体（电网企业、售电公司、用户）的培育、建设和完善将得到全面加快推进。

晋能集团将电力体制改革作为深化国有体制改革的一项重要内容。电力体制改革为晋能集团电力板块带来了新的发展机遇。一方面，晋能电力集团是目前全国为数不多的，同时占有发电和配电两端市场的地方电力主体之一，在推进输配电价改革和售电侧改革方面具有省内其他电力运营商无可比拟的优势，具备电源、电网、用户协调发展的有利条件；另一方面，"十三五"期间，山西省将依托丰富的铝土矿和煤炭资源，大力发展"煤—电—铝"循环产业链，随着吕梁铝循环产业园区等高载能产业的规模化建设，区域内的增量负荷呈倍数递增，在电改的利好推动下，集团电力板块迎来了绝佳的市场机遇。

3. 售电公司运营模式

售电公司的核心业务，即购售电业务，从发电企业和其他售电企业购电，向用户售电；增值业务，则包括向用户提供优化用电策略和合同能源管理等服务，以及将售电业务与其他供水、供热、供气业务打捆，向用户提供综合能源服务。

一是以购售电为核心业务，满足不同客户的用电需求。售电公司从电力批发市场中购电，通过电力市场交易机构，然后零售给终端用户赚取差价。通过合理预测购电需求和市场价格，制订现货、中长期、期货、差价合约等多种交易合同组合，优化购电策略和成本，对冲市场风险。细分客户群体特点及消费规律，为用户提供多元化、个性化和套餐式电价服务，如提供季节性、时段性、定制式电价套餐等，通过丰富的价格套餐满足客户需求。

二是积极拓展增值服务，提供各种组合套餐。根据用户需求提供各种增值服务，例如，提供蓄热受托、能效管理、用能诊断、设备维护、整体供电方案等多元化服务，以及搭建多种生活产品交易平台，实现电力、自来水、燃气、热力的批发和零售，提供从电力到可再生能源供应等一系列的综合解决方案等。

三是利用能源互联网，广泛运用云计算、大数据技术，构建智慧售电云平台。结合物联网、智能硬件技术，实现网络化、数字化、智能化的企业运作模式，利用先进技术和理念推进售电业务的发展和延伸，使其成为能源建设生态系统的关键环节。售电业务上游承载发电、输配电、分布式等供给端，下游承接工商业、居民、园区等多维度客户。未来，售电公司将是电力大数据资源的管理者与利用者。基于这些海量数据，利用云平台充分了解用户形式多样的能源诉求，有针对性地为用户定制创新的综合能源解决方案，实现不同用户的节能减排和电能成本降低。也可进一步延伸拓展金融衍生业务，满足用户在电力使用过程中相关的金融服务需求。

八、积极发展清洁能源

（一）晋能清洁能源有限公司的设立

晋能集团重组后，为落实省委、省政府"高碳资源低碳发展、黑色煤炭绿色发展、资源型产业循环发展"、打造综合能源集团的要求，2013年12月，在整合山西国际电力光伏发电有限公司、山西福光风电有限责任公司和山西国际电力太阳能科技有限公司基础上设立晋能清洁能源有限公司。注册资本金16.9亿元，总资产37.03亿元，发电装机9.08万千瓦。截至2016年上半年，清洁能源下设风力发电公司、光伏发电公司、科技公司、光伏工程公司、内蒙古公司、光伏技术公司等6个子公司，公司总资产142亿元，发电装机68.43万千瓦。

（二）晋能清洁能源有限公司经营指标

2013年底，累计投产装机9.08万千瓦，其中风电装机7.5万千瓦，光伏装机1.58万千瓦；发电量1.15亿千瓦时，营业收入29571万元，利润-335万元。

2014年底，累计投产装机43.08万千瓦，其中风电装机28.5万千瓦，光伏装机14.58万千瓦；发电量3.31亿千瓦时，营业收入55303万元，利润10874万元。

2015年底，累计投产装机57.93万千瓦，其中风电装机43.35万千瓦，光伏装机14.58万千瓦，发电量6.48亿千瓦时，完成光伏组件产量53.7万千瓦，完成光伏组件销量47.8万千瓦，营业收入203599万元，利润23572万元。

2016年，截至上半年，清洁能源公司累计投产装机68.43万千瓦，包含风电装机43.35万千瓦，光伏装机25.08万千瓦；在建装机98.61万千瓦，包含风电装机80.95万千瓦，光伏装机17.66万千瓦。

表4-16　　　　　晋能清洁能源有限公司经营指标

	2013年底	2014年底	2015年底	2016年上半年
	投产	投产	投产	投产
装机容量（万千瓦）	9.08	43.08	57.93	68.43
风电装机（万千瓦）	7.50	28.50	43.35	43.35
光伏装机（万千瓦）	1.58	14.58	14.58	25.08

	2013 年底	2014 年底	2015 年底	2016 年上半年
	投产	投产	投产	投产
发电量（亿千瓦时）	1.15	3.31	6.48	
营业收入（亿元）	2.96	5.53	20.36	
利润总额（亿元）	−0.03	1.09	2.36	

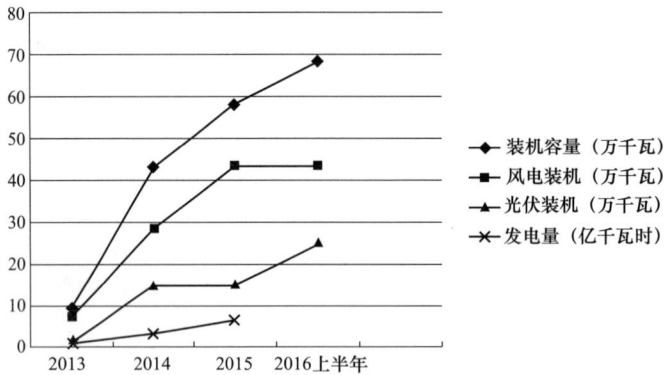

图 4-8　晋能清洁能源有限公司的装机容量和发电量

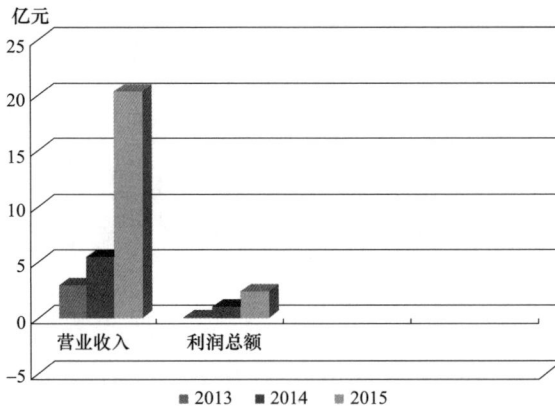

图 4-9　晋能清洁能源有限公司的营业收入和利润总额

（三）晋能清洁能源有限公司规划与展望

按照晋能集团的发展战略，以"奉献绿色能源、建设美丽山西"为使命，以实现"高碳资源低碳发展、黑色煤炭绿色发展、资源型产业循环发展"为目标，以新能源配额为契机，本着"整体规划、经济开发、有序建设"的指导思想，充分利用丰富的太阳能和风能资源，加快开发建设速度，全力提升企业规模和实力，促进晋能集团转型和可持续发展。

1. 战略定位

晋能清洁能源有限公司在"十三五"期间将实施"双翼""双引擎"战略定位。"双翼":一翼为风力、光伏发电,"十三五"期间将新增装机350万千瓦;一翼为光伏制造,"十三五"期间光伏电池和光伏组件产能分别达到3吉瓦。"双引擎":一是将科技创新和人才引领作为引擎;一是将晋能清洁能源科技公司上市融资作为引擎。护航主要是机制和制度的创新,包括机制创新、效益导向、人才激励和目标管理。

2. 发展目标

"十三五"末,晋能清洁能源有限公司总资产将达到450亿元,发电装机力争达到500万千瓦,光伏电池和光伏组件产能力争分别达到3吉瓦,力争实现销售收入200亿元,利润15亿元,实现晋能清洁能源的转型和跨越式发展。

(四)晋能清洁能源科技公司(太阳能电池和光伏组件的生产)

晋能清洁能源科技有限公司(以下简称"晋能科技")创立于2013年12月31日,隶属于晋能集团清洁能源业务板块,致力于成为全球领先的光伏制造企业和清洁能源提供商。

公司引进了由国家"千人计划"专家、留美博士、国内优秀光伏专业人才并组建了一支具备国际一流研发、高效运营管理的强大团队,通过精准的技术路线规划、创新的产品研发、优化的产能配置、高效的运营管理,以"生产一代、研发一代、储备一代"为核心战略,在一年的时间内,构建起能够跻身全球前5%最具技术和成本竞争力的电池、组件生产能力。

公司文水生产基地60万千瓦电池和组件项目,2014年3月开工,9月投产,当年盈利4545万元,实现"当年开工、当年建设,当年投产、当年见效"的目标,截至2015年底,晋能科技生产的高效多晶硅太阳电池平均效率已突破18.7%,并实现270瓦多晶领跑者组件大规模量产。产能方面,公司在山西文水拥有年产600兆瓦太阳能电池及700兆瓦太阳能组件生产基地,预计到2016年9月底,文水基地电池、组件产能将扩增至1.1吉瓦。同时,山西晋中2吉瓦异质结高效太阳能电池组件项目已于2015年年底立项开工,公司计划通过三年的滚动研发和建设,形成具有行业颠覆性的先进太阳能电池组件产能,使光伏发电成本降低30%以上。该项目是同全球最大的地面光伏电站运营商美国 Sun Edison 公司合作的。该基地是晋能集团继成功投资新建、扩建的文水 1.2 吉瓦高效多晶硅电池组件生产基地后，第二个重金打造的高效光伏电池组件制造基地。届时，晋能共有 3.2 吉瓦的高效电池组件产能，已经具备跻身全球前十的实力。

2016 年 5 月 10 日，公司在太原成功举办山西能源产业转型与光伏产业展望论坛，5 月 23 日在第十届国际太阳能产业及光伏工程展会期间召开了高效多晶组件、高效背钝化单晶组件与超高效异质结组件三大尖端技术产品发布会，使晋能的光伏组件产品引起国内外的广泛关注，市场销售持续向上。2016 年一季度订单量同比增长 40%。

截至 2016 年 6 月 30 日，晋能科技是山西省内唯一一家生产太阳能电池和组件的高科技企业。晋能科技自成立以来，产业迅猛发展（见表 4-17）。目前已经成长为集团内科技水平最高、发展速度最快、最具活力、最具潜力的企业之一。

表 4-17　　　　　晋能清洁能源科技有限公司的经营指标

项目	2014 年	2015 年	2016 年上半年
总资产（亿元）	15.30	27.15	28.88
负债（亿元）	12.96	23.77	25.69
所有者权益（亿元）	2.34	3.38	3.19
资产负债率（%）	84.71	87.55	88.95
营业收入（亿元）	2.52	16.01	8.69
利润总额（亿元）	0.45	1.44	0.86
出货量（兆瓦）	70.00	465.00	260.55

与天合、晶科等老牌光伏公司相比，晋能科技虽起步较晚，但其在国家正在实施的"领跑者"基地中占尽了地缘、品牌及政府人脉等优势。

国家"千人计划"专家、晋能科技总经理杨立友表示，上述高效光伏电池组件制造基地投产，将带动上下游的配套产业向山西聚集，形成年产值数百亿量级的清洁能源装备制造集群，进一步加速全产业链的技术进步和成本降低。

清洁能源公司除致力于风电、光伏发电、太阳能电池和组件的生产外，同时，在下游的光伏发电项目上，公司推进光伏设计、制造、建设、安装、服务一条龙全产业链发展。公司还在定点扶贫县建设一批小型农户分布式光伏发电项目，成为山西省开拓光伏发电新市场、新模式的示范企业。

在煤炭市场低迷、山西急欲摆脱"一煤独大"的形势下，晋能集团清洁能源板块的大力发展无疑具有非常典型的示范意义。

（五）遇到的困难、政策建议、要求等

新能源的审批和规划需要有效衔接。规划是审批的基础和依据，政府相关部门应该组织专家和学者对本地的资源情况进行详细普查，根据普查到的资源情况科学制订发展规划；规划一经制定，在一段时期之内便具有刚性和约束性。政府相关部门对新能源的审批，一定要根据规划审批，以维护规划的严肃性和有效性；新能源企业的发展，也一定要根据规划发展，以保证新能源产业的有序增长。

鉴于新能源发展技术设备更新很快，上网电价应有一个锁定期，使得新能源未来几年的发展有一个合理空间，保证新能源发展有合理收益，以此鼓励新能源的大力发展。

新能源补贴不能及时到位，影响了新能源企业的正常发展，现在其收益只能弥补利息、运维费用，无法弥补本金，希望新能源补贴及时到位，以保证新能源产业的可持续发展。

政府有关部门招商引资时向外许诺的优惠条件无法完全落实，严重影响了项目落地的积极性和后续发展的能力，也严重损害到政府部门的公信力。希望政府部门严守招商引资时的承诺。

项目所在地的开发区基础条件不完善，"七通一平"等条件不完全具备就匆忙引资，造成项目落地后发展困难。希望政府部门加大前期工作力度，使各类开发区完全具备招商引资条件。

政府部门应统筹协调推动新能源分布式发电。建议政府出台支持新能源分布式发电的政策，规定大电网支持新能源分布式发电的义务，以减轻新能源发展的压力。

晋能集团资产负债率较高，管理层对集团内部的企业对外贷款审批层级较多，而清洁能源科技公司是一个新兴企业，发展很快，急需银行部门的支持，但晋能集团内部层级众多，流程复杂繁琐，导致决策常常带有滞后性，容易错失商业良机。建议将清洁能源科技公司计划单列，在集团内部享受一定的优先政策。

　　新能源产业的快速增长无法得到金融服务业的快速有效支持。金融业对新能源产业发展的机遇认识滞后，使得新能源产业的发展无法获得金融部门强有力的支持。建议政府设立新能源产业发展基金，吸收社会资本对新能源的投资。

后　记

　　经过近一年的努力，《中国地方电力发展报告 2016》终于正式出版了。这是第一次较系统地对地方电力企业进行研究，并以"报告"的形式公开出版，其意义已远超出一本报告的价值，《报告 2016》是各位专家、相关同志共同努力的结果。编委会的各位专家完成了主要研究工作，于娟、颜行志、张新新、谢良惠等同志参加了报告的编写工作，并承担部分内容的撰稿任务。编制过程中，得到了相关地方电力企业的大力支持，在此一并表示感谢。由于地方电力企业资料零散、各项数据不易收集，编写过程中难免出现不足之处，欢迎业界人士与广大读者批评指正。